国家哲学社会科学基金青年项目(13CGL048)

动态公司治理
与战略性新兴产业企业研发创新

Dynamic Corporate Governance
and Corporate R&D Innovation in Strategic Emerging Industries

李云鹤 著

上海交通大学出版社
SHANGHAI JIAO TONG UNIVERSITY PRESS

内容提要

　　发展战略性新兴产业是我国实施创新驱动发展战略的重要举措。本书以七大战略性新兴产业上市公司为考察对象,在归纳与分析战略性新兴产业发展环境及研发创新特征的基础上,基于公司治理理论,从公司股权结构动态优化、董事会结构动态优化以及高管薪酬结构动态优化出发,探讨了其作用于战略性新兴产业公司研发创新的影响效果,并进一步考察了企业生命周期不同阶段下动态公司治理对战略性新兴产业公司研发创新的影响,进而提出了促进战略性新兴产业公司研发创新的动态公司治理优化策略与建议。

图书在版编目(CIP)数据

动态公司治理与战略性新兴产业企业研发创新/李
云鹤著. —上海:上海交通大学出版社,2022.11
　ISBN 978 - 7 - 313 - 25828 - 1

　Ⅰ.①动…　Ⅱ.①李…　Ⅲ.①新兴产业－上市公司－
技术开发－研究－中国　Ⅳ.①F279.246

　中国版本图书馆 CIP 数据核字(2022)第 192298 号

动态公司治理与战略性新兴产业企业研发创新
DONGTAI GONGSI ZHILI YU ZHANLÜEXING XINXING
CHANYE QIYE YANFA CHUANGXIN

著　　　者:李云鹤
出版发行:上海交通大学出版社　　　　　　地　　址:上海市番禺路 951 号
邮政编码:200030　　　　　　　　　　　　电　　话:021 - 64071208
印　　制:苏州市古得堡数码印刷有限公司　经　　销:全国新华书店
开　　本:710mm×1000mm　1/16　　　　　印　　张:18.75
字　　数:260 千字
版　　次:2022 年 11 月第 1 版　　　　　　印　　次:2022 年 11 月第 1 次印刷
书　　号:ISBN 978 - 7 - 313 - 25828 - 1
定　　价:78.00 元

前　言

　　发展战略性新兴产业是促进我国产业升级、加快经济发展方式向创新驱动方向转变的重要举措。近年来,我国战略性新兴产业扩张迅速,而与此同时,战略性新兴产业核心技术掌握少、企业自主研发创新不足问题严重。因此,如何促进战略性新兴产业企业的研发创新,已然成为当前战略性新兴产业创新发展亟待解决的重要议题。本书以战略性新兴产业上市公司为研究对象,立足于当前我国经济发展方式转变对微观企业研发创新的内在要求,从动态视角出发,研究战略性新兴产业公司研发创新的公司治理结构及其动态调整,进一步考察企业成长中的公司治理结构动态优化,进而提出相关建议。主要研究内容及结论如下。

　　首先,研究了促进我国战略性新兴产业上市公司研发创新的公司股权结构动态调整及其优化。基于公司两类代理对股权结构调整的需求,从收益与成本权衡的思路出发,分析股权结构的影响因素,寻找并估计目标/最优股权结构,测定并研究其动态调整问题;考察股权结构非对称调整对公司研发创新的影响,拓展考察企业生命周期对股权结构动态调整及公司研发创新的影响机理,进而检验不同企业生命周期下股权结构动态调整及其对公司研发创新的作用。研究表明,总体上,我国战略性新兴产业公司股权结构不断向目标股权结构非对称地调整,高管持股向目标持股的调整能够改善公司研发创新意愿,但不能有效改善公司研发创新投入及产出;公司股权结构调整在不同生命周期阶段存在差异,高管持股在企业成熟与衰退阶段向目标高管持股的调整将有效提升公司研发创新意愿,但不能有效改善公司研发创新投入及产出。

其次,研究了促进我国战略性新兴产业上市公司研发创新的公司董事会结构动态调整及其优化。基于董事会的监督职能与资源职能,从收益与成本权衡的思路出发,分析董事会治理结构的影响因素,寻找并估计目标/最优董事会治理结构,测定并研究其动态调整问题,考察董事会结构非对称调整对公司研发创新的影响,拓展考察企业生命周期对董事会治理结构动态调整及公司研发创新的影响机理,进而检验不同生命周期阶段董事会治理结构非对称调整及其对企业研发创新的影响效果。研究表明,总体上,我国战略性新兴产业公司董事会结构不断向目标董事会结构非对称地调整,公司董事会由冗余向目标董事会规模的调整能够发挥提升公司研发创新意愿、发明专利创新及总专利创新的作用;董事会独立性由短缺向目标独立性的调整也将促进公司发明专利创新及总专利创新。公司董事会结构调整在不同生命周期阶段存在差异,公司董事会规模在成长阶段由冗余向目标规模的调整将提升研发创新意愿,由次优向目标规模的调整也将促进公司发明专利创新与总专利创新;公司董事会独立性在企业成熟阶段由短缺向目标独立性调整将提升公司发明专利创新,在企业衰退阶段由短缺向目标独立性调整将促进公司总专利创新。

最后,研究了促进我国战略性新兴产业上市公司研发创新的公司高管薪酬结构动态调整及其优化。基于公司管理者激励对薪酬结构调整的需求,从收益与成本权衡的思路出发,分析高管薪酬结构的影响因素,寻找并估计目标/最优高管薪酬结构,测定并研究其动态调整问题,并进一步考察高管薪酬结构非对称调整及其对公司研发创新的影响,拓展考察企业生命周期对高管薪酬结构动态调整及公司研发创新的影响机理,进而实证检验不同生命周期阶段高管薪酬结构非对称调整及其对企业研发创新的影响效果。结果表明,总体上,我国战略性新兴产业公司高管薪酬结构不断向目标薪酬结构非对称地调整,公司高管薪酬额由过度向目标薪酬额调整能够发挥提升公司研发创新意愿、研发创新投入、发明专利创新及总专利创新的作用;高管薪酬差距由不足向目标薪酬差距的调整将促进公司发明专利创新及总专利创新;公司高管薪酬结构调整在不同生命周期阶段存在差异,公司高管薪酬额在企业成长阶段由过度向目标薪酬额的调整能促进公司研发创新意愿、发明专利创新及总专利创新;高管薪酬在成熟阶段向目标薪酬的调整不能促进公司研发创新;高管薪酬在衰退阶段由过度薪酬额向目标薪酬额的调整将促进研发创新投入,薪酬差距由不足向目标薪酬差距的调整将促进公司发明专利创新及总专利创新。

本研究在理论与实践上皆具有重要意义。从理论上看,本书通过建立动态公司治理分析框架来考察公司治理结构动态调整对企业研发创新的影响,拓展了公司治理作用于公司研发创新的动态研究范畴。这为已有关于公司治理对企业研发创新投资影响的争论提供了新的证据,也促进了公司治理、企业成长与技术创新研究的融合,丰富和深化了公司治理研究。从实践上看,本书为公司是否应该调整公司治理结构以及如何调整公司治理结构提供了实证支持,也为政府从微观企业治理结构规范入手,促进战略性新兴产业创新发展提供实证启示。

目　录

第 1 章　绪　论

1.1　研究背景与意义

发展战略性新兴产业是促进我国产业升级、加快经济发展方式向创新驱动方向转变的重大举措。发展战略性新兴产业核心技术是关键,而作为产业内微观企业的研发创新直接决定着产业技术水平的高低,也关系着产业未来的竞争力,进而影响我国创新驱动发展动力。

近年来,我国战略性新兴产业在政府大力推动下发展迅速,但是,一方面,产业核心技术掌握少,发展受制于人的问题突出;另一方面,企业自主研发创新不足问题仍旧严重。如何促进战略性新兴产业企业研发创新,进而提升产业技术水平? 对这一重要问题,现有文献主要基于研发创新的外部性、信息不对称及高风险特征等探讨政府研发政策的激励作用,如 Clausen(2009)发现政府研发补贴能够刺激企业研发创新投入;Takalo 和 Tanayama(2010)指出政府研发激励能够通过降低企业融资约束促进研发创新;而国内学者郭晓丹等(2011)的研究则表明我国战略性新兴产业研发激励政策效果不明显。以上文献深化了对促进战略性新兴产业研发创新的政府激励政策的认识。但企业作为技术创新的主体,其研发创新活动不仅需要外部政策的支持,还需要企业内部公司治理制度安排的保障,而现有文献较少关注影响战略性新兴产业企业研发创新的内部公司治理问题。

基于公司财务学的基本框架与理论,企业研发创新是公司投资及成长的重要内容,在非完美的资本市场条件下,外部融资约束(Mayes and Majluf,1984)与内部利益冲突(Jensen and Meckling,1976)都将可能导致企业研发创新不足。公司治理作为协调与控制企业无效行为的内部制度安排,将对企业研发创新决策产生重大影响。现有关于公司治理对(非针对战略性新兴产业)企业研发投资影响的文献主要从股权结构、董事会结构及高管激励等方面展开,并得到了不一致的结论。例如,关于股权集中度及内外股权比重对企业研发创新是促进还是抑制没有定论(Lee and O'neill,2003;Joern,2012;吴延兵,2007;冯根福、温军,2008;任海云,2010)。关于公司内外部董事比例、董事会规模及领导结构与企业研发创新之间的关系也存在争议(Zahra,1996;Kor,2006;张宗益,2007;周杰、薛有志,2008;赵洪江等,2008)。高管薪酬对企业研发创新的影响也存在分歧(Wu and Tu,2007;Lin et al.,2011;李春涛、宋敏,2010;唐清泉等,2011)。以上研究结论的分歧与矛盾使得通过优化公司治理促进企业研发创新面临困惑,那么,公司治理结构对企业研发创新的影响究竟如何? 笔者发现已有研究只是基于静态层面,且没有考虑当时的公司治理水平是否最优。如果不是最优,对最优治理结构的偏离方向是"过"还是"不及",以及向最优治理结构动态调整将怎样影响企业研发创新活动。

理论上公司治理存在最优结构,且已有学者对最优公司治理作了初步探索。Tong(2008)研究指出企业存在管理者最优所有权结构;Cicero等(2013)发现企业追求最优董事会结构,并且以较快的速度向目标结构调整。Firth(2006)等研究了企业高管的合理薪酬水平。这些研究开启了向最优公司治理结构动态调整的思路,但它们没有考虑从不同偏离方向向最优公司治理结构调整及其对战略性新兴产业企业研发创新投资的影响问题。

学者们在关注最优公司治理结构的同时,近来也关注了公司治理结构随企业成长的动态变化。Filatotchev 和 Wright(2005)分析指出,在企业成长过程中,公司治理也将发生变化。Boone 等(2007)发现公司董事会规模及董事会独立性随公司成长而增大。以上文献加深了笔者对公司治理结构随企业成长变化的理解,但相关研究才刚刚起步,尚未深入探讨企业成长下动态公司治理对战略性新兴产业企业研发创新投资的影响问题。

基于上述相关研究的不足,本研究拟探讨:①战略性新兴产业企业最优公司治理结构,从不同偏离方向向最优治理结构动态调整如何影响企业研发创新;②企业成长如何作用于公司治理调整进而影响产业内企业研发创新。这将在理论上:①深入研究被忽视的最优公司治理结构及其动态调整问题;②为已有关于公司治理对企业研发创新影响的争论提供新的证据;③促进公司治理、企业成长与技术创新研究的融合,丰富和深化公司治理研究。在实践上:①为政府从微观企业治理结构规范入手,促进战略性新兴产业创新发展,加快产业升级与发展方式转变提供理论指导;②为企业通过动态调整治理结构,提升持续发展能力与竞争力提供理论依据。

1.2　研究框架与内容

本书拟从动态角度,对最优公司治理结构及其调整优化对企业研发创新的影响进行理论分析与实证研究。

第 1 章将对研究的背景意义、国内外代表性文献进行回顾与评价,从而确定本书所要研究的主要内容。

第 2 章归纳总结战略性新兴产业发展环境及上市公司研发创新特征,为下文的理论分析与实证研究进行铺垫。

第 3—5 章是本书的核心部分,将遵循统一研究框架,分别从公司内部治理的股权结构、董事会治理结构及高管薪酬结构等出发,研究动态公司治理(包括股权治理、董事会治理及高管薪酬治理)对战略性新兴产业企业研发创新的影响。其中,第一步,估计最优公司治理结构:分析影响战略性新兴产业公司治理结构的因素,建立影响因素模型,应用上市公司数据估计公司最优治理结构。第二步,测算公司治理结构动态调整：建立公司治理结构动态偏调整模型，应用上市公司数据估计并区分向目标治理结构调整的方向，测定其调整幅度，作为治理结构动态调整的度量。第三步，研究公司治理结构动态调整对企业研发创新的影响：分析公司治理结构调整对研发创新的影响机理，建立实证模型，检验对最优公司治理结构不同偏离方向的动态调整作用于企业研发创新的效果。第四步，拓展考察企业成长下公司治理结构调整对企业研发创新的影响：分析企业成长对公司治理的影响机理，检验不同成长阶段的差异，而后分析与检验企业成长下公司治理结构动态调整对企业研发创新的影响效果。

第6章总结与提炼促进战略性新兴产业企业研发创新的公司治理结构动态调整策略，分别总结与提炼向最优治理结构调整策略、企业成长及制度环境下治理结构动态调整策略，为企业和政府部门提供策略与建议。

1.3 研究思路与方法

本书将采用统计分析、理论分析、实证研究、规范分析等多种研究方法，按照图1.1所示的思路，探讨动态公司治理如何影响战略性新兴产业上市公司的研发创新。具体如下：

（1）在前两章，主要使用文献研究梳理相关文献，凝练研究思路，提炼研究方法；通过数据调研深入了解战略性新兴产业企业公司治理现状与研发创新（意愿、投入、产出）情况。用统计方法对专业数据库调出的相关研究数据进行初步处理，为后续研究工作奠定基础。

（2）在第3—5章主题研究部分，一致采用文献研究分析判断最优公司治理结构（股权结构、董事会结构、高管薪酬结构）影响因素，建立模型（面板模型）估计公司目标治理结构；接着，建立偏调整模型，利用偏调整模型估计公司治理结构向最优治理结构的调整速度；而后，利用面板数据进行测算，其中可采用滞后数据或工具变量解决治理结构内生性问题;最后,使用测算出来的调整速度,计算公司向最优治理结构的调整幅度,作为公司治理结构动态调整的测度指标,进而实证检验公司治理结构动态调整对企业研发的影响。进一步地进行拓展性研究,理论分析并比较不同企业生命周期阶段公司治理结构调整的差异,建立公司治理结构调整与企业研发创新在随企业生命周期的动态分析框架,进而实证检验企业在成长、成熟、衰退等生命周期不同阶段公司治理结构动态调整对企业研发创新的影响效果,揭示企业生命周期下公司治理结构调整对企业研发创新影响效果的规律。

(3) 第 6 章将采用规范分析对上述研究进行总结,提炼促进战略性新兴产业企业研发投资的公司治理结构动态调整策略,为企业和政府部门提供策略与建议。

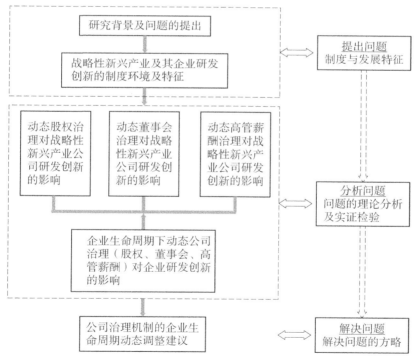

图 1.1 本书的技术路线图

1.4　研究创新点

本书尝试从理论与实证两方面研究促进战略性新兴产业企业研发创新的公司治理的动态调整规律，并拓展探讨企业生命周期下促进战略性新兴产业企业研发创新的公司治理的动态变化规律，在此基础上提炼促进战略性新兴产业公司研发创新的公司治理的动态调整规律及方略。本书创新点主要体现在以下方面：

第一，公司治理是影响我国战略性新兴产业企业研发创新的重要内部机制，本书考察并测定了公司最优治理结构，进一步考察了从不同偏离方向向最优治理结构动态调整对战略性新兴产业企业研发创新的影响。

第二，拓展考察了企业生命周期对公司治理动态调整及企业研发创新的影响，检验了企业成长如何促进公司治理结构发生变化，并检验了企业生命周期不同阶段动态公司治理如何作用于战略性新兴产业企业研发创新。

第三，归纳提炼了促进战略性新兴产业研发创新的动态公司治理思路及方略，揭示了政府可以通过直接规范公司治理结构、依据企业成长阶段分类干预等政策来促进战略性新兴产业发展。

| 第 2 章 | **战略性新兴产业企业发展环境及研发创新特征** |

2.1 战略性新兴产业企业发展的外部环境

2.1.1 战略性新兴产业概念界定

战略性新兴产业是指建立在重大前沿科技突破基础上，代表未来科技和产业发展新方向，对经济社会具有全局带动和重大引领作用的产业。战略性新兴产业最初由国务院总理温家宝于 2009 年 9 月 21 日召开的新兴战略性产业发展座谈会上提出，强调发展新兴战略性产业是中国立足当前渡难关、着眼长远上水平的重大战略选择[①]。随后，在 2010 年 9 月 8 日召开的国务院常务会议上，审议并原则通过《国务院关于加快培育和发展战略性新兴产业的决定》，确定了战略性新兴产业现阶段发展的重点方向，主要选择节能环保、新一代信息技术、生物、高端装备制造、新能源、新材料和新能源汽车七个产业作为重点领域。2012 年 7 月 9 日，国务院印发《"十二五"国家战略性新兴产业发展规划》，进一步明确了对战略性新兴产业的支持范围。随后，2013 年国家发改委会同工信息、科技部、财政部等共同制定完成《战略性新兴产业重点产品和服务指导目录》，其中包括七大行业，34 个大类、153 个中类、449 个小类、260 个次小类，共包含 680 种产品与服务。

---

① http://www.gov.cn/Idhd/2009-09/22/content_1423493.htm.

战略性新兴产业与传统产业相比具有突出特征：

第一，战略性。战略性新兴产业具有巨大的发展空间，能够发展成为未来的支柱产业。其发展决定未来国家的竞争优势。对中国等后发国家来说，发展战略性新兴产业还是实现赶超的重要机遇。

第二，先进性。战略性新兴产业代表科技发展的前沿，能够引领未来产业发展方向，代表未来科技发展与需求的空间。

第三，带动性。战略性新兴产业与其他产业的关联度大，具有重大的辐射带动作用，能够带动其他产业的发展。

2.1.2　战略性新兴产业发展的外部环境

战略性新兴产业自提出以来，得到了国家及地方的大力推动，围绕如何更快更好地培育与发展战略性新兴产业出台了一系列重要政策措施，共同构成了战略性新兴产业发展的外部环境。细致观察战略性新兴产业发展的支持政策，主要分为两大类，一是资金（金融）支持，二是法规政策支持（见表 2.1）。这些政策极大地促进了战略性新兴产业的发展。

表 2.1　战略性新兴产业支持政策梳理

年份	名　称	发布部门	政策概要
2009	《国家发展改革委财政部关于实施新兴产业创投计划、开展产业技术研究与开发资金参股设立创业投资基金试点工作的通知》（发改高技〔2009〕2743号）	发改委	政府引导：发挥政府资金的引导和杠杆作用，推动创业投资发展，引导社会资本投向高新技术产业，促进自主创新成果产业化，培育战略性新兴产业。 支持创新：克服单纯通过市场配置资源的市场失灵问题，引导创业投资投向初创期、成长期创新型企业和高成长性企业，支持自主创新和创业

（续表）

年份	名　称	发布部门	政策概要
2010	《教育部办公厅关于战略性新兴产业相关专业申报和审批工作的通知》（教高厅函〔2010〕13号）	教育部	对于举办与战略性新兴产业发展人才需求有关的专业，教育部在以下方面给予重点支持： 1. 对于与国外知名高校和著名企事业单位开展合作办学的申请优先予以批准。 2. 对转入战略性新兴产业相关专业的学生在电子注册上予以政策支持
2010	《国务院关于加快培育和发展战略性新兴产业的决定》（国发〔2010〕32号）	国务院	1. 抓住机遇，加快培育和发展战略性新兴产业。 2. 坚持创新发展，将战略性新兴产业加快培育成为先导产业和支柱产业。 3. 立足国情，努力实现重点领域快速健康发展。 4. 强化科技创新，提升产业核心竞争力。 5. 积极培育市场，营造良好市场环境
2011	《国家发展改革委关于印发鼓励和引导民营企业发展战略性新兴产业的实施意见的通知》（发改高技〔2011〕1592号）	发改委	要结合战略性新兴产业发展要求，加快清理战略性新兴产业相关领域的准入条件，制定和完善项目审批、核准、备案等相关管理办法。 战略性新兴产业扶持资金等公共资源对民营企业同等对待。 保障民营企业参与战略性新兴产业相关政策制定
2011	《商务部 发展改革委 科技部 工业和信息化部 财政部 环境保护部 海关总署 税务总局 质检总局 知识产权局关于促进战略性新兴产业国际化发展的指导意见》（商产发〔2011〕310号）	发改委	促进战略性新兴产业国际化发展就是要把握经济全球化的新特点，逐步深化国际合作，积极探索合作新模式，在更高层次上参与国际合作，从而提升战略性新兴产业自主发展能力与核心竞争力。促进我国战略性新兴产业国际化发展应准确定位，明确方向： 一是提高战略性新兴产业研发、制造、营销等各环节的国际化发展水平，提升全产业链竞争力。 二是提高战略性新兴产业人才、企业、产业联盟、创新基地的国际化发展能力，提升市场主体竞争力。 三是营造有利于战略性新兴产业国际化发展的良好环境，完善支撑保障体系。 四是处理好两个市场的相互关系，夯实战略性新兴产业国际化发展的国内基础

（续表）

年份	名　称	发布部门	政策概要
2012	《财政部发展改革委关于印发〈战略性新兴产业发展专项资金管理暂行办法〉的通知》（财建〔2012〕1111号）	国家财政部	支持技术创新平台。围绕战略性新兴产业重点领域，针对行业或技术领域特点，依托产业链优势单位联合相关科研机构、企业及投资者，建立涵盖全产业链的开放性技术创新平台，加强重大共性关键技术研发及产业化
2012	《国务院关于印发"十二五"国家战略性新兴产业发展规划的通知》（国发〔2012〕28号）	国务院	战略性新兴产业是以重大技术突破和重大发展需求为基础，对经济社会全局和长远发展具有重大引领带动作用，知识技术密集、物质资源消耗少、成长潜力大、综合效益好的产业。根据"十二五"规划纲要和《国务院关于加快培育和发展战略性新兴产业的决定》（国发〔2010〕32号）的部署和要求，为加快培育和发展节能环保、新一代信息技术、生物、高端装备制造、新能源、新材料、新能源汽车等战略性新兴产业，特制定本规划
2013	《国务院关于印发"十二五"国家自主创新能力建设规划的通知》（国发〔2013〕4号）	国务院	加强创新能力建设是实现重大科技突破的重要举措。当前，能源资源、信息通信、人口健康、现代农业和先进材料等关系现代化建设进程的重要领域正孕育革命性突破，将催生一批战略性新兴产业，引发以绿色、健康和智能为特征的新产业革命，推动产业结构重大调整。要避免与新科技革命和产业革命带来的重大历史机遇失之交臂，必须实现创新能力质的飞跃
2014	《国家发展改革委办公厅关于进一步做好支持创业投资企业发展相关工作的通知》（发改办财金〔2014〕1044号）	发改委	继续加大国家新兴产业创投计划实施力度。按照"市场运作、政府引导、规范管理、鼓励创新"的原则，鼓励新兴产业创投计划参股创业投资企业，进一步加大对战略性新兴产业和高技术产业领域中小企业的投资力度。各省级备案管理部门要做好新兴产业创投计划参股创业投资企业的备案管理和服务工作

（续表）

年份	名　称	发布部门	政策概要
2015	《国家发展改革委关于实施新兴产业重大工程包的通知》（发改高技〔2015〕1303号）	发改委	通过政策引导和适当的投资支持,探索政府支持企业技术创新、管理创新、商业模式创新的新机制,增强发展新兴产业、新兴业态的动力,拓展新的投资领域,释放消费需求潜力,形成新的经济增长点。2015—2017年,重点开展信息消费、新型健康技术惠民、海洋工程装备、高技术服务业培育发展、高性能集成电路及产业创新能力等六大工程建设

2.2　战略性新兴产业企业发展的内部治理环境

2.2.1　我国上市公司内部治理制度

2.2.1.1　我国上市公司股权设置与股东保护制度

　　20世纪90年代,随着我国经济市场化的发展,国有企业减持与公司股份制改革稳步推进,我国公司股权结构发生了重大变化——由国有完全控股转变为多种所有制共存的局面。1992年5月,由原国家体改委、计委、财政部、人民银行与国务院生产办等五部门联合发布的《股份制企业试点办法》规定,根据投资主体的不同,股份制企业股权设置有四种形式:国家股、法人股、个人股、外资股。1994年11月,国家国资局、国家体改委发布《股份有限公司国有股权管理暂行办法》,进一步对国家股、国有法人股进行了明确界定,并将国家股与国有法人股统称为国有股,其他股权为非国有股。与此同时,为了支持企业股份制改革,我国分别于1990年、1991年成立了上海证券交易所与深圳证券交易所。企业上市后,尽管部分股份流动起来,但由于股份制改造及过度流通可能导致国有经济失去主导地位,因此,我国上市公司股权形成了流通股与非流通股的二元股权结构特征。在股权分置下,流通股与非流通股同股同权不同价,非流通股大股东财富与公司股票价格没有直接关系,这导致大股东与中小股东利益不一致,大股东有很强的动机侵占中小股东利益。同时,持有非流通股的大股东"一股独大"现象普遍。为了解决这一问题,中国证监会于 2005 年 4 月 29 日发布《关于上市公司股权分置改革试点有关问题的通知》,正式启动股权分置改革。股权分置改革旨在解决国有股、法人股与流通股之间利益分置、价格分置的问题,使各类股票同股同权同价,为我国股票市场优化资源配置功能的发挥奠定市场化基础。2005 年 8 月 23 日,中国证监会、国资委、财政部、中国人民银行、商务部联合发布《关于上市公司股权分置改革的指导意见》;2005 年 9 月 4 日,中国证监会发布《上市公司股权分置改革管理办法》,标志着我国股权分置改革全面铺开。2007 年,绝大部分公司完成股改。在股权改革的同时,其他法律法规也在不断完善。1994 年出台的《公司法》为股东权益保护提供了法律基础;2000 年出台的《上市公司股东大会规范意见》、2001 年推出的《上市公司治理准则》等,进一步从公司治理的角度加强投资者合法权益的保护;2004 年,《证券投资基金法》实施;2006 年新修订的《公司法》和《证券法》的实施进一步增强了对股东及投资者的保护。此外,还有 2008 年发布的《证券公司监督管理条例》、2009 年颁布的《关于加强上市证券公司监管的规定》以及 2010 发布的《关于上市公司建立内幕信息知情人登记管理制度的规定》、2012 年发布的《证券公司客户资产管理业务规范》,这些共同加强了对证券投资者的保护。

2.2.1.2　我国上市公司董事会及独立董事制度

20 世纪 90 年代,伴随着我国国有企业向上市公司改制的推进,董事会作为公司组织制度的重要组成部分逐渐建立起来。其中,1994 年《公司法》第 45 条规定:有限责任公司设董事会,其成员为 3～13 人。两个以上的国有企业或者其他两个以上的国有投资主体投资设立的有限责任公司,其董事会成员中应当有公司职工代表。董事会设董事长1 人,可以设副董事长 1～2 人。董事长、副董事长的产生办法由公司章程规定。第 112 条规定:股份有限公司设董事会,其成员为 5～19 人;第113 条规定:股份有限公司董事会设董事长 1 人,可以设副董事长 1～2人。董事长和副董事长由董事会以全体董事的过半数选举产生。此外,1994 年《公司法》就董事会职责、权利及义务做出了明确规定,这为企业的公司化运作确立了基本的法律保障及依据。随后《公司法》经历了1999 年、2004 年、2005 年的修订,于 2006 年 1 月 1 日起新的《公司法》实施,其中关于董事会设置的要求基本没有改变,其第 108 条规定:股份有限公司设董事会,其成员为 5～19 人。《公司法》最近一次修订于2013 年,2014 年 3 月 1 日开始实施。其中关于董事会设置的规定基本没有改变,即有限责任公司设董事会,其成员为 3～13 人。股份有限公司设董事会成员为 5～19 人。

2001 年,中国证监会发布《关于在上市公司建立独立董事制度的指导意见》(简称《指导意见》),开始在上市公司中推行独立董事制度。《指导意见》指出:上市公司独立董事是指不在公司担任除董事外的其他职务,并与其所受聘的上市公司及其主要股东不存在可能妨碍其进行独立客观判断的关系的董事。独立董事对上市公司及全体股东负有诚信与勤勉义务。各境内上市公司应当按照本《指导意见》的要求修改公司章程,聘任适当人员担任独立董事,其中至少包括一名会计专业人士(会计专业人士是指具有高级职称或注册会计师资格的人士)。在 2002年 6 月 30 日前,董事会成员中应当至少包括 2 名独立董事;在 2003 年6 月 30 日前,上市公司董事会成员中应当至少包括 1/3 独立董事。独立董事出现不符合独立性条件或其他不适宜履行独立董事职责的情形,由此造成上市公司独立董事达不到本《指导意见》要求的人数时,上市公司应按规定补足独立董事人数。2002 年 1 月,中国证监会、国家经贸委联合发布《上市公司治理准则》,再次明确规定上市公司应该建立独立董事制度。2004 年 9 月,中国证监会发布《关于加强社会公众股股东权益保护的若干规定》,进一步肯定并完善了独立董事制度,新《公司法》也明确规定了建立独立董事制度。由此,国际通行的上市公司董事会制度在我国上市公司中确立并推行起来。

2. 2. 1. 3　我国上市公司高管薪酬与激励制度

我国公司高管薪酬制度是随着国有企业的改革逐渐形成的。1986年,国务院颁布《关于进一步加强和深化企业改革决定》,提出解决企业高层管理者"自主权"与"责任"不对等产生的代理问题。在此基础上,我国企业年薪制于1992年在上海率先推行,1994年深圳出台《企业董事长、总经理年薪制试点方法》,接着北京等地也进行了相关试点。2002年开始在国企推行年薪制,国资委成立后,相继在2003年、2004年出台了《中央企业负责人经营业绩考核暂行办法》《中央企业负责人薪酬管理暂行办法》,进一步明确对企业管理层实施年薪制作为国有企业薪酬制度改革的未来发展方向。同时,以短期薪酬激励为主的国有企业管理层薪酬也开始向短期与中长期薪酬激励相结合转化。而随着年薪制的实施,企业内员工之间薪酬差距拉大,由此可能带来的对企业效率的负面影响以及收入分配差距拉大受到了广泛关注。2008年,中央纪委颁布条令规范高管薪酬实施中产生的违规行为。2009年1月,财政部发布《关于金融类国有和国有控股企业负责人薪酬管理有关问题的通知》;4月,发布《关于国有金融机构2008年度高管人员薪酬分配有关问题的通知》;9月,国资委发布《关于进一步规范中央企业负责人薪酬管理的指导意见》,进一步规范了我国中央企业负责人薪酬制度;2014年8月,中共中央政治局审议通过《央企负责人薪酬制度改革方案》,对国有企业高管薪酬进行规范与管制。与此同时,非国有企业建立了与现代企业相适应的相对市场化的高管薪酬体系。

在高管薪酬改革的同时,高管股权激励也得到重视。1994年,上海颁布《关于公司设立职工持股试点办法》,明确规定高管通过职工持股会可持有企业股票。2005年之后,股权分置改革的推进及《公司法》《证券法》的修订为股权激励的实施扫清了制度性障碍。2006年1月1日,证监会颁布《上市公司股权激励管理办法(试行)》,为股权激励制度设计提供政策性指引。2008 年 5 月 6 日,证监会出台《股权激励有关事项备忘录 1 号》《股权激励有关事项备忘录 2 号》;5 月 16 日,证监会公布《股权激励有关事项备忘录 3 号》,进一步规范了上市公司股权激励制度。2016 年 8 月 13 日起施行新的《上市公司股权激励管理办法》。由此,我国公司高管激励体系逐渐建立并完善起来。

2.2.2　战略性新兴产业上市公司治理特征

2.2.2.1　公司股权结构

1) 公司股权结构的全样本特征

表 2.2 汇总了全样本中公司股权结构的情况。结果显示:样本公司股权集中度均值为 0.352,最大值为 0.865,最小值为 0.036,说明我国不同上市公司之间董事会规模存在差别;样本公司高管持股比例均值为 0.063,最大值为 0.821,最小值为 0,反映我国新兴产业上市公司高管持股比例存在较大差异,部分原因可能是创始人高管持股所致。

表 2.2　公司股权结构描述性统计

变量	均值	标准差	最小值	最大值	观测样本
股权集中度	0.352	0.147	0.036	0.865	4 176
高管持股比	0.063	0.149	0	0.821	4 176

2) 公司股权结构的行业特征

表 2.3 汇总了不同行业中公司股权结构的情况。结果显示:高端装备制造业公司股权集中度均值为 0.377,最大值为 0.705,最小值为 0.078,说明我国不同上市公司股权集中度存在差别;样本公司高管持股比例均值为 0.062,最大值为 0.672,最小值为 0,反映我国高端装备制造业上市公司高管持股总体水平较低,但是部分公司高管持股比例较

高。节能环保行业股权集中度均值为 0.346,最大值为 0.770,最小值为 0.101,说明我国不同上市公司股权集中度存在差别;样本公司高管持股比例均值为 0.056,最大值为 0.728,最小值为 0,反映我国节能环保业上市公司高管持股总体水平较低,但是部分公司高管持股比例较高。生物医药行业公司股权集中度均值为 0.341,最大值为 0.716,最小值为 0.039,说明我国不同上市公司股权集中度存在差别;样本公司高管持股比例均值为 0.059,最大值为 0.821,最小值为 0,反映我国生物医药行业上市公司高管持股总体水平较低,但是部分公司高管持股比例较高。新材料行业公司股权集中度均值为 0.373,最大值为 0.865,最小值为 0.085,说明我国不同上市公司股权集中度存在差别;样本公司高管持股比例均值为 0.049,最大值为 0.666,最小值为 0,反映我国新材料行业上市公司高管持股总体水平较低,但是部分公司高管持股比例较高。新能源行业公司股权集中度均值为 0.364,最大值为 0.797,最小值为 0.036,说明我国不同上市公司股权集中度存在差别;样本公司高管持股比例均值为 0.048,最大值为 0.661,最小值为 0,反映我国新能源行业上市公司高管持股总体水平较低,但是部分公司高管持股比例较高。新能源汽车行业公司股权集中度均值为 0.332,最大值为 0.685,最小值为 0.083,说明我国不同上市公司股权集中度存在差别;样本公司高管持股比例均值为 0.056,最大值为 0.672,最小值为 0,反映我国新能源汽车行业上市公司高管持股总体水平较低,但是部分公司高管持股比例较高。新一代信息技术行业公司股权集中度均值为 0.336,最大值为 0.740,最小值为 0.058,说明我国不同上市公司股权集中度存在差别;样本公司高管持股比例均值为 0.087,最大值为 0.748,最小值为 0,反映我国新一代信息技术行业上市公司高管持股总体水平较低,但是部分公司高管持股比例较高。总之,我国战略性新兴产业公司股权集中度平均在 30%～40% 之间,高管持股比例平均在 5%～10% 之间,但是,不同公司之间存在较大差别。

表 2.3 不同行业下公司股权结构描述性统计

行 业	变量	均值	标准差	最小值	最大值	观测样本
高端装备制造业	股权集中度	0.377	0.151	0.078	0.705	599
	高管持股比	0.062	0.144	0	0.672	599
节能环保	股权集中度	0.346	0.147	0.101	0.770	569
	高管持股比	0.056	0.139	0	0.728	569
生物医药	股权集中度	0.341	0.145	0.039	0.716	610
	高管持股比	0.059	0.148	0	0.821	610
新材料	股权集中度	0.373	0.143	0.085	0.865	454
	高管持股比	0.049	0.138	0	0.666	454
新能源	股权集中度	0.364	0.168	0.036	0.797	621
	高管持股比	0.048	0.132	0	0.661	621
新能源汽车	股权集中度	0.332	0.141	0.083	0.685	252
	高管持股比	0.056	0.134	0	0.672	252
新一代信息技术	股权集中度	0.336	0.132	0.058	0.740	1 071
	高管持股比	0.087	0.171	0	0.748	1 071

3）公司股权结构的企业生命周期特征

表 2.4 汇总了不同生命周期阶段公司股权结构的情况。结果显示：在成长阶段，公司股权集中度均值为 0.359，最大值为 0.815，最小值为 0.052，说明成长阶段不同上市公司集中度存在较大差别；样本公司高管持股比例均值为 0.078，最大值为 0.748，最小值为 0，反映成长阶段上市公司高管持股总体水平较低，但是部分公司高管持股比例较高。在成熟阶段，公司股权集中度均值为 0.349，最大值为 0.865，最小值为 0.037，说明成熟阶段不同上市公司股权集中度存在较大差别；样本公司高管持股比例均值为 0.068，最大值为 0.819，最小值为 0，反映成熟阶段上市公司高管持股总体水平较低，但是部分公司高管持股比例较高。在衰退阶段，公司股权集中度均值为 0.347，最大值为 0.865，最小值为 0.036，说明衰退阶段不同上市公司股权集中度存在较大差别；样

本公司高管持股比例均值为 0.037,最大值为 0.821,最小值为 0,反映衰退阶段上市公司高管持股总体水平较低,但是部分公司高管持股比例较高。总之,我国战略性新兴产业在不同生命周期阶段内平均股权集中度在 35% 左右,但在企业生命周期中呈现逐渐分散的特征;样本公司的平均高管持股总体上在 10% 以下,在企业生命周期也呈现逐渐降低的趋势。

表 2.4　不同生命周期阶段公司股权结构描述性统计

生命周期阶段	变量	均值	标准差	最小值	最大值	观测样本
成长阶段	股权集中度	0.359	0.145	0.052	0.815	1 466
	高管持股比	0.078	0.162	0	0.748	1 466
成熟阶段	股权集中度	0.349	0.146	0.037	0.865	1 661
	高管持股比	0.068	0.151	0	0.819	1 661
衰退阶段	股权集中度	0.347	0.149	0.036	0.865	1 049
	高管持股比	0.037	0.121	0	0.821	1 049

2.2.2.2　公司董事会结构

1) 董事会结构的全样本特征

表 2.5 汇总了全样本下公司董事会结构的情况。结果显示:样本公司董事会规模的均值为 8.990,最大值为 18,最小值为 5,标准差达到 1.776,说明我国不同上市公司之间董事会规模存在较大差别;样本公司外部董事比例的均值为 0.370,标准差为 0.054,反映我国新兴产业上市公司外部董事比例稳定在一定水平上,高于我国上市公司条例要求的公司外部董事比例不低于三分之一。

表 2.5　公司董事会结构全样本统计

变量	均值	标准差	最小值	最大值	观测样本
董事会规模	8.990	1.776	5	18	2 050
董事会独立性	0.370	0.054	0.091	0.714	2 050

2）董事会结构的行业特征

表 2.6 汇总了不同行业中公司董事会结构的情况。结果显示,高端装备制造业公司董事会规模的均值为 9.170,最大值为 16,最小值为 5,标准差达到 1.934,说明我国不同上市公司之间董事会规模存在较大差别;样本公司外部董事比例的均值为 0.376,标准差为 0.058,反映我国高端装备制造业上市公司外部董事比例稳定在一定水平上,高于我国上市公司条例要求的公司外部董事比例不低于 1/3。节能环保行业公司董事会规模的均值为 8.939,最大值为 15,最小值为 5,标准差达到 1.783,说明我国不同上市公司之间董事会规模存在较大差别;样本公司外部董事比例的均值为 0.368,标准差为 0.050,反映我国节能环保行业上市公司外部董事比例稳定在一定水平上,高于我国上市公司条例要求的公司外部董事比例不低于 1/3。生物医药行业公司董事会规模的均值为 8.785,最大值为 15,最小值为 5,标准差达到 1.487,说明我国不同上市公司之间董事会规模存在较大差别;样本公司外部董事比例的均值为 0.371,标准差为 0.058,反映我国生物医药行业上市公司外部董事比例稳定在一定水平上,高于我国上市公司条例要求的公司外部董事比例不低于 1/3。新材料行业公司董事会规模的均值为 8.925,最大值为 18,最小值为 5,标准差达到 1.558,说明我国不同上市公司之间董事会规模存在较大差别;样本公司外部董事比例的均值为 0.365,标准差为 0.044,反映我国新材料行业上市公司外部董事比例稳定在一定水平上,高于我国上市公司条例要求的公司外部董事比例不低于 1/3。新能源行业公司董事会规模的均值为 9.117,最大值为 18,最小值为 5,标准差达到 1.715,说明我国不同上市公司之间董事会规模存在较大差别;样本公司外部董事比例的均值为 0.366,标准差为 0.052,反映我国新能源行业上市公司外部董事比例稳定在一定水平上,高于我国上市公司条例要求的公司外部董事比例不低于 1/3。新能源汽车行业公司董事会规模的均值为 9.326,最大值为 17,最小值为 6,标准差达到 1.968,说明我国不同上市公司之间董事会规模存在较大差别;样本公司外部董事比例的均值为 0.364,标准差为 0.052,反映我国新能源汽车行业上

市公司外部董事比例稳定在一定水平上,高于我国上市公司条例要求的公司外部董事比例不低于1/3。新一代信息技术行业公司董事会规模的均值为8.849,最大值为15,最小值为5,标准差达到1.896,说明我国不同上市公司之间董事会规模存在较大差别;样本公司外部董事比例的均值为0.377,标准差为0.057,反映我国新一代信息技术行业上市公司外部董事比例稳定在一定水平上,高于我国上市公司条例要求的公司外部董事比例不低于1/3。总之,我国战略性新兴产业董事会规模在合理的范围内,且其独立性都高于监管的最低要求。反映出行业内企业在一定程度上存在自主性设置。

表 2.6 公司董事会结构的行业特征

行 业	变量	均值	标准差	最小值	最大值	观测样本
高端装备制造业	董事会规模	9.170	1.934	5	16	300
	董事会独立性	0.376	0.058	0.286	0.625	300
节能环保	董事会规模	8.939	1.783	5	15	231
	董事会独立性	0.368	0.050	0.308	0.571	231
生物医药	董事会规模	8.785	1.487	5	15	297
	董事会独立性	0.371	0.058	0.250	0.667	297
新材料	董事会规模	8.925	1.558	5	18	280
	董事会独立性	0.365	0.044	0.300	0.556	280
新能源	董事会规模	9.117	1.715	5	18	309
	董事会独立性	0.366	0.052	0.250	0.600	309
新能源汽车	董事会规模	9.326	1.968	6	17	184
	董事会独立性	0.364	0.052	0.091	0.500	184
新一代信息技术	董事会规模	8.849	1.896	5	15	449
	董事会独立性	0.377	0.057	0.250	0.714	449

3）董事会结构的企业生命周期特征

表 2.7 汇总了不同生命周期阶段公司董事会结构的情况。结果

显示:在成长阶段,公司董事会规模的均值为 8.893,最大值为 18,最小值为 5,标准差达到 1.699,说明成长阶段不同上市公司之间董事会规模存在较大差别;样本公司外部董事比例的均值为 0.371,标准差为 0.055,反映成长阶段上市公司外部董事比例稳定在一定水平上,高于我国上市公司条例要求的公司外部董事比例不低于 1/3。在成熟阶段,公司董事会规模的均值为 9.050,最大值为 18,最小值为 5,标准差达到 1.837,说明成熟阶段不同上市公司之间董事会规模存在较大差别;样本公司外部董事比例的均值为 0.372,标准差为 0.053,反映成熟阶段上市公司外部董事比例稳定在一定水平上,高于我国上市公司条例要求的公司外部董事比例不低于 1/3。在衰退阶段,公司董事会规模的均值为 9.041,而最大值为 18,最小值为 5,标准差达到 1.791,说明衰退阶段不同上市公司之间董事会规模存在较大差别;样本公司外部董事比例的均值为 0.369,标准差为 0.052,反映衰退阶段上市公司外部董事比例稳定在一定水平上,高于我国上市公司条例要求的公司外部董事比例不低于 1/3。总之,我国战略性新兴产业在不同生命周期阶段内董事会规模在合理的范围内,且其独立性都高于监管的最低要求,反映出不同生命周期阶段内企业在一定程度上存在自主性设置。

表 2.7　公司董事会结构的企业生命周期特征

生命周期阶段	变量	观测样本	均值	标准差	最小值	最大值
成长阶段	董事会规模	750	8.893	1.699	5	18
	董事会独立性	750	0.371	0.055	0.091	0.714
成熟阶段	董事会规模	765	9.050	1.837	5	18
	董事会独立性	765	0.372	0.053	0.250	0.667
衰退阶段	董事会规模	535	9.041	1.791	5	18
	董事会独立性	535	0.369	0.052	0.250	0.600

2.2.2.3　公司高管薪酬结构

1）公司高管薪酬结构的全样本特征

表 2.8 汇总了全样本下公司高管薪酬结构的情况。结果显示：样本公司高管薪酬额的对数均值为 13.939，最大值 16.689，最小值为 0，说明我国不同上市公司之间高管薪酬额的差异明显；样本公司高管间薪酬差距均值为 0.417，最大值为 1.000，最小值为 0，反映我国新兴产业上市公司高管间薪酬差距较大，部分原因可能是公司创始人团队即为高管团队所致。

表 2.8　公司高管薪酬结构的全样本特征

变量	均值	标准差	最小值	最大值	观测样本
高管薪酬额	13.939	0.829	0	16.689	4 176
高管薪酬差距	0.417	0.129	0	1.000	4 176

2）公司高管薪酬结构的行业特征

表 2.9 汇总了不同行业中公司高管薪酬结构的情况。结果显示：高端装备制造业公司高管薪酬额均值为 13.940，最大值为 16.689，最小值为 0，说明我国不同上市公司高管薪酬额存在差别；样本公司高管薪酬差距均值为 0.392，最大值为 1.000，最小值为 0，反映我国高端装备制造业上市公司高管薪酬差距较大，且部分公司高管薪酬差距异常大，可能是由于创始人与高管团队重合所致。节能环保行业公司高管薪酬额均值为 13.879，最大值为 16.261，最小值为 11.562，说明节能环保行业不同上市公司高管薪酬额存在差别；样本公司高管薪酬差距均值为 0.418，最大值为 1.000，最小值为 0.201，反映我国节能环保行业上市公司高管薪酬差距总体水平较低，但是部分公司高管薪酬差距较大。生物医药行业公司高管薪酬额均值为 14.043，最大值为 16.186，最小值为 11.983，说明生物医药行业不同上市公司高管薪酬额存在差别；样本公司高管薪酬差距均值为 0.411，最大值为 1.000，最小值为 0.047，反

映我国生物医药行业上市公司高管薪酬存在一定差距,部分公司高管薪酬差距较大。新材料行业公司高管薪酬额均值为 13.735,最大值为 15.255,最小值为 11.542,说明新材料行业不同上市公司高管薪酬额存在差别;样本公司高管薪酬差距均值为 0.433,最大值为 0.990,最小值为 0.128,反映我国新材料行业上市公司高管薪酬存在一定差距,部分公司高管薪酬差距较大。新能源行业公司高管薪酬额均值为 13.876,最大值为 16.571,最小值为 10.404,说明新能源行业不同上市公司高管薪酬额存在差别;样本公司高管薪酬差距均值为 0.414,最大值为 1.000,最小值为 0.025,反映我国新能源行业上市公司高管薪酬存在一定差距,部分公司高管薪酬差距较大。新能源汽车行业公司高管薪酬额均值为 13.879,而最大值为 16.496,最小值为 0,说明新能源汽车不同上市公司高管薪酬额存在较大差别;样本公司高管薪酬差距均值为 0.396,最大值为 0.711,最小值为 0,反映我国新能源汽车行业上市公司高管薪酬存在较大差距。新一代信息技术行业公司高管薪酬额均值为 14.048,最大值为 16.405,最小值为 0,说明新一代信息技术行业不同上市公司高管薪酬额存在差别;样本公司高管薪酬差距均值为 0.432,最大值为 1.000,最小值为 0,反映我国一代信息技术行业上市公司高管薪酬存在较大差距。总之,我国战略性新兴产业公司高管薪酬额对数均值在 14 左右,高管薪酬差距基本在 0.4 左右,但高管薪酬表现出一定的行业差异:高端装备制造、生物医药以及新一代信息技术等行业高管薪酬额较高,同时,新材料及新一代信息技术行业高管薪酬差距较大。

表 2.9　公司高管薪酬结构的行业特征

行　业	变量	均值	标准差	最小值	最大值	观测样本
高端装备制造业	高管薪酬额	13.940	0.903	0	16.689	599
	高管薪酬差距	0.392	0.128	0	1.000	599
节能环保	高管薪酬额	13.879	0.699	11.562	16.261	569
	高管薪酬差距	0.418	0.124	0.201	1.000	569

(续表)

行　业	变量	均值	标准差	最小值	最大值	观测样本
生物医药	高管薪酬额	14.043	0.748	11.983	16.186	610
	高管薪酬差距	0.411	0.121	0.047	1.000	610
新材料	高管薪酬额	13.735	0.690	11.542	15.255	454
	高管薪酬差距	0.433	0.121	0.128	0.990	454
新能源	高管薪酬额	13.876	0.743	10.404	16.571	621
	高管薪酬差距	0.414	0.148	0.025	1.000	621
新能源汽车	高管薪酬额	13.879	1.474	0	16.496	252
	高管薪酬差距	0.396	0.115	0	0.711	252
新一代信息技术	高管薪酬额	14.048	0.757	0	16.405	1 071
	高管薪酬差距	0.432	0.130	0	1.000	1 071

3）公司高管薪酬结构的企业生命周期特征

表 2.10 汇总了不同生命周期阶段公司高管薪酬结构的情况。结果显示：在成长阶段，公司高管薪酬额均值为 13.949，最大值为 16.571，最小值为 0，说明成长阶段不同上市公司高管薪酬额存在较大差别；样本公司高管薪酬差距均值为 0.414，最大值为 1.000，最小值为 0，反映成长阶段上市公司内高管薪酬存在较大差距。在成熟阶段，公司高管薪酬额均值为 13.966，最大值为 16.581，最小值为 0，说明成熟阶段不同上市公司高管薪酬额存在较大差别；样本公司高管薪酬差距均值为 0.413，最大值为 1.000，最小值为 0，反映成熟阶段上市公司内高管薪酬存在较大差距。在衰退阶段，公司高管薪酬额均值为 13.881，最大值为 16.689，最小值为 0，说明衰退阶段不同公司高管薪酬额存在较大差别；样本公司高管薪酬差距均值为 0.426，最大值为 1.000，最小值为 0，反映衰退阶段上市公司高管薪酬存在较大差距。总之，我国战略性新兴产业企业在不同生命周期阶段内平均高管薪酬额对数均值为在 13.9 左右，但在企业生命周期中呈现先升后降的特征；样本公司高管薪酬差距总体上在 0.420 左右，在企业生命周期也呈现逐渐升高的趋势。

表 2.10　公司高管薪酬结构的企业生命周期特征

生命周期阶段	变量	均值	标准差	最小值	最大值	观测样本
成长阶段	高管薪酬额	13.949	0.847	0	16.571	1 466
	高管薪酬差距	0.414	0.128	0	1.000	1 466
成熟阶段	高管薪酬额	13.966	0.790	0	16.581	1 661
	高管薪酬差距	0.413	0.127	0	1.000	1 661
衰退阶段	高管薪酬额	13.881	0.860	0	16.689	1 049
	高管薪酬差距	0.426	0.135	0	1.000	1 049

2.3　战略性新兴产业上市公司研发创新特征

2.3.1　本研究的研究样本与数据选择

本研究选取我国沪深股市全部 A 股上市公司为总样本,从中挑选出战略性新兴产业上市公司,挑选的依据为:第一,根据 2013 年国家发改委会同工信息、科技部、财政部等共同制定完成的《战略性新兴产业重点产品和服务指导目录》,其中包括七大行业,34 个大类、153 个中类、449 个小类、260 个次小类,共包含 680 种产品与服务,筛选主营业务中涉及该目录列出的重点产品与服务的上市公司,且重点产品与服务在公司主营业务收入中的占比 20% 及以上。第二,针对公司产品与服务可能属于七大战略性新兴产业中两个及以上的情况,根据产业链就近原则,使得每一家公司仅属于一个行业。第三,对于转型进入或退出战略性新兴产业的公司,仅仅在其正式提供目录中产品与服务的年份才将其视为战略性新兴产业上市公司。关于上市公司主营业务产品与服务的数据,通过查询公司年报获得。此外,由于次贷危机后,战略性新兴产业概念才正式提出,相应的公司产品与服务业才变得相对清晰,为了避免与高科技产业等概念混淆,研究样本选取时间始于 2007 年,研究区间为 2007—2013 年,经过挑选,得到 879 家新兴产业上市公司。研究中使用的公司研发创新、公司治理以及公司特征等相关数据全部来自 CSMAR 数据库与 CCER 数据库,并剔除了金融类公司、估计投资效率变量指标不健全的公司、公司治理变量指标及财务指标不全的上市公司。经过剔除与筛选,最后得到 4 076 个观测样本,样本的年度及行业分布详见表 2.11。

表 2.11　研究样本的行业与年度分布　单位:家

年份	高端装备制造	节能环保	生物医药	新材料	新能源	新能源汽车	新一代信息技术	合计
2007	60	53	61	43	70	29	94	410
2008	61	56	65	44	72	30	102	430
2009	70	60	74	50	77	31	123	485
2010	93	88	91	63	91	39	173	638
2011	103	102	106	80	101	42	190	724
2012	106	106	108	89	105	41	198	753
2013	106	104	105	85	105	40	191	736

2.3.2　我国战略性新兴产业上市公司研发创新特征

2.3.2.1　研发创新的总体特征

关于企业研发创新,笔者将对创新过程进行全面刻画。首先,采用企业是否有研发投资支出虚拟变量反映公司研发创新意愿;其次,采用公司研发支出占比反映公司研发创新强度,计算方法为公司每一年度的研发投资支出额除以当前的主营业务收入;最后,采用企业获得的授权专利数量作为企业研发创新变量来刻画创新效果。根据国家专利局进行专利分类时对创新程度的不同要求,我们在研究中选用创新力度最大的发明专利与三类专利(发明专利、实用新型及外观设计)总和来反映企业总研发创新效果。需说明的是,考虑到研究中董事会结构调整选取的间隔期间为两年,这里采用董事会结构变化期间两年内的专利累积数度量研发创新效果。而在研究股权结构及高管薪酬时,则采用间隔一年的数据,创新研发投入与产出专利变量也相应地使用一年的变量。此外,由于专利原始数据在各企业之间存在较大差异,为了降低在实证检验模型中使用专利数据原值出现的偏误,我们对专利创新数据值进行了取常用对数的处理。

表 2.12 汇总了公司研发创新的描述性统计。结果显示,样本中有 57% 的公司存在研发投入,反映战略性新兴产业公司研发创新意愿并没有达到应有的高度,这可以部分由行业差异解释。全样本的公司研发支出均值为 0.033,即公司收入的 3% 用于研发;公司发明专利自然对数的均值为 1.258,最大值为 8.664,最小值为 0,标准差为 1.347,反映公司发明专利创新之间存在较大差异;公司总专利创新数的自然对数均值为 1.748,标准差为 1.603,说明公司总专利创新之间也存在较大差异。

表 2.12　公司研发创新全样本描述性统计

变　　量	观测样本	均值	最大值	最小值	中值	标准差
研发创新意愿	4 176	0.570	1.000	0	1.000	0.495
研发创新投入	4 176	0.033	1.000	0	0.013	0.059
发明专利创新	4 176	1.258	8.664	0	1.099	1.347
总专利创新	4 176	1.748	8.753	0	1.609	1.603

2.3.2.2　公司研发创新的行业特征

表 2.13 汇总了公司研发创新的行业分布。从结果来看,新一代信息技术、高端装备制造、生物医药及新材料等行业研发创新意愿较高,均超过全样本平均水平。新一代信息技术及高端装备制造行业的研发

投入也较高,其发明专利及总专利高于其他行业。具体来看,高端装备制造业有59.1%的公司有研发创新投入,研发投入均值为0.033;专利发明数的自然对数均值为1.497,总专利数自然对数均值为1.975;这表明我国高端装备制造业上市公司研发创新水平较高。节能环保业有51.7%的公司有研发创新投入,研发投入均值为0.019;专利发明数的自然对数均值为1.076,总专利数自然对数均值为1.519;这表明我国节能环保业上市公司研发创新水平较低。生物医药行业有58.2%的公司有研发创新投入,研发投入均值为0.025;专利发明数的自然对数均值为1.106,总专利数自然对数均值为1.116;这表明我国生物医药行业上市公司研发创新投入水平较高,但产出偏低。新材料行业有58.1%的公司有研发创新投入,研发投入均值为0.023;专利发明数的自然对数均值为1.198,总专利数自然对数均值为1.412;这表明我国新材料行业上市公司研发创新水平较高。新能源行业有44.7%的公司有研发创新投入,研发投入均值为0.021;专利发明数的自然对数均值为1.088,总专利数自然对数均值为1.415;这表明我国新能源行业上市公司研发创新水平较低。新能源汽车行业有55.2%的公司有研发创新投入,研发投入均值为0.020;专利发明数的自然对数均值为1.123,总专利数自然对数均值为1.569;这表明我国新能源汽车行业上市公司研发创新投入较低。新一代信息技术行业有63.4%的公司有研发创新投入,研发投入均值为0.059;专利发明数的自然对数均值为1.464,总专利数自然对数均值为1.702;这表明我国新一代信息技术行业上市公司研发创新水平较高。

表2.13　公司研发创新的分行业统计描述

行业	变量	观测样本	均值	最大值	最小值	中值	标准差
高端装备制造	研发创新意愿	599	0.591	1.000	0	1.000	0.492
	研发创新投入	599	0.033	0.352	0	0.023	0.045
	发明专利创新	599	1.497	6.586	0	1.386	1.422
	总专利创新	599	1.975	7.111	0	2.079	1.610

（续表）

行业	变量	观测样本	均值	最大值	最小值	中值	标准差
节能环保	研发创新意愿	569	0.517	1.000	0	1.000	0.500
	研发创新投入	569	0.019	0.142	0	0.002	0.026
	发明专利创新	569	1.076	7.060	0	0.693	1.190
	总专利创新	569	1.519	7.551	0	1.386	1.481
生物医药	研发创新意愿	610	0.582	1.000	0	1.000	0.494
	研发创新投入	610	0.025	0.550	0	0.008	0.040
	发明专利创新	610	1.106	4.543	0	0.693	1.156
	总专利创新	610	1.116	4.615	0	0.693	1.221
新材料	研发创新意愿	454	0.581	1.000	0	1.000	0.494
	研发创新投入	454	0.023	1.000	0	0.010	0.054
	发明专利创新	454	1.198	5.338	0	1.099	1.113
	总专利创新	454	1.412	5.050	0	1.386	1.194
新能源	研发创新意愿	621	0.477	1.000	0	0.000	0.500
	研发创新投入	621	0.021	0.355	0	0.000	0.034
	发明专利创新	621	1.088	6.066	0	0.693	1.305
	总专利创新	621	1.415	6.667	0	1.099	1.536
新能源汽车	研发创新意愿	252	0.552	1.000	0	1.000	0.498
	研发创新投入	252	0.020	0.086	0	0.011	0.022
	发明专利创新	252	1.123	6.312	0	0.693	1.287
	总专利创新	252	1.569	6.839	0	1.386	1.599
新一代信息技术	研发创新意愿	1071	0.634	1.000	0	1.000	0.482
	研发创新投入	1071	0.059	0.984	0	0.037	0.092
	发明专利创新	1071	1.464	8.664	0	1.099	1.553
	总专利创新	1071	1.702	8.303	0	1.609	1.632

2.3.2.3 公司研发创新的生命周期特征

表 2.14 汇总了公司研发创新的企业生命周期阶段分布。从结果来看,在成长阶段,有 59.8% 的公司有研发创新投入,研发投入均值为 0.033;专利发明数的自然对数均值为 1.288,总专利数自然对数均值为 1.783,这表明企业成长阶段上市公司具有较高的研发创新水平。在成熟阶段,有 59.1% 的公司有研发创新投入,研发投入均值为 0.037;专利发明数的自然对数均值为 1.330,总专利数自然对数均值为 1.832,这表明企业成熟阶段上市公司具有较高的研发创新水平。在衰退阶段,有 49.8% 的公司有研发创新投入,研发投入均值为 0.028;专利发明数的自然对数均值为 1.102,总专利数自然对数均值为 1.567,表明企业成熟阶段上市公司研发创新水平较低。企业不同生命周期阶段相比来看,公司衰退阶段研发创新水平较低,而在企业成熟与成长阶段,公司研发创新水平较高。

表 2.14　公司研发创新在企业生命周期阶段的分布

	变量	观测样本	均值	最大值	最小值	中值	标准差
成长阶段	研发创新意愿	1 466	0.598	1	0	1	0.490
	研发创新投入	1 466	0.033	0.984	0	0.021	0.055
	发明专利创新	1 466	1.288	8.664	0	1.099	1.374
	总专利创新	1 466	1.783	8.753	0	1.609	1.623
成熟阶段	研发创新意愿	1 661	0.591	1	0	1	0.492
	研发创新投入	1 661	0.037	1.000	0	0.019	0.067
	发明专利创新	1 661	1.330	8.564	0	1.099	1.363
	总专利创新	1 661	1.832	8.635	0	1.792	1.605
衰退阶段	研发创新意愿	1 049	0.498	1	0	0	0.500
	研发创新投入	1 049	0.028	0.449	0	0	0.052
	发明专利创新	1 049	1.102	6.586	0	0.693	1.271
	总专利创新	1 049	1.567	7.385	0	1.386	1.558

2.4 小 结

　　本章主要对我国战略性新兴产业发展的外部环境、内部公司治理环境以及上市公司研发创新特征进行了归纳与分析。首先,对战略性新兴产业的提出及发展支持政策进行了归纳,为应对 2008 年金融危机以及经济发展模式转变的挑战,2009 年以来我国提出了培育与支持战略性新兴产业发展,随后提出了系列推进措施。其次,回顾了战略性新兴产业公司内部公司治理制度的演变,并进一步呈现了战略性新兴产业内公司治理(股权结构、董事会、高管薪酬)配置的特征,结果发现,战略性新兴产业内公司治理从行业与生命周期阶段等维度看,公司治理配置都高于基本的董事会制度的配置要求。最后,在系统收集并建立战略性新兴产业上市公司数据库及系统反映其研发创新的基础上,从行业与企业生命周期阶段等层面对我国上市公司研发创新的变化与差异进行了总结分析。结果显示:战略性新兴产业内各行业上市公司研发创新活动存在一定差异,其中,新一代信息技术及高端装备行业研发创新意愿、投入及创新效果明显高于其他行业;生物医药行业研发创新意愿高,但创新效果略低。从企业不同生命周期阶段来看,公司成长阶段及成熟阶段公司研发创新意愿及投入较高,创新产出水平较高,而衰退阶段公司研发创新水平较低。

第3章 动态公司股权治理与战略性新兴产业企业研发创新

3.1 公司股权结构调整与战略性新兴产业企业研发创新

当前我国经济正处于转型发展的关键阶段,发展战略性新兴产业是加快我国经济向创新驱动方向转型的重要着力点,因此,促进与提升战略性新兴产业内微观企业创新将推动我国经济转型。关于如何促进战略性新兴企业发展的文献主要关注创新环境的营造与政策支持(吕铁、余剑,2012;贺俊、吕铁,2012;肖兴志、姜晓婧,2013;陆国庆、王舟、张春宇,2014)。如何提升战略性新兴产业内企业创新?现有理论研究主要关注促进战略性新兴产业企业创新的外部环境营造与政策支持(贺俊、吕铁,2012;陆国庆、王舟、张春宇,2014),而对战略性新兴产业内企业内部治理结构的关注还不充分。从企业内部股权结构来看,大量学者研究了公司股权性质以及股权集中度等对企业创新的作用效果。如 Lee(2004)研究认为股权结构是创新的重要决定因素;Griner 等(1995)认为内部人持股比例与研发支持之间存在一个倒置的曲线关系;徐二明和张晗(2008)研究指出国有股对技术创新的两方面影响;赵兴庐等(2014)研究认为国有产权由于阻碍了市场机制,从而将妨碍创新;鲁桐和党印(2014)对比考察了不同行业中大股东持股、基金持股和高管持股比例对研发投入影响的差异性。关于股权集中度,冯根福和温军(2008)发现股权集中度与企业技术创新呈倒 U 形关系,适度集中的股权结构更有利于企业技术创新;而杨建军和盛锁等(2007)则认为大股东可能存在风险规避心理,股权集中不利于企业研发投入;杨慧军和杨建君(2015)以 182 家制造企业及高新技术企业为样本研究发现股权集中度有利于企业技术创新。现有文献对公司股权结构与技术创新关系进行了大量研究,有助于笔者深入认识股权结构对企业创新的影响效果。但是,现有研究并没有得到一致的结论。究竟如何通过调整与优化股权结构更好地促进企业研发创新? 笔者发现现有文献通过静态截面数据得出的结论只是表明通过向一个方向提升或降低某类股权或者股权集中度从而改进股权结构进而提升公司创新水平。而股权结构持续不断调整显然不合逻辑,现有文献既没有澄清股权结构调整的目标在哪里,也没有说明股权结构应该进行多大程度的调整才能提升公司创新水平。因此,有必要深入考察股权结构究竟会对企业创新活动产生什么样的影响。

本研究以战略性新兴产业上市公司为研究对象,考察公司股权结构动态调整及其对公司研发创新的作用。值得强调的是,由于股权结构涉及的股权类型较多、类别也比较复杂,尤其是中国国有股权与非国有股权需要考察的内容特殊性强,因此本研究将聚焦于普通企业都将面对的股权集中还是分散以及管理层持股,并采用这两个变量刻画公司股权结构。首先,考察公司股权结构调整及最优股权结构,估计并检验公司目标股权结构;其次,用动态偏调整模型检验新兴产业公司股权结构向目标股权结构的动态调整;最后,考察新兴产业公司股权结构向目标股权结构的非对称动态调整对公司研发创新的影响。

研究结果表明,我国战略性新兴产业上市公司股权结构存在频繁的变化,在每年间隔的样本区间内,股权集中度或高管持股经历调整的公司占样本公司的比例基本为 $30\%\sim50\%$,股权结构向目标结构调整主要受公司特征变量及区域市场化发展水平等因素影响。研究还表明,在每年的间隔期间内,公司股权结构向目标股权集中度调整的速度是0.118;公司高管持股向目标高管持股的调整速度是 0.528。进一步的,公司股权结构向目标股权结构的调整是非对称的,其中,公司股权结构由"过度股权"向目标股权集中度的调整速度为 0.066，而由"不足股权"向目标股权集中度的调整速度为 0.062。公司高管持股由"过度股权"向目标高管持股的调整速度为 0.257，而由"不足股权"向目标高管持股的调整速度为 1.208。这反映公司股权结构不仅是部分调整，也是非对称调整。研究还发现，公司股权结构向目标股权集中度的调整不能发挥提升公司研发创新意愿的作用，但是其由"不足股权"或者"过度股权"向目标高管持股的调整都将有效提升公司研发创新意愿。公司股权结构由"过度股权"向目标股权集中度的调整将抑制公司研发创新投入的提升，且其向目标高管持股的调整不能有效提升公司研发创新投入。公司股权结构由"过度股权"向目标股权集中度的调整不能有效提升公司创新—发明专利与总专利创新，且其向目标高管持股的调整不能有效提升公司创新—发明专利与总专利创新。

本章的主要贡献如下：

第一，分析并检验了股权结构集中还是分散以及内部人持股比例高低带来的成本与收益权衡下的目标股权结构及其动态调整。现有关于股权结构的研究主要关注股权结构的影响因素（Demsetz et al.，1985；Jensen，Solberg，and Zorn，1992；Gomes and Novaes，2005；Henderson et al.，2006；Helwege，Pirinsky，and Stulz，2007；Nyonna，2012），这些文献一方面多层面验证了股权结构的影响因素，另一方面也反映了公司存在目标股权结构，但是没有进一步分析并检验公司目标股权结构及动态调整。而本研究基于现有文献，深入分析了我国公司在两类代理问题权衡下的目标最优股权结构，考察并估计了我国新兴产业公司目标股权结构及动态调整速度。

第二，揭示并检验了我国新兴产业公司股权结构的调整是动态非对称调整。国内外关于股权结构动态调整的文献还很少见，且已有相关文献主要探讨引入私募股权后公司大股东的股权变化（Barclay et al.，2007）。尽管也有研究探讨 20 世纪 90 年代以来英国公司股权结构的演变（Franks et al.，2009）以及高管持股对最优持股的偏离（Tong，2008），但是，他们考察的是发达国家环境下的股权结构变化，并且也没有区分从目标股权结构两侧调整的非对称性。本研究不仅用动态偏调整模型估计了我国新兴产业公司股权结构向目标股权结构调整的速度与幅度，还进一步检验了公司从两侧向目标股权结构非对称动态调整的速度，深化了公司股权结构的动态研究。

　　第三，分析与检验了股权结构的非对称调整对新兴产业公司研发创新的影响。国内外现有关于公司股权结构对公司创新影响的研究大多利用截面数据静态考察股权结构与公司研发创新之间的关系，并得到了不一致甚至相反的结论。本研究通过考察股权结构对最优结构（股权集中度、高管持股）的两侧偏离，检验了从上下两侧对最优股权结构的偏离对公司研发创新的影响，开拓了公司治理作用于公司研发创新的动态研究范畴。

3.1.1　股权结构调整与企业研发创新理论分析及研究假设

　　创新是提升企业核心竞争力、实现经济可持续增长的微观动力。由于战略性新兴产业企业创新活动具有投入高、回报周期长、不确定性大等特点，常常会导致企业承担的风险上升与短期运营业绩下滑。企业风险上升与业绩下滑将引致公司内部不同主体之间利益发生冲突，从而产生代理问题（Jensen and Meckling，1976），进而可能导致公司创新活动发生扭曲。公司股权结构决定了公司资源如何配置、公司所有者与经营者如何协作以及所有者如何管控企业等系列治理问题（Berle and Means，1932；Jensen and Meckling，1976；吴延兵，2012）。股权集中度较高的公司，大股东更有动机和能力监督管理层（Shleifer and Vishny，1986），同时，大股东更关注公司长期利益，从而可能促进公司创新。Hill 和 Snell（1988）研究指出股权集中度与公司研发支出呈显著正相关关系。Hosono，Tomiyama 和 Miyagawa（2004）研究发现相对集中的股权结构能够实现大股东对企业的相对控制和监督，从而对技术创新起到正面影响。Parrino（2005）进一步指出，控制股东为了获取长期收益，将会承担更多的创新风险，并大力支持技术创新投入。任海云（2010）的研究结果表明,股权集中度与企业研发投入存在显著正相关关系。杨慧军和杨建君(2015)以 182 家制造企业及高新技术企业为样本研究发现股权集中度利于企业技术创新。Battaggion 和 Tajoli(2001)指出股权集中会抑制企业技术创新。Raquel,Rosina 和 Caralt(2005)对西班牙制造业公司创新活动的实证研究发现,控股股东承受的研发风险随股权集中度升高而升高,因此,股权集中度与企业创新投入和专利产出呈负相关关系。冯根福和温军(2008)则研究发现随着股权集中度的增加,企业技术创新水平先上升后下降,呈现倒 U 形。而股权分散下,单个股东监督管理层的动机降低,股权之间的协调成本也将升高,此时公司容易出现内部管理层控制问题——第一类代理问题,如管理层将规避高风险的创新活动,因为可能的创新失败将直接影响管理层的短期业绩,甚至危及职业安全;管理层也可能借公司创新活动之名从事满足个人利益的高风险活动,从而不利于公司创新。股权分散下,第二类代理问题不显著,所以,股权分散也可能与公司创新呈正相关关系。因此,股权集中度对企业创新的作用并没有一致的研究结论。

此外,高管持股会对企业创新产生重要影响,公司管理层持股在一定程度上能够捆绑管理层与公司股东的利益,促使管理层更关注公司长期利益,从而促进公司创新。但同时,管理层持股增加会提高管理层的保守主义倾向,从而可能妨碍公司从事高风险的创新活动。Zahra 等(2000)研究发现,企业高管的持股比例与企业技术创新活动显著正相关。Griner 和 Gordon(1995)则认为内部人持股比例与研发支持之间存在一个倒置的曲线关系。夏冬(2003)研究发现高管对于技术创新的促进作用可分为两个方面:一方面高管持股直接促进了企业的技术创新,另一方面高管又会通过其态度与能力等中间变量间接地促进技术创新。鲁桐和党印(2014)以 2006—2010 年 1 344 家沪深上市公司为样本,对比考察了不同行业中高管持股比例对研发投入影响的差异性。上述文献加深了我们对股权结构对企业创新影响的认识,但是现有文献所得出的不一致的结论没有回答什么样的股权结构更能促进企业创新。

关于股权结构的影响因素,Demsetz 等(1985)研究发现公司资产的风险程度、所处行业、公司规模以及公司业绩等特征决定股权的集中或分散程度。冯根福、韩冰和闫冰（2002）也发现，股权集中度变动受到公司绩效、公司规模、持股主体的持股情况与行业分布等因素的影响。刘志远等（2007）指出股权集中度受到终极控制人性质、控股大股东性质以及地区市场化程度等因素的影响。Gomes 和 Novaes（2005）认为当企业拥有的投资机会对外部股东而言难以评估的时候，分权控制比较有利；反之，则大股东控股比较有利。Francis（1995）发现最大股东持股比例与自由流通股数成正比。Henderson 等（2006）认为股权集中度受到市场估值行情的影响，当公司股票被高估时抛售股份或者发行股票，在股票被低估时买入股票。进一步的，Helwege，Pirinsky 和 Stulz（2007）指出公司股权结构与股票的流动性相关。La Porta 等（2008，2002）认为股权结构取决于一国的法律体系对投资者的保护力度，在法律对投资者保护较弱的情况下，股权集中成为法律保护的替代机制。关于高管层持股的决定因素，Jensen，Solberg 和 Zorn（1992）指出，企业债务水平和经理人股权激励作为降低代理成本的两种治理机制，它们之间存在着负向的替代关系。Benz，Kucher 和 Stutzer（2001）研究指出，股权集中度越高，授予高管人员的股权越少。Nyonna（2012）发现公司内部人持股与公司债务呈负相关关系。张良、毛道维和闫磊（2011）研究发现，上市公司股权激励强度受公司规模、股权集中度、独董比例、代理成本、企业性质和负债水平等因素影响。徐宁和徐向艺（2012）认为，管理层股权激励受到大股东、债务融资与独立董事等内生性因素的约束作用。上述研究探讨了公司股权结构的决定因素，但是没有检验目标/最优股权结构，也没有考察股权结构的变化。

现有关于最优股权结构的研究主要考察公司价值最大化目标下的不同类型股东的最优持股。如 Admati，Pfleiderer 和 Zechner（1994）认为股权集中将鼓励大股东监督，但是集中的股权又将导致风险分担的不足，因此，企业最优股权结构的选择是大股东监督以及风险分担的权衡。而 Bolton 和 Thadden（1998）发现，企业的最优股权结构是在由于股权分散所带来的股票市场流动性收益与股权集中所形成的对经理人的有效监督收益之间权衡的结果。McConnell 和 Servaes(1990)发现公司价值与管理层股权之间存在非线性的倒 U 形关系。Tong(2008)基于交易成本理论研究发现存在使得价值最大化的管理层最优持股。孙永祥和黄祖辉(1999)也发现了公司价值最大化的最优股权集中度。敬志勇等(2003)通过博弈分析认为外部监督股东为了减少发起人控股股东转移公司价值,必须持有最低限度的股权比。郑君君、汤芄和范文涛(2007)通过构建控股股东和监督股东的价值模型,定量地证明了最优股权结构的存在性,并从理论上推演出控股股东和监督股东的最优持股比例。魏熙晔和张前程(2014)研究认为公司价值与股权集中度呈倒 U 形关系,公司价值与非控股大股东股权比例也呈倒 U 形关系。企业创新不同于企业价值,因为创新具有很大的不确定性,可能带来价值的提升,也可能带来价值的破坏,当前对促进创新的股权结构还很少有文献探讨。如有文献理论分析认为公司最优股权取决于专有技术信息披露与保留之间的权衡,且将随着时间推移而变化(Rosenkranz and Schmitz,2003),但是,还没有文献实证考察最大化公司创新活动的最优股权结构及其调整。

有不少文献较深入地考察了股权结构的动态变化。如部分研究考察了股权结构在公司发生重组前后的变化,Gilson(1990)研究了大额持股在公司发生债务违约时的变化,Parrino 等(2003)检验了机构持股在 CEO 变更前后的变化。还有研究考察了公司股权结构的演变,如 Kole 和 Lehn(1999)考察了管理放松后航空公司内部大额持股股东的所有权变化,Barclay 等(2007)观察并探讨了引入私募股权后公司大股东的股权变化,Franks 等(2009)研究了 20 世纪 90 年代以来英国公司股权结构的演变,Patro(2008)通过对公司分立后股权结构演变的研究发现,公司大额股权的比重随着公司分立后监督需求的增加而提高。Foley 和 Greenwood(2010)运用 34 个国家 1995—2006 年的数据考察了公司股权结构在 IPO 后的演变,研究发现在投资者保护水平较高的国家,公司上市后的股权集中度更可能下降,这主要是由这些公司后续不断在市场上进行融资以及成长性所致。也有研究考察了公司股权结构的调整,并且认为股权结构变化带来的成本下降使股权结构调整变慢（Core and Larcker，2002）。Tong（2008）用美国公司数据估计了最优管理层持股比例，以及对最优持股比例的偏离对公司价值的影响，研究发现，当 CEO 所有权向最优水平靠近时，CEO 所有权的变化将会带来正的超额收益，而当 CEO 所有权偏离最优水平时，CEO 所有权的变化将会带来负的超额收益。尽管上述已有研究考察了股权结构的偏离及影响，但是还没有研究考察股权结构向目标/最优股权结构的调整速度、非对称调整以及对企业创新的影响。本章将以我国战略性新兴产业上市公司为对象，考察公司股权结构的动态调整及其对公司研发创新的影响。

3.1.1.1　公司股权结构及其调整

股权结构是指股份公司中不同性质的股份所占的比例及其相互关系。公司股权结构决定了公司资源如何配置、公司所有者与经营者如何协作以及所有者如何管控企业等系列治理问题（Jensen and Meckling，1976；吴延兵，2012）。现代公司制企业的所有权与控制权的分离，一方面通过分散的股权能够聚集大量资源、分散风险，从而支持企业更好发展；另一方面，分散的股权下大股东缺乏监督动机，这可能导致经营者偏离所有者利益最大化的行为出现，从而产生第一类代理问题（Berle and Means，1932），为公司带来代理成本。为了降低代理成本，股权的适当集中能够发挥作用，这是因为股权集中有利于调动大股东监督的积极性，从而缓解第一类代理问题。然而，集中的股权结构存在大股东控制问题，从而可能发生大股东侵害小股东利益的行为，出现第二类代理问题（Shleifer and Vishny，1986）。因此，在一定程度上，公司股权结构的选择可以看成是第一类代理问题带来的成本与第二类代理问题带来的成本之间的权衡。Bolton 和 Thadden（1998）也发现企业存在最优股权结构，且企业最优股权结构是在股权分散收益与股权集中收益之间权衡的结果。公司两类代理问题起源于公司股权结构，受制于企业内外特征。冯根福、韩冰和闫冰（2002）发现，股权结构变动受公司绩效、公司规模、持股主体持股情况与行业分布等因素的影响。刘志远等（2007）

指出股权结构受终极控制人性质、控股大股东性质以及地区市场化程度等因素的影响。Henderson 等(2006)认为股权结构受到市场估值的影响,Helwege,Pirinsky 和 Stulz(2007)发现公司股权结构与股票的流动性相关。徐宁和徐向艺(2012)认为,管理层股权激励受到大股东、债务融资与独立董事等内生性因素的约束作用。上述公司内外特征与公司治理因素的变化将可能导致企业股权结构的变化。因此,我们提出如下假设:

假设3-1:公司股权结构的调整由其影响因素的变化决定。

影响公司股权结构的因素的变化导致的公司对目标最优股权结构的偏离都将给公司带来高额成本,从而损害公司价值。因此,正常情况下,追求效率的公司将从次优股权结构向目标股权结构动态调整。为此,我们提出如下假设:

假设3-2:公司股权结构将由次优股权结构向目标股权结构快速调整。

3.1.1.2　股权结构非对称调整

理论上公司股权结构将随公司内外特征等影响因素的变化进行调整,但是,现实中由于存在调整成本,股权结构可能处于次优状态。根据公司股权结构对目标/最优股权结构的偏离方向,可分为超过目标/最优股权结构的"过度股权"与低于目标/最优股权结构的"不足股权"两类。"过度股权"表现为公司股权过度集中或者管理层持股比例较高,这样公司的第二类代理问题将可能较大或者对管理层存在过度股权激励,从而损害公司股东价值;而"不足股权"表现为公司股权相对分散或者管理层持股比例较低,此时公司的第一类代理问题将可能较大或对管理层的股权激励不足,从而也将损害股东价值。Core 和 Larcker(2002)观察了公司股权结构的调整,认为股权结构变化带来的成本将使股权结构调整变慢;他们进一步研究发现,高于最优抑或低于最优 CEO 所有权都将降低企业价值,但是二者对企业价值的负面影响没有显著差异。而比较这两类次优状态的股权结构,"不足股权"向目标股权结构的调整能够加强对第一类代理问题的监督,或者提升经理层的积极性,尽管第二类代理问题将可能出现,但前者将占优,因此,这将为公司带来代理问题的缓解;而"过度股权"向目标股权结构的调整能够缓解第二类代理问题,或者减弱对经理层的过度股权激励,这也将为公司带来好处。因此,尽管公司处于这两类状态都是非效率状态,也都可能向目标效率状态调整,但是由于管理层更关注自己拥有的股权与持股的优势,因此管理层持股向最优股权结构的调整是不对称的。Chen(2013)的研究为此提供了实证支持,他发现管理层将促使公司股权结构向最优结构调整,且当管理层持股低于最优持股时,管理层将显著提升其所有权,而当管理层持股高于最优持股时,管理层对自身股权的降低不显著。因此,我们预计由"不足股权"向目标股权结构的调整速度将快于由"过度股权"向目标股权结构的调整速度。为此,提出如下假设:

假设 3 - 3:公司股权结构由"不足股权"向目标股权结构的调整速度将快于由"过度股权"向目标股权结构的调整速度。

3.1.1.3　股权结构非对称调整对战略性新兴产业企业创新的影响

公司研发创新是提升企业竞争力、支持企业长期发展的重要基础。而在信息不对称与代理问题的影响下,公司常常出现无效创新行为。战略性新兴产业发展不确定性高,由此引致的企业内外信息不对称以及管理层机会主义行为带来的代理问题较突出,这将制约公司研发创新活动。公司股权结构作为决定公司资源如何配置、公司所有者与经营者如何协作以及所有者如何管控企业等系列问题的基础(Jensen and Meckling,1976;吴延兵,2012),其不断向目标结构优化与调整将有助于缓解代理问题、降低股权结构不合理引起的无效成本,进而对公司无效创新行为产生治理作用。关于股权结构与公司研发创新,公司股权结构由次优向目标股权结构的调整一方面能够缓解第一类代理问题或对管理层实现更有效的激励效果,另一方面也有助于缓解第二类代理问题或者降低管理层过度激励带来的成本,从而促进公司创新。进一步的,股权结构由"过度股权"向目标股权结构的调整意味着对第二类代理问题的缓解及管理层过度股权激励成本的降低,从而促进公司研发创新。股权结构由"不足股权"向目标股权结构的调整意味着对第一类代理问题的缓解及对管理层股权激励的提升,从而也可能促进公司研发创新。为此,提出如下假设:

假设3-4a:股权结构由"不足股权"向目标股权结构的调整将促进公司研发创新。

假设3-4b:股权结构由"过度股权"向目标股权结构的调整将促进公司研发创新。

3.1.2 股权结构调整与企业研发创新研究设计

3.1.2.1 研究模型

为了深入考察公司股权结构的动态调整,除了将在描述性统计中呈现公司动态调整趋势外,还将采用动态部分调整模型深入揭示股权结构的调整速度。部分调整模型被广泛用来估算公司资本结构动态调整(Faulkender et al.,2012)以及所有权结构的调整(Cheung and Wei,2006)。股权结构动态部分调整模型的具体设定如下:

$$X_{i,t} - X_{i,t-1} = \delta(X_{i,t}^* - X_{i,t-1}) + \varepsilon_{i,t} \tag{3-1}$$

其中,$X_{i,t}$ 表示企业 i 在 t 年末的公司股权结构,$X_{i,t-1}$ 表示企业 i 在 t 年初的公司股权结构,$X_{i,t}^*$ 表示企业 i 在 t 年(或调整周期)的目标股权结构,δ 代表公司股权结构在间隔时期内向目标股权结构调整的平均速度,$\varepsilon_{i,t}$ 为公司扰动项。该模型中公司股权结构调整的起点是 t 年末公司预期的目标股权结构,所以,模型右边反映的是为了向目标股权结构调整所需要的公司股权结构的变化,记作 TOSD 或 TOSmD $= X_{i,t}^* - X_{i,t-1}$,TOSD 或 TOSmD 分别表示向目标股权集中度或目标管理层持股调整需要的调整量;模型左边反映的是当期股权结构与上一期股权结构之间的实际距离,记作 $\Delta OS_{i,t}$ 或 $\Delta OSm_{i,t} = X_{i,t} - X_{i,t-1}$,$\Delta OS_{i,t}$ 或 $\Delta OSm_{i,t}$ 分别表示两期之间股权集中度的距离或高管持股的

实际距离。目标公司股权结构由企业特征及环境变量决定,其估计模型可以设定如下:

$$X_{i,t}^* = \alpha + \beta \mathbf{Z}_{i,t-1} + v_i \qquad (3-2)$$

其中,$X_{i,t}^*$ 表示企业 i 在 t 年(或调整周期)的目标股权结构;向量组 $\mathbf{Z}_{i,t-1}$ 为目标公司股权结构的决定因素,依照现有文献(Core and Larcker,2002;Fahlenbrach and Stulz,2009;Chen,2013),主要包括公司绩效、公司规模、公司负债率、股权波动性、股票换手率、固定资产占比、现金流、国有股权性质、公司所在区域市场化发展水平等;v_i 为公司特殊的不可观测效应。将式(3 - 2)带入式(3 - 1)得到

$$X_{i,t} = (1-\delta)X_{i,t-1} + \delta\beta\mathbf{Z}_{i,t-1} + v_i + \varepsilon_{i,t} \qquad (3-3)$$

其中,δ 为模型估计得到的样本公司每间隔期限平均的公司股权结构调整速度。

模型(3 - 1)中股权结构部分调整是假定公司股权结构拥有相同的调整速度,没有考虑公司股权结构在"不足股权"及"过度股权"状态下所面对的股权结构调整时非对称交易成本带来的影响。这里,我们允许模型(3 - 1)中股权结构从"不足股权"及"过度股权"向目标公司股权结构调整时的速度不一样,为此,设定公司股权结构非对称调整模型如下:

$$\Delta OS_{i,t} = \alpha + \delta_1 TOSD \times OS_{i,t}^{above} + \delta_2 TOSD \times OS_{i,t}^{under} + \mu_{i,t}$$
$$(3-4)$$

$$\Delta OSm_{i,t} = \alpha + \delta_1 TOSmD \times OSm_{i,t}^{above} + \delta_2 TOSmD \times OSm_{i,t}^{under} + \mu_{i,t}$$
$$(3-5)$$

式(3 - 4)中,$\Delta OS_{i,t} = X_{i,t} - X_{i,t-1}$,$TOSD = X_{i,t}^* - X_{i,t-1}$;$OS_{i,t}^{above}$ 是虚拟变量,在股权结构从"过度股权"向目标股权集中度调整时,取值 1,否则取值 0;$OS_{i,t}^{under}$ 也是虚拟变量,在股权结构从"不足股权"向目标股权集中度调整时,取值 1,否则取值 0;δ_1 与 δ_2 分别代表由"过度股权"与"不足股权"向目标股权集中度调整的速度,其值在 0~1 之间。式(3 - 5)中,$\Delta OSm_{i,t} = X_{i,t} - X_{i,t-1}$,$TOSmD = X_{i,t}^* - X_{i,t-1}$;$OSm_{i,t}^{above}$

是虚拟变量,在股权结构从"过度股权"向目标管理层持股调整时,取值1,否则取值 0;$OSm_{i,t}^{under}$ 也是虚拟变量,在股权结构从"不足股权"向目标管理层持股调整时,取值 1,否则取值 0;δ_1 与 δ_2 分别代表由"过度股权"与"不足股权"向目标管理层持股调整的速度,其值在 0~1 之间。

在上述基础上,检验股权结构非对称调整对公司研发创新的影响,设定 $OSAdjDis_{i,t} = |\delta_1 TOSmD|$ 表示股权集中度的调整量,$OSmAdjDis_{i,t} = |\delta_1 TOSmD|$ 表示高管持股的调整量;$OSAdjDis_{i,t}^{above} = |\delta_1 TOSmD \times OS_{i,t}^{above}|$ 代表股权结构在调整速度为 δ_1 时由"过度股权"向目标股权集中度的调整量,$OSAdjDis_{i,t}^{under} = |\delta_2 TOSD \times OS_{i,t}^{under}|$ 代表股权结构在调整速度为 δ_2 时由"不足股权"向目标股权集中度的调整量。类似的,设定 $OSmAdjDis_{i,t}^{above} = |\delta_1 TOSmD \times OSm_{i,t}^{above}|$ 代表股权结构在调整速度为 δ_1 时由"过度股权"向目标管理层持股的调整量,$OSmAdjDis_{i,t}^{under} = |\delta_2 TOSmD \times OSm_{i,t}^{under}|$ 代表股权结构在调整速度为 δ_2 时由"不足股权"向目标管理层持股的调整量。据此,首先设定模型检验股权结构调整对公司研发创新的影响,接着设定如下模型检验股权结构非对称调整对公司研发创新的影响。

$$CorpInnov_{i,t} = \alpha + \gamma_1 OSAdjDis_{i,t} \text{ 或 } OSmAdjDis_{i,t} + \eta Controls_{i,t} + \pi_{i,t} \tag{3-6}$$

$$CorpInnov_{i,t} = \alpha + \gamma_1 OSAdjDis_{i,t}^{above} + \gamma_2 OSAdjDis_{i,t}^{under} + \eta Controls_{i,t} + \pi_{i,t} \tag{3-7}$$

$$CorpInnov_{i,t} = \alpha + \gamma_1 OSmAdjDis_{i,t}^{above} + \gamma_2 OSmAdjDis_{i,t}^{under} + \eta Controls_{i,t} + \pi_{i,t} \tag{3-8}$$

其中,$Controls_{i,t}$ 代表控制变量,主要包括公司绩效、公司规模或公司业务单元、公司成长性、无形资产占比、第一大股东持股比例、公司董事会规模、董事会独立性、董事会结构、公司所在区域等;$\pi_{i,t}$ 是扰动项,其他变量与前述一致。

3.1.2.2　变量选择

1）研发创新

一般用研发投入与研发产出来衡量创新活动及创新效果。根据现有文献（张宗益、张湄，2007；张洪辉等，2010；刘胜强、刘星，2010；Baysinger et al.，1991；Boone et al.，2007），我们选用企业研发的虚拟变量（二值变量）来刻画企业的创新意愿。采用企业研发投资支出作为企业研发创新的变量来刻画创新活动，计算思路是公司每一年度的研发投资支出额除以当前的主营业务收入。采用企业申请的专利数量作为企业研发创新变量来刻画创新效果；其中，根据国家专利局专利数据信息的分类，我国专利可以分为发明专利、实用新型与外观设计等三个类型，我们在研究中选用反映企业研发创新的发明专利与三个类型专利数量之和来反映企业总研发创新效果。此外，由于专利数据在企业之间差异较大，为了降低使用专利数据原值在实证检验模型中出现的偏误，我们对上述两个刻画研发创新变量的专利数据值进行了取常用对数的处理。

2）股权结构

股权结构包括各种不同性质股份的构成及比例关系，文献中一般用股权集中度、股权制衡度，抑或某一类股权的占比等来衡量（Henderson et al.，2006；Helwege et al.，2007；冯根福、韩冰、闫冰，2002；张良、毛道维、闫磊，2011；吴延兵，2012）。由于本研究主要在代理问题的框架下考察股权结构对公司研发创新的影响，并且由于股权结构涉及的股权类型较多、类别也比较复杂，尤其是中国国有股权与非国有股权背后需要考察的内容特殊性强，因此本研究将聚焦普通企业都将面对的股权集中还是分散以及管理层持股。为此，本研究选择体现公司代理问题的股权集中度、管理层持股两个变量刻画股权结构。

3）控制变量

本书参考相关文献（Henderson et al.，2006；Helwege，Pirinsky，and Stulz，2007），在研究目标股权结构及其对企业创新的影响时，还控制了其他变量。这些变量主要包括公司内外特征变量,本研究中公司业绩用公司总资产收益率度量;公司规模用期末总资产的自然对数表示;公司负债比率采用期末债务与资产总额的比率表示;公司固定资产占比用公司年末固定资产总额与公司年末总资产的比率表示;公司成长性用市账比度量,市账比=(流通股市值+非流通股价值+负债的账面价值)÷账面总资产价值;公司风险用过去 12 个月股票收益的标准差度量;公司现金流=(息前税后利润+折旧与摊销-营运资本增加-资本支出)÷总资产;公司股票流动性用股票年均换手率来度量;公司属性用虚拟变量表示,如果公司终极控制人是国有股东,取值 1,否则取值 0;公司所在地的市场化程度用樊纲、王小鲁等(2011)编制的中国市场化指数年度数据进行度量。

除上述变量外,本书还考虑行业与时间因素的影响。行业特征用行业虚拟变量来表示,时间差异用年度虚拟变量来表示。表 3.1 对本研究所用到的主要变量进行了描述与定义。

表 3.1　主要变量及定义

变量名	变量符号	变量定义
研发创新	RDor	研发意愿,如果公司有研发投入取值 1;否则取值 0
	R&D	公司研发投入占营业收入的比重
	Lgapp_inven	近两年技术发明专利数目加 1 后取常用对数
	Lgapp_allinven	近两年技术发明、实用新型及外观专利数目总和加 1 后取常用对数
股权集中度	Concentr1	第一大股东持股占公司所有股权的比例
高管持股	Mstckh	公司前 3 位高管薪酬额占高管薪酬总额的比重
公司规模	Lnsize	期末总资产的自然对数

（续表）

变量名	变量符号	变量定义
公司业绩	ROA	公司总资产收益率
公司负债率	Leverage	期末债务与资产总额的比率
公司成长性	Tobin's Q	（流通股市值＋非流通股价值＋负债的账面价值）÷账面总资产价值
公司风险	Std_stkrtn	过去 12 个月股票收益的标准差
公司固定资产占比	IntanAsset	公司年末固定资产总额与年末总资产的比率
公司现金流	FCF	（息前税后利润＋折旧与摊销－营运资本增加－资本支出）÷总资产
股票流动性	Stkturnover	股票年均换手率
公司属性	State	当企业为国有或国家及地方政府控股时取值 1，否则取值 0
市场化程度	Finmarket	樊纲、王小鲁等编制的中国市场化指数年度数据
行业变量	Industry	某一行业取值 1，同时其他行业取值 0
年度变量	Year	某一年份取值 1，同时其他年份取值 0

3.1.2.3　研究样本及数据来源

本章所用研究样本与前述研究样本一致，即从所有 A 股上市公司中筛选出战略性新兴产业上市公司，筛选的依据是 2013 年国家发改委会同工信部、科技部、财政部等共同制定完成的《战略性新兴产业重点产品和服务指导目录》。需强调的是，由于次贷危机后战略性新兴产业的概念才正式提出，相应的公司产品与服务业才变得相对清晰，为了避免与高科技产业概念混淆，我们的研究样本选取起始于 2007年，研究区间为 2007—2013 年。进一步的，我们还剔除了金融类公司、估计投资效率变量指标不健全的公司，以及公司治理变量指标及财务指标不全的上市公司。经过剔除与筛选，最后得到 2007 年、2008 年、2009 年、2010 年、2011 年、2012 年及 2013 年七年共 4 176 个观测样本。

3.1.3 股权结构调整与企业研发创新实证结果与分析

3.1.3.1 描述性统计结果

表 3.2 汇总了全样本主要变量的描述性统计结果。其中，研发意愿变量均值为 0.570，表明 57% 的样本公司有研发投入。公司研发占比均值为 0.033，而最大值为 1.000，表明新兴产业上市公司之间的研发投入存在一定差异。发明专利申请的常用对数均值为 0.546，最大值达 3.763；同时，公司专利总申请数的常用对数均值为 0.759，最大值为 3.801，这表明新兴产业样本公司创新专利存在较大差异，但是其专利数取对数后，数据的异常波动大幅下降，这为后续进行实证检验奠定了基础。

表 3.2 中股权结构变量样本公司股权集中度均值为 0.352，最大值为 0.865，最小值为 0.036，标准差为 0.147，说明样本公司股权结构集中度较高。样本公司高管持股比例均值为 0.063，最大值为 0.821，最小值为 0，说明不同上市公司之间高管持股存在较大差别。

公司规模的对数值均值为 21.649，这说明新兴产业样本公司总体规模不大；样本公司负债率均值为 0.399，说明公司负债率较高；公司资产收益率的均值为 0.050，说明新兴产业公司资本回报率并不高；公司股票波动性均值为 0.110；股票换手率均值为 3.682；公司固定资产占比均值为 0.214；公司成长性均值为 2.409，反映新兴产业上市公司具有较高的成长性。样本公司自由现金流均值为 0.025，国有公司占样本的比例均值为 0.439，市场化均值为 11.687。

表 3.2 主要变量描述性统计

变 量	样本	均值	最大值	最小值	中位值	标准差
RDor	4 176	0.570	1.000	0	1.000	0.495
R&D	4 176	0.033	1.000	0	0.013	0.059
Lgapp_inven	4 176	0.546	3.763	0	0.477	0.585
Lgapp_allinven	4 176	0.759	3.801	0	0.699	0.696
Concentr1	4 176	0.352	0.865	0.036	0.333	0.147
Mstckh	4 176	0.063	0.821	0	0	0.149
Lnsize	4 176	21.649	26.999	0	21.496	1.186
Leverage	4 176	0.399	3.331	0	0.400	0.220
ROA	4 176	0.050	2.569	−1.128	0.046	0.077
Std_stkrtn	4 176	0.110	5.939	0	0.113	0.130
Tobin's Q	4 176	2.409	33.270	0	1.874	2.009
FCF	4 176	0.025	2.134	−2.138	0.056	0.208
IntanAsset	4 176	0.214	0.860	0.001	0.182	0.148
Stkturnover	4 176	3.682	53.568	0.040	2.628	3.874
State	4 176	0.439	1.000	0	0	0.496
Finmarket	4 176	11.687	15.388	4.180	11.900	1.913

表 3.3 给出了新兴产业上市公司股权结构(包括股权集中度、高管持股)在 2007—2013 年每间隔一年的变化情况。2007—2008 年,股权集中度提高的有 60 家公司,股权集中度下降的有 76 家公司,股权结构发生变化的共有 136 家公司,分别占样本公司的比重为 14.8%、18.7% 和 33.5%;高管持股上升的有 67 家公司,占比 16.5%,高管持股下降的有 64 家公司,占比为 15.8%。2008—2009 年,股权集中度提高的有 44 家公司,股权集中度下降的有 108 家公司,股权结构发生变化的共有 152 家公司,分别占样本公司的比重为 10.3%、25.2% 和 35.5%;高管持股上升的有 65 家公司,占比 15.2%,高管持股下降的有 72 家公司,占比为 16.8%。2009—2010 年,股权集中度提高的有 37 家公司,股权

集中度下降的有 149 家公司,股权结构发生变化的共有 186 家公司,分别占样本公司的比重为 7.7%、30.8% 和 38.5%;高管持股上升的有 93 家公司,占比 19.3%,高管持股下降的有 90 家公司,占比为 18.6%。2010—2011 年,股权集中度提高的有 62 家公司,股权集中度下降的有 125 家公司,股权结构发生变化的共有 187 家公司,分别占样本公司的比重为 9.8%、19.7% 和 29.5%;高管持股上升的有 161 家公司,占比 25.4%,高管持股下降的有 122 家公司,占比为 19.2%。2011—2012 年,股权集中度提高的有 106 家公司,股权集中度下降的有 105 家公司,股权结构发生变化的共有 211 家公司,分别占样本公司的比重为 14.7%、14.6% 和 29.3%;高管持股上升的有 187 家公司,占比 26%,高管持股下降的有 192 家公司,占比为 26.7%。2012—2013 年,股权集中度提高的有 76 家公司,股权集中度下降的有 232 家公司,股权结构发生变化的共有 308 家公司,分别占样本公司的比重为 10.4%、31.7% 和 42.1%;高管持股上升的有 112 家公司,占比 15.3%,高管持股下降的有 279 家公司,占比为 38.1%。上述结果表明,我国新兴产业上市公司股权结构在不断调整,在每年间隔的时期内,经历调整的公司占样本公司的比例基本为 30%～50%,这说明合适的股权结构对新兴产业上市公司来说十分重要,且它们在积极地调整股权结构。

表 3.3　公司股权结构变化情况

年份	股权集中度上升(家)	占比(%)	股权集中度下降(家)	占比(%)	高管持股上升(家)	占比(%)	高管持股下降(家)	占比(%)
2008	60	14.8	76	18.7	67	16.5	64	15.8
2009	44	10.3	108	25.2	65	15.2	72	16.8
2010	37	7.7	149	30.8	93	19.3	90	18.6
2011	62	9.8	125	19.7	161	25.4	122	19.2
2012	106	14.7	105	14.6	187	26.0	192	26.7
2013	76	10.4	232	31.7	112	15.3	279	38.1

3.1.3.2　检验结果与解释

1）股权结构的目标结构以及向目标结构的动态调整

目标股权结构可以通过影响公司股权结构设置的公司特征变量进行预测。鉴于我国国有企业的特殊性，笔者控制了公司性质等变量。表 3.4 汇总了公司股权结构影响因素的回归结果，与预期一致，公司股权集中度和高管持股与部分变量存在显著相关关系。其中，股权集中度与公司规模、公司成长性、公司股票换手率、公司国有性质以及区域市场化发展存在显著正相关关系，而与其他变量关系不显著。高管持股与公司规模、公司负债率、现金流、公司固定资产及公司国有性质等呈显著负相关关系，而与公司业绩以及公司股票换手率等呈显著正相关关系。以上结果为用部分调整估计公司股权结构调整提供了有力的支持。

表 3.4　公司股权结构的决定因素

变　量	股权集中度	高管持股
L. lnsize	0.021*** (8.31)	− 0.011*** (− 4.42)
L. Leverage	0.007 (0.63)	− 0.039*** (− 3.58)
L. ROA	0.056 (1.54)	0.065* (1.83)
L. Std_stkrtn	0.022 (1.23)	− 0.018 (− 1.02)
L. Tobin's Q	0.007*** (4.27)	0.002 (1.40)
L. FCF	0.010 (0.87)	− 0.037*** (− 3.17)
L. IntanAsset	0.004 (0.24)	− 0.092*** (− 5.31)

（续表）

变　量	股权集中度	高管持股
L. Stkturnover	0.003*** （4.00）	0.007*** （10.29）
L. State	0.057*** （10.01）	－0.092*** （－16.54）
L. Finmarket	0.004** （2.05）	0.002 （1.31）
Constant	－0.185*** （－3.10）	0.337*** （5.76）
Obs.	3 403	3 403
Adj R^2	0.264	0.079

注：***表示在1%的水平上显著，**表示在5%的水平上显著，*表示在10%的水平上显著。

　　股权结构将如何向目标股权结构调整呢？我们通过估计动态部分调整模型，考察了公司股权结构的调整。值得强调的是，为了规避在估计动态面板时普通最小二乘法以及固定效应模型可能带来的偏差，我们采用系统 GMM 进行估计，估计结果如表3.5所示。从表3.5中股权结构结果来看，股权集中度滞后项前面的系数为0.882，这说明在每年间隔期限内公司股权集中度向目标股权集中度调整的速度是0.118（1－0.882），并将以该速度填补期初的股权集中度与目标股权集中度之间0.882的缺口。就高管持股结果来看，高管持股滞后项前面的系数为0.551，这说明在每年间隔期限内公司高管持股向目标高管持股的调整速度是0.528（1－0.472），并将以该速度填补期初的高管持股数量与目标高管持股之间0.472的缺口。该结果既通过了 Sargen 检验，也通过了 Hansen 检验。

表 3.5　公司股权结构动态调整速度

变　量	股权集中度	变　量	高管持股
L_Concentr1	0.882*** (14.990)	L_Mstckh	0.551*** (7.840)
Lnsize	0.000 (0.040)	Lnsize	-0.008 (-1.000)
Leverage	0.002 (0.330)	Leverage	-0.007 (-0.360)
ROA	0.039 (0.920)	ROA	0.040 (0.780)
FCF	0.020 (1.080)	FCF	0.095 (1.480)
IntanAsset	-0.001 (-0.920)	IntanAsset	-0.003 (-1.340)
State	0.002 (0.560)	State	-0.029* (-1.720)
Tobin's Q	-0.016 (-0.940)	Tobin's Q	-0.009 (-0.180)
Std_stkrtn	0.000 (-0.410)	Std_stkrtn	0.001 (0.580)
Stkturnover	0.009 (1.350)	Stkturnover	-0.091*** (-2.700)
Finmarket	0.001 (0.550)	Finmarket	0.013*** (2.750)
Constant	3.815 (1.160)	Constant	15.891** (2.370)
Hansen	0.101	Hansen	0.009
Sargan	0.48	Sargan	0.102

注：*** 表示在 1% 的水平上显著，** 表示在 5% 的水平上显著，* 表示在 10% 的水平上显著。

2）股权结构的非对称调整

上述对公司股权结构动态调整的估计是建立在假设公司股权结构的调整是对称的前提下，即公司股权结构从"不足股权"与"过度股权"两侧向目标股权结构的调整是同步的，而现实中存在股权结构调整成本，由此将直接导致公司股权结构发生非对称调整。因此，我们把股权结构向目标股权结构的调整分为从"不足股权"与"过度股权"两侧向目标股权结构的调整，并假定两者的调整速度是不同的。这里的目标股权结构是基于表 3.4 的估计结果，即用混合截面数据回归的拟合值来代替，对股权结构非对称调整的检验结果见表 3.6。Panel A 是股权集中度的非对称调整结果，模型（3-1）假定股权集中度的上下调整是对称的，其前面的调整系数为 0.064，说明公司股权集中度向目标股权集中度调整的速度是 0.064，股权集中度将以该速度填补期初的股权集中度与目标集中度之间的缺口。模型（3-4）允许公司股权集中度非对称调整，从"不足股权"向目标股权集中度调整的系数为 0.062，从"过度股权"向目标股权集中度调整的系数为 0.066。这说明公司股权集中度由"过度股权"向目标股权集中度的调整速度为 0.066，而由"不足股权"向目标股权集中度调整的速度为 0.062，即股权集中度将以 0.062 的速度从"不足股权"填补期初的股权集中度与目标股权集中度之间的缺口，而将以 0.066 的速度从"过度股权"填补期初的股权集中度与目标股权集中度之间的缺口。该结果反映了公司在其股权集中度过高时，将以较快的速度向目标股权集中度调整。Panel B 是高管持股的非对称调整结果，模型（3-1）假定高管持股的上下调整是对称的，其前面的调整系数为 0.601，说明公司高管持股向其目标高管持股调整的速度是 0.601。模型（3-5）允许公司高管持股非对称调整，从"不足股权"向目标高管持股调整的系数为 1.208，从"过度股权"向目标高管持股调整的系数为 0.257，这说明公司高管持股由"过度股权"向目标高管持股调整的速度为 0.257，而由"不足股权"向目标高管持股调整的速度为 1.208。该结果表明公司在其高管持股比例较低时向目标高管持股的调整非常及时。以上结果验证了公司高管持股不仅是部分调整，而且是非对称调整。

表 3.6　股权结构非对称调整

Panel A 股权集中度非对称调整			Panel B 高管持股非对称调整		
变量	(1)	(2)	变量	(1)	(2)
TOSD	0.064*** (8.400)		TOSmD	0.601*** (30.750)	
OS^{above} * TOSD		0.066*** (4.610)	OSm^{above} * TOSmD		0.257*** (9.200)
OS^{under} * TOSD		0.062*** (3.810)	OSm^{under} * TOSmD		1.208*** (29.120)
Constant	−0.008*** (−7.170)	−0.007*** (−4.010)	Constant	0.028*** (9.350)	−0.027*** (−6.080)
Obs.	2 110	2 110	Obs.	2 110	2 110
Adj R^2	0.032	0.032	Adj R^2	0.309	0.387
F	70.570	35.280	F	945.31	665.560

注：＊＊＊表示在 1% 的水平上显著，＊＊表示在 5% 的水平上显著，＊表示在 10% 的水平上显著。

3）股权结构非对称调整与公司研发创新检验结果

我们把公司研发创新分为研发意愿、研发投入与研发产出三个类别组分别考察，表 3.7 汇总了公司股权结构非对称调整对公司研发创新意愿影响的检验结果。Panel A 是股权集中度非对称调整对公司研发创新意愿的影响结果，模型（3-6）中变量 OSAdjDis 与创新意愿呈显著负相关关系，这表明股权结构由次优向目标股权结构的调整显著抑制公司研发意愿。模型（3-7）中变量 $OSAdjDis^{under}$ 与创新意愿呈显著负相关关系，同时，$OSAdjDis^{above}$ 与研发创新意愿呈不显著的负相关关系，这表明公司股权集中度由"过度股权"向目标股权集中度的调整不能有效影响公司研发创新意愿，而由"不足股权"向目标股权集中度的调整则显著抑制公司研发创新意愿。Panel B 是高管持股非对称调整对公司研发创新意愿的影响结果，模型（3-6）中变量 OSmAdjDis 与创新意愿呈不显著的负相关关系，说明高管持股由次优向目标高管持股的调整将显著提升公司研发创新意愿。模型（3-8）中变量 $OSmAdjDis^{under}$ 及 $OSmAdjDis^{above}$ 与公司研发创新意愿均呈显著正相关关系，这表明高管持股由"不足股权"或"过度股权"向目标高管持股的调整都将显著改善公司研发创新意愿。因此，公司股权集中度向目标股权集中度的调整不能发挥提升公司研发创新意愿的作用，但是高管持股由"不足股权"或者"过度股权"向目标高管持股的调整都将有效提升公司研发创新意愿。

表3.7　股权结构非对称调整对公司研发创新意愿的影响

Panel A 股权集中度非对称调整与公司研发创新意愿			Panel B 高管持股非对称调整与公司研发创新意愿		
变量	（1）	（2）	变量	（1）	（2）
$OSAdjDis$	-33.039* (-2.23)		$OSmAdjDis$	6.752*** (3.47)	
$OSAdjDis^{under}$		-55.086** (-2.86)	$OSmAdjDis^{under}$		1.972* (1.65)
$OSAdjDis^{above}$		-20.711 (-1.29)	$OSmAdjDis^{above}$		19.806** (2.92)
Lnsize	-0.417*** (-3.98)	-0.416*** (-3.99)	Lnsize	-0.415*** (-4.09)	-0.421*** (-4.17)
Leverage	0.123 (-0.39)	0.132 (-0.41)	Leverage	0.226 (-0.70)	0.19 (-0.59)
ROA	1.368 (-0.50)	1.353 (-0.48)	ROA	1.141 (-0.53)	1.209 (-0.51)
FCF	-0.683 (-1.46)	-0.719 (-1.51)	FCF	-0.585 (-1.24)	-0.591 (-1.25)
IntanAsset	-0.872 (-1.35)	-0.928 (-1.45)	IntanAsset	-0.662 (-1.04)	-0.836 (-1.28)
State	-0.934*** (-4.74)	-0.921*** (-4.65)	State	-0.646** (-2.93)	-0.747** (-3.25)

（续表）

Panel A 股权集中度非对称调整 与公司研发创新意愿			Panel B 高管持股非对称调整 与公司研发创新意愿		
变量	（1）	（2）	变量	（1）	（2）
Tobin's Q	0.179** （−2.58）	0.185** （−2.59）	Tobin's Q	0.159* （−2.41）	0.161* （−2.41）
Std_stkrtn	0.211 （−0.17）	0.208 （−0.17）	Std_stkrtn	0.304 （−0.24）	0.302 （−0.24）
Stkturnover	0.051 （−0.97）	0.052 （−0.99）	Stkturnover	0.008 （−0.16）	0.021 （−0.38）
Finmarket	0.176* （−2.33）	0.170* （−2.24）	Finmarket	0.176* （−2.35）	0.177* （−2.37）
Constant	6.658** （−2.70）	6.720** （−2.74）	Constant	6.035* （−2.50）	6.284** （−2.62）
N	2 110	2 110	N	2 110	2 110
Pseudo R²	0.38	0.382	Pseudo R²	0.383	0.385

注：＊＊＊表示在 1％的水平上显著，＊＊表示在 5％的水平上显著，＊表示在 10％的水平上显著。

表 3.8 汇总了股权结构的非对称调整对公司研发创新投入影响的检验结果。Panel A 是股权集中度非对称调整对公司研发创新投入的影响结果，模型（3−6）中变量 OSAdjDis 与创新投入呈不显著的负相关关系，表明股权结构由次优向目标股权结构的调整不能有效影响公司研发投入。模型（3−7）中变量 OSAdjDis^under 与创新投入呈不显著的正相关关系，同时，OSAdjDis^above 与研发创新投入呈显著负相关关系，这表明公司股权集中度由"过度股权"向目标股权集中度的调整将显著抑制公司研发创新投入，而由"不足股权"向目标股权集中度的调整则不能影响公司研发创新投入。Panel B 是高管持股非对称调整对公司研发创新投入的影响结果，模型（3−6）中变量 OSmAdjDis 与创新投入呈不显著的正相关关系，说明高管持股由次优向目标高管持股的调整不能显著提升公

司研发创新投入。模型(3-8)中变量 $OSmAdjDis^{under}$ 及 $OSmAdjDis^{above}$ 与公司研发创新投入均呈不显著的正相关关系,这表明高管持股由"不足股权"或"过度股权"向目标高管持股的调整都不能有效改善公司研发创新投入。因此,公司股权集中度由"过度股权"向目标股权集中度的调整将抑制公司研发创新投入,高管持股向目标高管持股的调整不能有效提升公司研发创新投入。

表 3.8　股权结构非对称调整对公司研发创新投入的影响

Panel A 股权集中度非对称调整与公司研发创新投入			Panel B 高管持股非对称调整与公司研发创新投入		
变量	(1)	(2)	变量	(1)	(2)
$OSAdjDis$	-0.139 (-0.54)		$OSmAdjDis$	0.032 (1.03)	
$OSAdjDis^{under}$		0.661 (1.52)	$OSmAdjDis^{under}$		0.01 (0.39)
$OSAdjDis^{above}$		-0.583 ** (-2.38)	$OSmAdjDis^{above}$		0.075 (1.02)
Lnsize	-0.005 ** (-2.36)	-0.005 ** (-2.39)	Lnsize	-0.005 ** (-2.40)	-0.005 *** (-2.40)
Leverage	-0.007 (-1.19)	-0.007 (-1.28)	Leverage	-0.006 (-1.07)	-0.006 (-1.08)
ROA	-0.014 (-0.72)	-0.014 (-0.76)	ROA	-0.014 (-0.75)	-0.014 (-0.74)
FCF	0.006 (1.01)	0.007 (1.16)	FCF	0.006 (1.05)	0.006 (1.05)
IntanAsset	-0.069 *** (-5.88)	-0.067 *** (-5.91)	IntanAsset	-0.068 *** (-5.67)	-0.068 *** (-5.59)
State	-0.006 (-1.51)	-0.007 * (-1.65)	State	-0.004 (-1.10)	-0.005 (-1.20)
Tobin's Q	0.005 *** (4.44)	0.005 *** (4.55)	Tobin's Q	0.005 *** (4.27)	0.005 *** (4.27)

（续表）

Panel A 股权集中度非对称调整与公司研发创新投入			Panel B 高管持股非对称调整与公司研发创新投入		
变量	（1）	（2）	变量	（1）	（2）
Std_stkrtn	0.004 (0.15)	0.006 (0.21)	Std_stkrtn	0.005 (0.18)	0.005 (0.19)
Stkturnover	0.001 (1.36)	0.001 (1.36)	Stkturnover	0.001 (1.12)	0.001 (1.19)
Finmarket	−0.001 (−0.74)	−0.001 (−0.58)	Finmarket	−0.001 (−0.74)	−0.001 (−0.73)
Constant	0.133*** (2.88)	0.129*** (2.80)	Constant	0.131*** (2.85)	0.132*** (2.86)
N	2 110	2 110	N	2 110	2 110
Adj R^2	0.23	0.236	Adj R^2	0.231	0.23
F	18.9	18.2	F	19.1	18.3

注：＊＊＊表示在 1％的水平上显著，＊＊表示在 5％的水平上显著，＊表示在 10％的水平上显著。

　　表 3.9 汇总了股权结构的非对称调整对公司创新—发明专利影响的检验结果。Panel A 是股权集中度非对称调整对公司创新—发明专利的影响结果，模型（3-6）中变量 OSAdjDis 与创新—发明专利呈不显著的正相关关系，这表明股权结构由次优向目标股权结构的调整不会有效影响公司创新—发明专利。模型（3-7）中变量 $OSAdjDis^{under}$ 与创新—发明专利呈不显著的正相关关系，同时 $OSAdjDis^{above}$ 与创新—发明专利呈不显著的负相关关系，这表明公司股权集中度由"不足股权"或"过度股权"向目标股权集中度的调整都不能有效影响公司创新—发明专利。Panel B 是高管持股非对称调整对公司创新—发明专利的影响结果，模型（3-6）中变量 OSmAdjDis 与创新—发明专利呈不显著的正相关关系，说明高管持股由次优向目标高管持股的调整不能显著提升公司创新—发明专利。模型（3-8）中变量 $OSmAdjDis^{under}$ 及 $OSmAdjDis^{above}$ 与

公司创新—发明专利均呈不显著的相关关系,这表明高管持股由"不足股权"或"过度股权"向目标高管持股的调整都不能有效改善公司创新—发明专利。因此,公司股权集中度由"过度股权"向目标股权集中度的调整不能有效提升公司创新—发明专利,高管持股向目标高管持股的调整不能有效提升公司创新—发明专利。

表 3.9 　股权结构非对称调整对公司创新—发明专利的影响

Panel A 股权集中度非对称 调整与公司创新—发明专利			Panel B 高管持股非对称 调整与公司创新—发明专利		
变量	(1)	(2)	变量	(1)	(2)
OSAdjDis	2.718 (0.63)		OSmAdjDis	0.152 (0.50)	
OSAdjDis^{under}		7.932 (1.30)	OSmAdjDis^{under}		−0.175 (−0.76)
OSAdjDis^{above}		−0.217 (−0.05)	OSmAdjDis^{above}		0.323 (0.46)
Lnsize	0.164*** (4.03)	0.164*** (4.07)	Lnsize	0.166*** (4.05)	0.165*** (4.03)
Leverage	0.011 (0.14)	0.007 (0.09)	Leverage	0.014 (0.19)	0.012 (0.16)
ROA	0.153 (0.84)	0.149 (0.83)	ROA	0.151 (0.82)	0.155 (0.83)
FCF	−0.034 (−0.50)	−0.028 (−0.40)	FCF	−0.034 (−0.49)	−0.034 (−0.49)
IntanAsset	−0.228 (−1.27)	−0.219 (−1.23)	IntanAsset	−0.224 (−1.23)	−0.246 (−1.32)
State	−0.098* (−1.83)	−0.101* (−1.89)	State	−0.089 (−1.57)	−0.105* (−1.81)
Tobin's Q	0.016 (1.32)	0.016 (1.34)	Tobin's Q	0.017 (1.39)	0.017 (1.42)
Std_stkrtn	−0.24 −0.91	−0.23 −0.87	Std_stkrtn	−0.233 (−0.89)	−0.223 (−0.85)

（续表）

Panel A 股权集中度非对称调整与公司创新—发明专利			Panel B 高管持股非对称调整与公司创新—发明专利		
变量	（1）	（2）	变量	（1）	（2）
Stkturnover	−0.016* （−1.87）	−0.016* （−1.87）	Stkturnover	−0.017** （−1.99）	−0.015* （−1.72）
Finmarket	0.047*** （3.07）	0.048*** （3.14）	Finmarket	0.046*** （3.03）	0.047*** （3.05）
R&D	1.789*** （4.70）	1.733*** （4.55）	R&D	1.783*** （4.67）	1.78*** （4.69）
Constant	−3.459*** （−3.83）	−3.476*** （−3.88）	Constant	−3.487*** （−3.81）	−3.453*** （−3.78）
N	2 110	2 110	N	2 110	2 110
Adj R²	0.149	0.152	Adj R²	0.149	0.149
F	8.5	8.61	F	8.38	8.26

注：＊＊＊表示在 1％的水平上显著，＊＊表示在 5％的水平上显著，＊表示在 10％的水平上显著。

表 3.10 汇总了股权结构的非对称调整对公司研发创新—总专利影响的检验结果。其中，Panel A 是股权集中度非对称调整对公司研发创新—总专利的影响结果，模型（3-6）中变量 OSAdjDis 与公司研发创新—总专利呈不显著的负相关关系，这表明股权结构由次优向目标股权结构的调整不能有效影响公司研发创新—总专利。模型（3-7）中变量 OSAdjDis^{under} 与公司研发创新—总专利呈不显著的正相关关系，同时，OSAdjDis^{above} 与公司研发创新—总专利呈不显著的负相关关系，这表明公司股权集中度由"不足股权"或"过度股权"向目标股权集中度的调整都不能有效影响公司研发创新—总专利。Panel B 是高管持股非对称调整对公司研发创新—总专利的影响结果，模型（3-6）中变量 OSmAdjDis 与研发创新—总专利呈不显著的正相关关系，反映高管持股由次优向目标高管持股的调整不能显著提升公司研发创新—总专利。模型（3-8）

中变量 $OSmAdjDis^{under}$ 及 $OSmAdjDis^{above}$ 与公司研发创新—总专利均呈不显著的相关关系，这表明高管持股由"不足股权"或"过度股权"向目标高管持股的调整都不能有效改善公司研发创新—总专利。因此，公司股权集中度由"过度股权"向目标股权集中度的调整不能有效提升公司研发创新—总专利，高管持股向目标高管持股的调整不能有效提升公司研发创新—总专利。

表 3.10　股权结构非对称调整对公司研发创新—总专利的影响

Panel A 股权集中度非对称调整与公司研发创新—总专利			Panel B 高管持股非对称调整与公司研发创新—总专利		
变量	（1）	（2）	变量	（1）	（2）
OSAdjDis	-0.327 (-0.07)		OSmAdjDis	0.217 (0.61)	
$OSAdjDis^{under}$		3.788 (0.53)	$OSmAdjDis^{under}$		-0.185 (-0.67)
$OSAdjDis^{above}$		-2.621 (-0.53)	$OSmAdjDis^{above}$		0.471 (0.56)
Lnsize	0.164*** (3.59)	0.164*** (3.61)	Lnsize	0.165*** (3.58)	0.164*** (3.57)
Leverage	0.024 (0.27)	0.021 0.23	Leverage	0.028 (0.31)	0.026 (0.28)
ROA	0.128 (0.58)	0.125 (0.57)	ROA	0.125 (0.57)	0.13 (0.58)
FCF	-0.022 (-0.25)	-0.016 (-0.19)	FCF	-0.02 (-0.24)	-0.021 (-0.24)
IntanAsset	-0.294 (-1.38)	-0.286 (-1.35)	IntanAsset	-0.287 (-1.33)	-0.313 (-1.43)
State	-0.21*** (-3.37)	-0.212*** (-3.41)	State	-0.198*** (-3.00)	-0.218*** (-3.18)
Tobin's Q	0.013 (0.85)	0.013 (0.87)	Tobin's Q	0.012 (0.83)	0.013 (0.86)

（续表）

Panel A 股权集中度非对称 调整与公司研发创新—总专利			Panel B 高管持股非对称 调整与公司研发创新—总专利		
变量	（1）	（2）	变量	（1）	（2）
Std_stkrtn	－ 0. 409 （－ 1. 32）	－ 0. 4 （－ 1. 29）	Std_stkrtn	－ 0. 403 （－ 1. 30）	－ 0. 391 （－ 1. 26）
Stkturnover	－ 0. 012 （－ 1. 14）	－ 0. 012 （－ 1. 13）	Stkturnover	－ 0. 014 （－ 1. 27）	－ 0. 011 （－ 1. 03）
Finmarket	0. 062*** （3. 38）	0. 063*** （3. 42）	Finmarket	0. 062*** （3. 38）	0. 062*** （3. 41）
R&D	1. 425*** （3. 48）	1. 38*** （3. 37）	R&D	1. 42*** （3. 46）	1. 417*** （3. 47）
Constant	－ 3. 294*** （－ 3. 24）	－ 3. 308*** （－ 3. 27）	Constant	－ 3. 313*** （－ 3. 23）	－ 3. 273*** （－ 3. 19）
N	2 110	2 110	N	2 110	2 110
Adj R²	0. 136	0. 137	Adj R²	0. 136	0. 137
F	8. 18	8. 1	F	8. 16	8. 03

注：＊＊＊表示在 1% 的水平上显著，＊＊表示在 5% 的水平上显著，＊表示在 10% 的水平上显著。

3.2　企业生命周期、股权结构调整与企业研发创新

现有关于公司股权结构及公司研发创新的研究主要集中在以下几个方面。一是考察股权结构对公司创新的作用，其研究主要基于公司治理理论，把股权集中抑或分散看作是发生公司代理问题的基础。比如，股权分散情况下容易发生内部人控制，从而产生第一类代理问题（Jensen and Meckling，1976），管理层在为自己谋利益动机的驱使下，更关注公司短期利益，从而可能不利于公司创新资源配置。股权集中情况

下容易发生大股东控制问题,从而产生第二类代理问题(Shleifer and Vishny,1986),这样在大股东自身利益的驱使下,将发生侵害小股东利益的行为,从而产生无效的创新资源配置问题。二是考察不同类型的股权或股权性质对公司研发创新的影响,其研究主要关注某一类或几类有重要意义的股权,结合其背景考察其对公司研发创新的影响,如 Griner 和 Gordon(1995)则认为内部人持股比例与研发支持之间存在一个倒置的曲线关系。夏冬(2003)研究发现高管对于技术创新的促进作用可分为两个方面,一方面高管持股直接促进了企业的技术创新,另一方面高管又会通过其态度与能力等中间变量间接地促进技术创新。鲁桐和党印(2014)以 2006—2010 年 1 344 家沪深 A、B 股公司为样本,对比考察了不同行业中高管持股比例对研发投入影响的差异性。因此合理的公司股权结构选择或安排将成为影响公司创新发展的重要因素。那么,股权结构是如何形成与选择的呢? 这与股权结构形成与选择的影响因素相关,对此也有大量文献进行了探讨,如大量研究指出公司资产的风险程度、所处行业、公司规模、公司业绩、股票流动性、内部人持股、终极控制人性质、控股大股东性质,以及地区市场化程度等特征决定了股权结构(Demsetz et al.,1985;刘志远等,2007;Henderson et al.,2006;Helwege,Pirinsky,and Stulz,2007;La Porta et al.,1999;La Porta et al.,2008;Nyonna,2012)。

上述研究对股权结构对研发创新的影响以及股权结构选择的决定因素进行了比较深入的探讨,但大多是从静态层面研究与检验股权结构、企业特征及区域市场化发展等的关系,而忽略了股权结构的形成与选择随企业发展进程的变化与调整问题。这促使笔者探索企业成长如何影响公司股权结构的问题,进一步研究企业生命周期影响下股权结构对企业研发创新的影响,为股权结构设计的改进与调整提供新的依据。本章拟以企业生命周期阶段为切入点,利用新构建的企业生命周期划分指标,深入考察我国战略性新兴产业上市公司股权结构随企业生命周期的演变规律,并检验企业成长对股权结构调整速度的影响及其对公司研发创新的作用,以期从企业成长的动态角度呈现股权结构的变化及调整概况,揭示不同生命周期阶段企业股权结构调整对战略性新兴产业公司研发创新的影响。

3.2.1　企业生命周期、股权结构调整与研发创新理论分析与假设

股权结构调整将受到其决定因素变化的影响,而关于股权结构的决定因素,诸多学者对此进行了研究。如 Demsetz 等(1985)研究发现公司资产的风险程度、所处行业、公司规模以及公司业绩等特征决定股权的集中或分散程度。冯根福、韩冰和闫冰(2002)也发现,股权集中度变动受到公司绩效、公司规模、持股主体持股情况与行业分布等因素的影响。刘志远等(2007)指出股权集中度受终极控制人性质、控股大股东性质以及地区市场化程度等因素的影响。Henderson 等(2006)认为股权集中度受到市场估值行情的影响,当公司股票被高估时抛售股份或者发行股票,在股票被低估时买入股票。La Porta 等(2008)认为股权结构取决于一国的法律体系对投资者的保护力度,在法律对投资者保护较弱的情况下,股权集中成为法律保护的替代机制。此外,Jensen,Solberg 和 Zorn(1992)指出,企业债务水平和经理人股权激励作为降低代理成本的两种治理机制,它们之间存在着负向的替代关系。张良等(2011)研究发现,上市公司股权激励强度受公司规模、股权集中度、独董比例、代理成本、企业性质和负债水平等因素影响。徐宁和徐向艺(2012)认为,管理层股权激励方受到大股东、债务融资与独立董事等内生性因素的约束作用。上述文献对公司股权结构的决定因素进行了多角度的研究,尽管也有研究开始考察随决定因素的变化公司股权结构将要发生变化,但主要是从静态层面考察股权结构的驱动因素,而近来已有文献开始从动态视角探讨股权结构的变化问题。如 Gilson(1990)研究了大额持股在公司发生债务违约时的变化。Patro(2008)指出公司大额股权的比重随着公司分立后监督需求的增加而提高。Foley 和 Greenwood(2010)揭示了在投资者保护水平较高的国家,公司上市后的股权集中度可能下降。显然这些研究已经突破过去的静态思路,但依然只是停留

在企业发展中股权结构随其决定因素的变化问题,而忽视了企业生命周期这个重要因素,没有考虑企业生命周期对股权结构的影响,更没有探讨在企业生命周期中股权结构调整对战略性新兴产业公司研发创新的影响。

3.2.1.1　企业生命周期与股权结构调整

现代股份制公司制度被誉为人类最伟大的发明之一,它为企业发展壮大提供了重要的组织制度保障。现代企业所有权与控制权分离的组织结构一方面为企业聚集资源从而发展壮大提供了保障,另一方面也由此产生了似乎无法根除的所有者与经营者之间的利益冲突问题(Berle and Means,1932;Jensen and Meckling,1976)。因此,公司股权结构的形成与选择是决定公司能否长盛不衰的因素之一。过度集中的股权结构往往意味着支持企业发展的资源相对集中,这可能不利于企业持续增长;与此同时,过度集中的股权结构下所有者对企业拥有更强大的控制力,这将降低经营者谋私利行为带来的第一类代理成本(Jensen and Meckling,1976)。此外,过度集中的股权结构下大股东对企业的控制力增强,这将可能损害中小股东的利益,从而提升公司第二类代理成本(Shleifer and Vishny,1986);相反,过度分散的股权结构一般意味着企业聚集的资源相关广泛,这可能有利于企业的长远发展。与此同时,分散的股权结构下所有者对经营者进行监督的动机较弱,从而经营者谋私利行为带来的第一类代理成本较高(Jensen and Meckling,1976);此外,分散的股权结构下股东之间的利益冲突较弱,这意味着第二类代理成本较低(Shleifer and Vishny,1986)。高管持股能够在一定程度上捆绑所有者与经营者之间的利益,从而降低经营者谋私利行为带来的第一类代理成本,但是,高管持股的过度集中也会损害股东的利益。因此,在一定程度上,公司股权结构可以被看作是公司两类代理成本与收益之间权衡的结果。在不同发展阶段,公司两类代理问题的严重程度不断变化,必将导致公司股权结构的调整。

处于不同生命周期阶段的企业所具备的企业发展特征不尽相同。

企业生命周期理论指出，企业的形成和发展与其他组织一样具有生命体的部分形态（Adizes，1989；Drazin and Kazanjian，1990；James，1973；Mille and Friesen，1984），不同阶段的发展需求、生产经营、组织特征及管理层结构等各有不同。处于创业期的企业，企业规模较小，生产经营单一，创立者往往也是企业的所有者，企业主本人行使监督、管理和控制的权利，企业面对的发展不确定性高；处于成长期的企业，企业高速发展，组织规模迅速扩大，开始引入职业经理人，出现经营权和所有权部分分离的现象，企业发展壮大的需求较高；处于成熟期的企业，内部形成经理人队伍，经营领域扩大，呈现出多元化的趋向，此时企业在市场上已经形成一定势力，发展壮大的需求下降；处于衰退期的企业，组织内官僚作风兴起，高层的控制力减弱，企业的产品及服务多元化特征明显，此时企业市场萎缩，持续发展与转型的需求提升。

作为支持企业发展与协调企业内不同利益团体关系的基础，股权结构的选择与设置需要在企业不同发展阶段根据企业发展特征适应性地进行调整，这是因为在不同生命周期阶段，企业面临的发展需求及相应代理问题不同。在初期阶段，企业面临打开市场、融资约束、竞争劣势以及企业制度构建等多种不确定性因素，需要较多外部资源支持，股权分离的动力较大，由于所有者与经营者常常融为一体，第一类及第二类代理问题都不明显，同时公司内部人持股较高，激励需求低。在成长时期，企业处于快速发展期，对外部资源需求较高，需要更大程度地出让股权引入更多资源支持企业发展，企业所有权与经营权开始分离，因而第一类代理问题随之出现，高管持股将发挥激励作用，公司原有股权与新引入股权之间的第二类代理问题也将出现。在成熟时期，企业规模一般较大，盈利稳定，对外部资源需求较低，但公司两权分离逐步深化，第一类代理问题变得严重，高管持股将发挥激励作用，第二类代理问题较不明显。在衰退期，企业面临衰退，发展的不确定性升高，需要考虑转型与再创业，此时公司股权相对分散，第一类代理问题仍较为严重，管理者可能会为了维持既得利益而进一步扩大企业规模，此时高管需要较多的持股激励。公司面临困境时，股东之间会在关于公司发展方向及问题解决方案上产生较多冲突,第二类代理问题将比较严重。

战略性新兴产业公司的发展需求及相应代理问题会随着公司生命周期的变化而变化,与此相关的公司股权结构也将发生变化,因此,股权结构在不同生命周期阶段将存在差异。随着企业不断成长,发展需求及相应代理问题的变化将导致公司股权结构动态调整。公司特征变化以及调整不及时等导致的公司股权结构对目标股权结构的偏离都将造成经济上的无效率,因此,正常情况下,追求经济效率的公司将从次优股权结构向目标股权结构动态调整。不同生命周期中由于企业股权结构调整成本与收益存在差异,所以,股权结构由次优向目标股权结构的调整也不尽相同。为此,我们提出如下假设:

假设3-5a:公司股权结构在战略性新兴产业企业生命周期不同阶段差异显著。

假设3-5b:企业生命周期将影响股权结构向目标股权结构的调整速度。

3.2.1.2 企业生命周期与股权结构非对称调整

理论上公司股权结构是企业发展及相应第一类与第二类代理成本收益权衡的结果,同时能够通过让高管持股降低代理成本,而过高的高管持股比例将导致企业承担高额的成本,从而给企业带来价值损失,因此,公司在选择股权结构时需要较好地衡量企业发展需要以及相应的代理成本与收益,并在此基础上考虑高管持股可能带来的支付成本与激励效果带来的代理成本降低。而实践中,由于股权结构调整成本的存在,公司股权结构常常在一段时间内处于次优状态。根据该次优状态对目标股权结构的偏离方向,可分为超过目标股权结构的"过度股权"与未达目标股权结构的"不足股权"两类。"过度股权"主要表现为公司股权集中度较高或高管持股比例也较高,这种情况下第一类代理成本较低,同时股权激励也将带来较高的支付成本,而第二类代理成本也较高。与此相对应,"不足股权"主要表现为公司股权较分散或者高管持股比例较低,这种情况下第一类代理成本将升高,而股权激励也将降低第一类代理成本,同时第二类代理成本也将升高。

　　在企业生命周期不同阶段,战略性新兴产业公司的发展需要及其带来的代理问题各不相同,因此,对高管股权集中度及高管持股的设置及调整方向也将不同。在成长阶段,企业处于快速发展期,对外部资源需求高,需要更大程度地出让股权引入更多资源支持企业发展。企业所有权与经营权开始分离,因而第一类代理问题随之出现,高管持股将发挥激励作用,公司原有股权与新引入股权之间的第二类代理问题也将出现。由"不足股权"向目标股权结构的调整主要为公司带来第一类代理问题的缓解,而由"过度股权"向目标股权结构的调整为公司带来股权分散引致的资源聚集从而支持企业发展的好处。尽管公司的这两类状态都是非效率状态,也都将向目标股权结构调整,但由于在此阶段,第一类及第二类代理问题都不突出,因此,我们预计在成长阶段股权分散带来的收益要高于股权集中带来的收益,因此,成长阶段由"不足股权"向目标股权结构调整的速度慢于由"过度股权"向目标股权结构调整的速度。

　　在成熟阶段,企业规模一般较大,盈利稳定,对外部资源需求较低,但公司两权分离深化,第一类代理问题变得严重,高管持股的激励作用进一步提高,第二类代理问题较不明显。因此,由"不足股权"向目标股权结构的调整将为公司带来第一类代理问题的缓解,而由"过度股权"向目标股权结构的调整将为公司带来第二类代理问题的缓解。比较这两类成本收益,我们预计由"不足股权"向目标股权结构的调整为公司带来的第一类代理问题缓解的收益将高于由"过度股权"向目标股权结构的调整为公司带来的第二类代理问题缓解的收益。因此,成熟阶段由"不足股权"向目标股权结构调整的速度大于由"过度股权"向目标股权结构调整的速度。

　　在衰退阶段,企业发展的不确定性升高,需要考虑转型与再创业,公司股权相对分散,第一类代理问题较为严重。公司面临困境时,股东之间也将产生较多冲突,第二类代理问题将比较严重。因此,由"不足股权"向目标股权结构的调整将为公司带来第一类代理问题的缓解,而由

"过度股权"向目标股权结构的调整为公司带来第二类代理问题的缓解。比较这两类成本收益,我们预计由"不足股权"向目标股权结构的调整为公司带来的第一类代理问题缓解的收益与由"过度股权"向目标股权结构的调整为公司带来的第二类代理问题缓解的收益无明显差异。因此,衰退阶段由"不足股权"或"过度股权"向目标股权结构调整的速度都较快。

假设 3 - 6a:在成长阶段,公司股权结构由"不足股权"向目标股权结构调整的速度慢于由"过度股权"向目标股权结构调整的速度。

假设 3 - 6b:在成熟阶段,公司股权结构由"不足股权"向目标股权结构调整的速度快于由"过度股权"向目标股权结构调整的速度。

假设 3 - 6c:在衰退阶段,公司股权结构由"不足股权"或"过度股权"向目标股权结构快速调整。

3.2.1.3 企业生命周期、股权结构非对称调整与公司研发创新

企业研发创新是提升企业核心竞争力的基础。而由于企业创新活动具有投入高、回报周期长、不确定性大等特点,常常会导致企业承担的风险上升与短期运营业绩下滑,从而引致公司内部不同主体之间利益发生冲突(Jensen and Meckling,1976),进而可能导致公司创新活动发生扭曲。公司股权结构决定了公司资源如何配置、公司所有者与经营者如何协作以及所有者如何管控企业等系列治理问题(Berle and Means,1932;Jensen and Meckling,1976;吴延兵,2012)。股权集中度较高的公司,大股东更有动机和能力监督管理层(Shleifer and Vishny,1986),进而降低第一类代理问题,但是大股东与小股东之间利益冲突的第二类代理问题将上升。股权分散的公司里则相反。同时,管理层持股将有助于激励经理人,从而降低第一类代理问题,但是过度的股权激励将使公司承担高额的成本,尤其是在经营者与大股东兼任的公司里,更容易引发严重的第二类代理问题。因此,股权结构不断向最优结构调整将有助于缓解代理问题,进而促进企业创新。从企业发展及产生的代理问题来看,公司股权集中度由次优向目标股权集中度的调整将有助于降低代理

成本,从而可能促进企业研发创新。股权集中度由"过度股权"向目标股权集中度的调整将有助于聚集外部资源,同时缓解第二类代理问题,从而可能改善公司创新;股权集中度由"不足股权"向目标股权集中度的调整将有助于提升股东监管的积极性,从而缓解第一类代理问题,进而可能促进企业创新。公司高管持股由次优向目标高管持股的调整也将促进企业创新。高管持股由"不足股权"向目标持股的调整将提升对经理层的激励作用,从而缓解第一类代理问题,进而促进企业创新发展;高管持股由"过度股权"向目标持股的调整将降低企业过度激励的成本,进而促使企业将更多的资源投向创新。

在企业不同生命周期阶段,战略性新兴企业发展及股权变化带来的代理问题严重程度不尽相同。在成长阶段,企业发展势头强劲,需要出让股权换取发展资源,此时尽管股权逐渐开始分散,代理问题也随之出现,但是代理问题并不严重。因此,企业成长阶段公司股权结构向目标股权结构的调整对企业研发创新的影响不明显。在成熟阶段,企业盈利稳定,对外部资源的需求较少,但公司两权分离深化,第一类代理问题将变得严重,高管持股将发挥激励作用,第二类代理问题不明显。因此,企业成熟阶段公司股权结构向目标股权结构的调整,尤其由"不足股权"向目标股权集中度或向目标高管持股的调整将显著促进公司研发创新。在衰退阶段,企业需要考虑公司的转型与再创业,此时公司股权相对分散,第一类代理问题仍较为严重,管理者可能会为了维持既得利益而进一步扩大企业规模,此时高管需要较多的持股激励;公司面临困境时,股东之间也将在关于公司发展方向及问题解决方案上产生较多冲突,第二类代理问题将比较严重。因此,衰退阶段公司股权结构的调整都将显著促进公司研发创新。基于上述分析,我们提出如下假设:

假设 3-7a:在企业成长阶段,公司股权结构(股权集中度、高管持股)由"不足股权"或"过度股权"向目标股权结构的调整都不能显著促进公司研发创新。

假设 3-7b:在企业成熟阶段,公司股权结构(股权集中度、高管持股)由"不足股权"向目标股权结构的调整将有助于促进公司研发创新。

假设 3-7c：在企业衰退阶段，公司股权结构（股权集中度、高管持股）由"不足股权"或"过度股权"向目标股权结构的调整都将有助于促进公司研发创新。

3.2.2 企业生命周期、股权结构调整与研发创新研究设计

3.2.2.1 研究变量

1）股权结构变量

与本章前述关于股权结构变量的选择保持一致，即考虑到本研究主要在代理问题的框架下考察其对公司研发创新的影响，并且由于股权结构涉及的股权类型较多，也比较复杂，尤其是中国国有股权与非国有股权背后需要考察的内容特殊性强，所以本研究将聚焦普通企业都将面对的股权集中度以及管理层持股。为此，选择反映公司代理问题的股权集中度、管理层持股两个变量刻画股权结构。

2）企业生命周期变量

本研究采用销售收入增长率、留存收益、资本支出及企业年龄综合得分作为企业生命周期的度量指标，并根据我国上市企业已经度过初创期的实际情况，在考虑行业之间存在差异的情况下，把企业生命周期划分为三个阶段，即成长期、成熟期以及衰退期。企业发展同样会经历生命周期过程已经得到重要文献的认同与佐证（Miller and Friesen，1984；Anthony and Ramesh，1992；DeAngelo and Stulz，2006），然而实证研究中出现了多种企业生命周期的度量方法，如 Anthony 和 Ramesh（1992）采用股利支付、销售收入增长、资本支出及企业年龄等变量综合打分来划分企业生命周期的不同阶段；Hribar 和 Yehuda（2007）在研究企业生命周期中的资本成本时也用 Anthony 和 Ramesh 提出的方法划分企业生命周期阶段；Bens，Nagar 和 Wong（2002）通过企业研发支出、资本支出、市账比及销售增长率等变量综合打分来划分企业生命周期；De

Angelo 和 Stulz(2006)用留存收益与总股本的比率度量企业生命周期阶段。截至目前,有关企业生命周期的度量还没有公认的统一方法,因此我们尤其需要重视现有的企业生命周期测度方法的有效性。

本研究基于较广泛使用的 Anthony 和 Ramesh(1992)提出的企业生命周期度量方法,并结合我国产业之间差异的实际情况进行适当调整,具体表现为:①企业生命周期主要选用周期特征比较明显的指标,如销售收入增长、资本支出率及留存收益等。Anthony 和 Ramesh(1992)认为,成长期企业拥有正净现值项目的投资机会,资本支出率普遍较高,销售收入的成长性也较好,而留存收益虽然随企业发展呈增长态势(Sian and Alfred,2010),但对成长期企业而言一般较低,因为大量的盈余资金被投向企业的发展,当企业不断成长并走向成熟时,企业成长性下降,留存收益则快速增加;而在衰退期,企业逐渐走向萎缩,成长性可能为负,留存收益可能被用于新的投资以使企业重新焕发生机,但管理者在该阶段也可能会产生惰性从而累积较多留存收益。②涵盖非财务测度指标——企业的年龄,很明显,它在企业生命周期内不断增大。③笔者没有选用生命周期文献中出现的股利支付等变量指标,主要原因是,中国内地上市公司普遍倾向于少发股利甚至不发股利,致使上市公司股利支付与公司成长性关系不大,所以不适宜采用该指标。④多指标综合打分法虽然能够比较全面地刻画企业不同发展阶段的特征,而且样本的损失较少,但是它没有考虑行业之间的差异。国内一些研究文献指出,企业发展阶段存在行业差异,因此在研究中大多采用产业经济学的方法,把各企业销售收入增长率与产业平均增长率进行比较,以此来划分企业的发展阶段(曹裕等,2010)。不过,这种方法仅采用销售收入增长率一个指标,对企业发展阶段的反映能力有限,而且这种方法对企业数据区间的连续性要求较高,因此在操作过程中往往会损失大量样本,从而降低了大样本检验结果的有效性。

基于上述讨论,本研究结合打分法与产业经济学方法的优点,选用销售收入增长率、留存收益率、资本支出率及企业年龄四个指标来划分企业发展阶段(见表 3.11)。在具体操作时,考虑到产业之间的差异,根据四个指标的总得分把总样本分行业进行由大到小的排序,其中每一个行业样本都按照总得分等分成三部分,得分最高的一部分为成长期企业,得分最低的一部分为衰退期企业,中间一部分为成熟期企业[①]。最后,汇总各行业的分类结果,即得到所有上市公司企业生命周期的样本分类结果。

表 3.11 企业生命周期阶段的划分标准

变量	销售收入增长率		留存收益率		资本支出率		企业年龄	
发展阶段	特征	赋值	特征	赋值	特征	赋值	特征	赋值
成长阶段	高	3	低	3	高	3	低	3
成熟阶段	中	2	中	2	中	2	中	2
衰退阶段	低	1	高	1	低	1	高	1

3)研发创新

关于企业研发创新变量的度量,与前述关于该变量的度量方法保持一致,即对创新过程进行全面刻画。首先,采用企业是否有研发投资支出虚拟变量来反映公司研发创新意愿;其次,采用公司研发支出比例来反映公司研发创新强度;最后,采用企业获得的授权专利数量,包括发明专利与三类专利(发明专利、实用新型及外观设计)作为企业研发创新变量来刻画创新效果。同样值得说明的是,考虑到研究中董事会结构调整选取的间隔期间为两年,这里采用董事会结构变化期间两年内的专利累积数度量研发创新效果。而研究股权结构及高管薪酬时,则采用间隔一年的数据,创新研发投入与产出专利变量也相应地用一年的变量。此外,由于专利原始数据在各企业之间存在较大差异,为了降低在实证检验模型中使用专利数据原值出现的偏误,我们对专利创新数据值进行了取常用对数的处理。

[①] 为尽量降低企业生命周期不同阶段的划分偏差,在进行划分时采用的样本为剔除指标不健全公司后的全部上市公司,而后分别按行业进行打分排序,同时大致等分为成长期、成熟期与衰退期三个阶段。

3.2.2.2　研究样本

本部分同样选用我们收集的战略性新兴产业公司样本,筛选条件如上一章所述。样本选取时间始于 2007 年,研究区间为 2007—2013 年,经过挑选,得到 879 家新兴产业上市公司。研究中使用的公司研发创新、公司治理以及公司特征等相关数据全部来自 CSMAR 数据库与 CCER 数据库,并剔除了金融类公司、估计投资效率变量指标不健全的公司、公司治理变量指标及财务指标不全的上市公司。经过剔除与筛选,最后得到 2007 年、2008 年、2009 年、2010 年、2011 年、2012 年及 2013 年共 4 176 个观测样本。

3.2.2.3　实证方法

本研究首先检验企业生命周期内公司股权结构的差异性及演变规律。使用独立样本 T 检验及非参数 Z 检验考察不同生命周期阶段股权结构的差异性;使用 OLS 方法回归方程式(3 - 9)考察企业生命周期变量对公司股权结构各变量(股权集中度及高管持股)的影响。

$$\mathrm{MC}_{i,t} \text{ 或 } \mathrm{MCg}_{i,t} = \gamma_0 + \gamma_1 \mathrm{Lifecycle}_{i,t} + \gamma_2 \mathrm{Controls}_{i,t} + \varepsilon_{i,t}$$

$$(3 - 9)$$

其中,生命周期(Lifecycle)变量包括企业生命周期的三个阶段变量,即成长期、成熟期及衰退期,以及对企业生命周期三个阶段按序数(1、2、3)编码后的一个整体变量,控制变量包括行业变量与年度变量。在回归的过程中逐个考察每个变量对公司高管薪酬的影响。

为了深入考察企业生命周期内公司股权结构的动态调整,本研究除了在描述性统计中呈现公司动态调整趋势外,还将考察企业生命周期影响下股权结构的调整速度,并采用上一节实证模型式(3 - 1)~式(3 - 8)分别考察与检验不同企业生命周期阶段股权治理结构的调整及其对企业创新的影响。

3.2.3 企业生命周期、股权结构调整与研发创新实证结果及解释

3.2.3.1 股权结构与企业生命周期关系的检验结果

表 3.12 汇总了全样本主要变量的描述性统计结果。从全样本来看,样本公司股权集中度的均值为 0.352,最大值为 0.865,最小值为 0.036,标准差达到 0.147,说明我国不同上市公司之间股权集中度存在差别;样本公司高管持股的均值为 0.063,标准差为 0.149,说明我国上市公司高管持股也存在差异。而后,把样本分成成长期、成熟期与衰退期三个子样本。成长阶段样本结果显示,样本公司股权集中度的均值为 0.359,最大值为 0.815,最小值为 0.052,标准差达到 0.145,说明我国不同上市公司之间股权集中度存在一定差别;样本公司高管持股均值为 0.078,标准差为 0.162,反映我国上市公司高管持股存在差距。成熟阶段样本结果显示,样本公司股权集中度的均值为 0.349,最大值为 0.865,最小值为 0.037,标准差达到 0.146,说明我国不同上市公司之间股权集中度存在较大差别;样本公司高管持股均值为 0.068,标准差为 0.115,说明我国上市公司高管持股存在差距。衰退阶段样本结果显示,样本公司股权集中度的均值为 0.347,最大值为 0.865,最小值为 0.036,标准差达到 0.149,说明我国不同上市公司之间股权集中度存在一定差别;样本公司高管持股均值为 0.037,标准差为 0.112,说明我国上市公司高管持股存在较小差距。从三个阶段结果来看,公司股权结构在企业生命周期不同阶段存在一定差异。

表 3.12　主要变量描述性统计

	变量	观测样本	均值	最大值	最小值	中值	标准差
全样本	股权集中度	4 176	0.352	0.865	0.036	0.333	0.147
	高管持股	4 176	0.063	0.821	0	0	0.149

（续表）

	变量	观测样本	均值	最大值	最小值	中值	标准差
成长阶段	股权集中度	1 466	0.359	0.815	0.052	0.342	0.145
	高管持股	1 466	0.078	0.748	0	0	0.162
成熟阶段	股权集中度	1 661	0.349	0.865	0.037	0.325	0.146
	高管持股	1 661	0.068	0.819	0	0	0.151
衰退阶段	股权集中度	1 049	0.347	0.865	0.036	0.330	0.149
	高管持股	1 049	0.037	0.821	0	0	0.121

3.2.3.2　企业生命周期、股权结构调整与企业研发创新的检验结果

1）企业生命周期与股权结构调整速度

企业生命周期究竟如何影响股权结构的调整速度？我们通过估计动态部分调整模型，考察了不同生命周期阶段公司股权结构的动态调整。值得强调的是，为了规避在估计动态面板时普通最小二乘法以及固定效应模型可能带来的偏差，我们采用系统 GMM 进行估计，估计结果如表 3.13 所示。

表 3.13　不同成长阶段股权结构调整速度

变量	成长阶段		成熟阶段		衰退阶段	
	股权集中度	高管持股	股权集中度	高管持股	股权集中度	高管持股
L. Concentrn1	0.899*** (8.240)		0.775*** (4.570)		0.648*** (4.190)	
L. Mstckh		0.590*** (5.360)		0.437*** (3.520)		0.333 (1.240)
Lnsize	0.002 (0.390)	-0.005 (-0.680)	0.005 (0.640)	-0.016** (-2.120)	0.025* (1.720)	-0.014 (-1.180)

（续表）

变量	成长阶段		成熟阶段		衰退阶段	
	股权集中度	高管持股	股权集中度	高管持股	股权集中度	高管持股
Leverage	0.000 (0.030)	−0.020 (−0.660)	0.000 (−0.040)	−0.037** (−2.310)	0.017 (0.820)	−0.002 (−0.140)
ROA	0.034 (0.590)	0.075 (0.780)	0.042 (0.440)	0.207 (1.580)	0.021 (0.310)	0.025 (0.920)
FCF	−0.003 (−0.090)	0.149* (1.880)	−0.025 (−0.450)	0.173** (1.980)	0.061 (0.810)	0.119* (1.750)
IntanAsset	−0.001 (−0.520)	0.001 (0.130)	−0.001 (−0.550)	0.003 (0.620)	0.003 (0.780)	−0.007* (−1.760)
State	0.002 (0.220)	−0.049* (−1.920)	0.000 (0.060)	−0.062*** (−2.920)	0.018 (0.920)	0.002 (0.110)
Tobin's Q	−0.014 (−0.660)	−0.061* (−1.670)	0.015 (0.400)	−0.119*** (−2.800)	0.085 (1.000)	−0.100** (−2.190)
Std_stkrtn	0.000 (−0.350)	0.001 (0.280)	0.000 (0.310)	0.002 (0.750)	−0.002 (−0.520)	0.001 (0.230)
Stkturnover	0.012 (1.260)	−0.040* (−1.970)	0.014 (1.300)	−0.055*** (−3.210)	0.014 (0.650)	−0.067** (−1.960)
Finmarket	0.001 (0.300)	0.004 (0.590)	0.006 (1.300)	0.009 (1.620)	−0.002 (−0.290)	0.005 (0.890)
Constant	3.094 (0.460)	5.820 (0.660)	11.425 (1.640)	9.773 (1.080)	2.360 (0.210)	9.444 (1.300)
Obs.	724	724	756	756	465	465
Hansen	0.213	0.193	0.675	0.255	0.747	0.814
Sargan	0.11	0.101	0.264	0.231	182	0.246

注：***表示在1%的水平上显著，**表示在5%的水平上显著，*表示在10%的水平上显著。

从成长阶段结果来看，股权集中度滞后项前面的系数为0.899，这说明在每年间隔期间内公司股权集中度向目标股权集中度调整的速度是 0.111(1-0.899)，并将以该速度填补期初的股权集中度与目标股权集中度之间 0.899 的缺口。就高管持股结果来看，高管持股滞后项前面的系数为 0.590，这说明在每年的间隔期限内公司高管持股向目标高管持股调整的速度是 0.410(1-0.590)，并将以该速度填补期初的高管持股与目标高管持股之间 0.590 的缺口。

从成熟阶段结果来看，股权集中度滞后项前面的系数为 0.775，这说明在年度间隔期限内公司股权集中度向目标股权集中度调整的速度是 0.225(1-0.775)，并将以该速度填补期初的股权集中度与目标股权集中度之间 0.572 的缺口。就高管持股来看，高管持股滞后项前面的系数为 0.437，这说明在每年间隔期限内公司高管持股向目标高管持股调整的速度是 0.563(1-0.437)，并将以该速度填补期初的高管持股与目标高管持股之间 0.563 的缺口。

从衰退阶段结果来看，股权集中度滞后项前面的系数为 0.648，这说明在年度间隔期限内公司股权集中度向目标股权集中度的调整速度是 0.352(1-0.648)，并将以该速度填补期初的股权集中度与目标股权集中度之间 0.648 的缺口。就高管持股来看，高管持股滞后项前面的系数为 0.333，这说明在年度间隔期限内公司高管持股向目标高管持股调整的速度是 0.667(1-0.333)，并将以该速度填补期初的高管持股与目标高管持股之间 0.333 的缺口。但是，此时其在统计上不显著，这说明，在衰退阶段高管持股尽管需要调整，但公司一般不会调整高管持股。上述结果既通过了 Sargen 检验，也通过了 Hansen 检验。

2）企业生命周期与股权结构非对称调整

接下来检验企业生命周期不同阶段股权结构的非对称调整。上述对公司股权结构动态调整的估计是假设公司股权结构的调整是对称的，即公司股权结构从"不足"与"过度"两侧向目标股权结构的调整是同步的，而现实中由于股权结构从不同方向调整所引发的成本不同，将直接导致公司股权结构发生非对称性调整。因此，我们把股权结构向目标股权结构的调整分为从"过度"与"不足"两侧向目标股权结构的调整，并假定两者调整速度不同。这里的目标股权结构基于表 3.13 的估计结果,即用混合截面数据回归的拟合值来代替。

表 3.14 汇总了企业成长阶段股权结构非对称调整的检验结果。Panel A 汇总的是股权集中度的非对称调整结果,模型(3-1)假定股权集中度的上下调整是对称的,其前面的调整系数为 0.069,说明公司股权集中度向其目标股权集中度调整的速度是 0.069,股权集中度将以该速度填补期初的股权集中度与目标股权集中度之间的缺口。模型(3-4)允许公司股权集中度非对称调整,从"过度股权"向目标股权集中度调整的系数为 0.108,从"不足股权"向目标股权集中度调整的系数为 0.021,但统计上不显著。这说明企业成长期公司股权集中度一般走向分散,且由"过度股权"向目标股权集中度调整的速度为 0.108,而不会显著地由"不足股权"向目标股权集中度调整。该结果说明成长阶段公司股权集中度一般不会走向集中;而当股权集中度较高时,将以一定的速度向目标股权集中度调整。Panel B 是高管持股的非对称调整结果,模型(3-1)假定高管持股的上下调整是对称的,其前面的调整系数为 0.575,说明公司高管持股向其目标高管持股调整的速度是 0.575。模型(3-5)允许公司高管持股非对称调整,从"过度股权"向目标高管持股调整的系数为 0.219,从"不足股权"向目标高管持股调整的系数为 1.274,这说明公司高管持股由"过度股权"向目标高管持股调整的速度为 0.219,而由"不足股权"向目标高管持股调整的速度为 1.274。该结果说明成长阶段在高管持股激励不足时,将及时调整;而高管持股过度时,其向目标高管持股的调整相对较慢。

表 3.14 企业成长阶段股权结构非对称调整

Panel A 股权集中度非对称调整			Panel B 高管持股非对称调整		
变量	(1)	(2)	变量	(1)	(2)
TOSD	0.069*** (5.220)		TOSmD	0.575*** (18.590)	
$OS^{above} * TOSD$		0.108*** (4.460)	$OSm^{above} * TOSmD$		0.219*** (5.010)

（续表）

Panel A 股权集中度非对称调整			Panel B 高管持股非对称调整		
变量	(1)	(2)	变量	(1)	(2)
OS^{under} * TOSD		0.021 (0.750)	OSm^{under} * TOSmD		1.274 * * * (18.100)
Constant	− 0.005 * * * (− 2.760)	0.000 (− 0.009)	Constant	0.036 * * * (7.070)	− 0.029 (0.008)
Obs.	814	814	Obs.	814	814
Adj R^2	0.031	0.034	Adj R^2	0.298	0.387
F	27.260	15.490	F	345.450	257.170

注：* * *表示在1%的水平上显著，* *表示在5%的水平上显著，*表示在10%的水平上显著。

表3.15汇总了企业成熟阶段股权结构非对称调整的检验结果。Panel A 是股权集中度的非对称调整结果，模型（3-1）假定股权集中度的上下调整是对称的，其前面的调整系数为0.049，说明公司股权集中度向其目标股权集中度调整的速度是0.049，股权集中度将以该速度填补期初的股权集中度与目标股权集中度之间的缺口。模型（3-4）允许股权结构非对称调整，从"过度股权"向目标股权集中度调整的系数为0.038，从"不足股权"向目标股权集中度调整的系数为0.062，这说明公司股权集中度由"过度股权"向目标股权集中度调整的速度为0.038，而由"不足股权"向目标股权集中度调整的速度为0.062。该结果反映了成熟阶段公司股权结构由"过度股权"走向分散的速度略低于由"不足股权"走向集中的速度，但总体上公司股权结构调整较慢，原因可能是在成熟阶段公司股权集中度已经比较接近最优状态。Panel B 是高管持股的非对称调整结果，模型（3-1）假定高管持股的上下调整是对称的，其前面的调整系数为0.636，说明公司高管持股向其目标高管持股调整的速度是0.636。模型（3-5）允许公司高管持股非对称调整，从"过度股权"向目标高管持股调整的系数为0.290，从"不足股权"向目标高管持股调整的系数为1.240，这说明公司高管持股由"不足股权"向目标高

管持股的调整速度显著快于由"过度股权"向目标高管持股的调整速度,且成熟阶段中,在高管持股激励不足时,高管持股将及时向目标调整。

表 3.15　企业成熟阶段股权结构非对称调整

Panel A 股权集中度非对称调整			Panel B 高管持股非对称调整		
变量	(1)	(2)	变量	(1)	(2)
TOSD	0.049*** (4.740)		TOSmD	0.636*** (21.100)	
$OS^{above}*TOSD$		0.038** (2.010)	$OSm^{above}*TOSmD$		0.290*** (6.710)
$OS^{under}*TOSD$		0.062*** (2.800)	$OSm^{under}*TOSmD$		1.240*** (19.540)
Constant	−0.008*** (−5.620)	−0.009*** (−3.820)	Constant	0.031*** (6.620)	−0.024*** (−3.490)
Obs.	839	839	Obs.	839	839
Adj R^2	0.025	0.024	Adj R^2	0.347	0.424
F	22.440	11.440	F	445.370	308.940

注:***表示在1%的水平上显著,**表示在5%的水平上显著,*表示在10%的水平上显著。

表 3.16 汇总了企业衰退阶段股权结构非对称调整的检验结果。其中,Panel A 是股权集中度的非对称调整结果,模型(3-1)假定股权集中度的上下调整是对称的,其前面的调整系数为 0.085,说明公司股权集中度向目标股权集中度调整的速度是 0.085。模型(3-4)允许公司股权集中度非对称调整,从"过度股权"向目标股权集中度调整的系数为 0.042,其统计上不显著;而从"不足股权"向目标股权集中度调整的系数为 0.131。这说明衰退阶段公司股权结构一般处于比较分散状态,而当股权集中度低于目标股权集中度时,公司将以较快的速度向目标股权集中度调整。Panel B 是高管持股的非对称调整结果,模型(3-1)假定

高管持股的上下调整是对称的,其调整系数为 0.609,说明公司高管持股向其目标高管持股调整的速度是 0.609。模型(3-5)允许公司高管持股非对称调整,从"过度股权"向目标高管持股调整的系数为 0.304,从"不足股权"向目标高管持股调整的系数为 1.006,即公司高管持股由"过度股权"向目标高管持股调整的速度为 0.304,而由"不足股权"向目标高管持股调整的速度为 1.006。这说明公司高管持股由过度向目标高管持股的调整速度快于由不足向目标高管持股的调整速度,且衰退阶段中,在高管持股激励不足时,高管持股将及时向目标调整。

表 3.16　企业衰退阶段股权结构非对称调整

Panel A 股权集中度非对称调整			Panel B 高管持股非对称调整		
变量	(1)	(2)	变量	(1)	(2)
TOSD	0.085 *** (4.750)		TOSmD	0.609 *** (12.980)	
OS^above * TOSD		0.042 (1.140)	OSm^above * TOSmD		0.304 *** (4.210)
OS^under * TOSD		0.131 *** (3.440)	OSm^under * TOSmD		1.006 *** (11.700)
Constant	-0.012 *** (-4.370)	-0.017 *** (-3.530)	Constant	0.008 (1.380)	-0.026 *** (-3.000)
Obs.	457	457	Obs.	457	457
Adj R²	0.045	0.047	Adj R²	0.269	0.312
F	22.520	12.210	F	168.500	104.350

注:***表示在 1% 的水平上显著,**表示在 5% 的水平上显著,*表示在 10% 的水平上显著。

3)企业生命周期、股权结构非对称调整与公司研发创新

(1)在成长阶段股权结构非对称调整与公司研发创新。我们把公司研发创新分为研发创新意愿、研发创新投入与研发创新产出等组别进行考察。表 3.17 汇总了企业成长阶段股权结构非对称调整对公司研发

创新意愿的检验结果。其中，Panel A 是股权集中度的非对称调整对研发创新意愿的影响结果，模型（3-6）中变量 OSAdjDis 与研发创新意愿呈不显著的负相关关系，这表明股权集中度由次优向目标股权集中度的调整不能提升公司研发创新意愿。模型（3-7）中变量 $OSAdjDis^{under}$ 和 $OSAdjDis^{above}$ 均与研发创新意愿呈不显著的负相关关系，这表明公司股权集中度由"过度股权"或"不足股权"向目标股权集中度的调整都不能有效影响公司研发创新意愿。Panel B 是高管持股非对称调整对研发创新意愿的影响结果，模型（3-6）中变量 OSmAdjDis 与研发创新意愿呈不显著的正相关关系，说明高管持股由次优向目标高管持股的调整不能显著提升公司研发创新意愿。模型（3-8）中变量 $OSmAdjDis^{under}$ 及 $OSmAdjDis^{above}$ 与研发创新意愿均呈不显著的正相关关系，这表明高管持股向目标高管持股的调整不能提升公司研发创新意愿。因此，在成长阶段，公司股权集中度向目标股权集中度的调整以及高管持股向目标高管持股的调整都不能有效提升公司研发创新意愿。

表 3.17　企业成长阶段股权结构非对称调整与公司研发创新意愿回归结果

Panel A 股权集中度非对称调整与公司研发创新意愿			Panel B 高管持股非对称调整与公司研发创新意愿		
变量	（1）	（2）	变量	（1）	（2）
OSAdjDis	-9.328 (-0.420)		OSmAdjDis	3.65 (1.490)	
$OSAdjDis^{under}$		-12.906 (-0.440)	$OSmAdjDis^{under}$		1.011 (0.540)
$OSAdjDis^{above}$		-7.527 (-0.320)	$OSmAdjDis^{above}$		9.684 (1.480)
Lnsize	-0.634*** (-3.62)	-0.633*** (-3.61)	Lnsize	-0.619*** (-3.58)	-0.623*** (-3.60)
Leverage	-0.153 (-0.31)	-0.148 (-0.30)	Leverage	-0.075 (-0.15)	-0.087 (-0.17)
ROA	1.119 (0.42)	1.139 (0.43)	ROA	0.969 (0.36)	1.15 (0.43)

（续表）

Panel A 股权集中度非对称 调整与公司研发创新意愿			Panel B 高管持股非对称 调整与公司研发创新意愿		
变量	（1）	（2）	变量	（1）	（2）
FCF	0.027 (0.03)	0.018 (0.02)	FCF	0.074 (0.08)	0.062 (0.06)
IntanAsset	−0.359 (−0.43)	−0.365 (−0.43)	IntanAsset	−0.276 (−0.33)	−0.365 (−0.42)
State	−0.857** (−3.07)	−0.858** (−3.08)	State	−0.703* (−2.38)	−0.759* (−2.40)
Tobin's Q	0.102 (0.94)	0.102 (0.94)	Tobin's Q	0.100 (0.93)	0.099 (0.92)
Std_stkrtn	−1.497 (−0.74)	−1.503 (−0.74)	Std_stkrtn	−1.385 (−0.68)	−1.363 (−0.66)
Stkturnover	−0.036 (−0.57)	−0.036 (−0.57)	Stkturnover	−0.056 (−0.85)	−0.049 (−0.72)
Finmarket	0.169 (1.43)	0.169 (1.44)	Finmarket	0.164 (1.41)	0.165 (1.41)
Constant	11.921** (2.81)	11.902** (2.81)	Constant	11.359** (2.70)	11.511** (2.74)
N	814	814	N	814	814
Pseudo R^2	0.342	0.342	Pseudo R^2	0.344	0.345

注：＊＊＊表示在 1% 的水平上显著，＊＊表示在 5% 的水平上显著，＊表示在 10% 的水平上显著。

表 3.18 汇总了企业成长阶段公司股权结构非对称调整对公司研发创新投入的检验结果。其中，Panel A 是股权集中度的非对称调整对研发创新投入的影响结果，模型（3 - 6）中变量 OSAdjDis 与研发创新投入呈不显著的正相关关系，这表明股权集中度由次优向目标股权集中度的调整不能显著影响公司研发创新投入。模型（3 - 7）中变量 OSAdjDis^{under}与研发创新投入呈不显著的正相关关系，而 OSAdjDis^{above} 与研发创新投

入呈不显著的负相关关系,这表明公司股权集中度由"不足股权"或"过度股权"向目标股权集中度的调整都不能提升公司研发投入。Panel B是高管持股的非对称调整对研发创新投入的影响结果,模型(3-6)中变量 OSmAdjDis 与研发创新投入呈不显著的正相关关系,说明高管持股由次优向目标高管持股的调整不能促进公司研发创新投入。模型(3-8)中变量 OSmAdjDis^{under} 和 OSmAdjDis^{above} 与研发创新投入均呈不显著的正相关关系,这表明公司高管持股由"不足股权"或者"过度股权"向目标高管持股的调整都不能有效促进公司研发创新投入。因此,在成长阶段,公司股权集中度由次优向目标股权集中度的调整不能改善公司研发创新投入,公司高管持股由次优向目标高管持股的调整也不能改善公司研发创新投入。

表 3.18　企业成长阶段股权结构非对称调整与公司研发创新投入的回归结果

Panel A 股权集中度非对称 调整与公司研发创新投入			Panel B 高管持股非对称 调整与公司研发创新投入		
变量	(1)	(2)	变量	(1)	(2)
OSAdjDis	0.03 (0.070)		OSmAdjDis	0.02 (0.490)	
OSAdjDis^{under}		1.045 (1.500)	OSmAdjDis^{under}		0.012 (0.400)
OSAdjDis^{above}		−0.46 (−1.280)	OSmAdjDis^{above}		0.047 (0.500)
Lnsize	−0.008*** (−4.01)	−0.008*** (−4.05)	Lnsize	−0.008*** (−3.97)	−0.008*** (−4.01)
Leverage	−0.008 (−0.90)	−0.009 (−1.10)	Leverage	−0.007 (−0.85)	−0.007 (−0.84)
ROA	−0.068 (−0.85)	−0.073 (−0.93)	ROA	−0.07 (−0.88)	−0.07 (−0.89)
FCF	0.009 (0.82)	0.011 (0.94)	FCF	0.009 (0.82)	0.009 (0.82)

（续表）

Panel A 股权集中度非对称 调整与公司研发创新投入			Panel B 高管持股非对称 调整与公司研发创新投入		
变量	（1）	（2）	变量	（1）	（2）
IntanAsset	-0.045*** （-3.73）	-0.044*** （-3.61）	IntanAsset	-0.045*** （-3.70）	-0.045*** （-3.67）
State	-0.005 （-0.96）	-0.004 （-0.91）	State	-0.004 （-0.68）	-0.004 （-0.61）
Tobin's Q	0.007*** （2.93）	0.007*** （3.07）	Tobin's Q	0.007*** （2.92）	0.007*** （2.94）
Std_stkrtn	0.024 （0.87）	0.028 （0.99）	Std_stkrtn	0.024 （0.89）	0.024 （0.88）
Stkturnover	-0.001 （-1.00）	-0.001 （-1.06）	Stkturnover	-0.001 （-1.12）	-0.001 （-1.17）
Finmarket	-0.002 （-1.04）	-0.001 （-0.89）	Finmarket	-0.002 （-1.04）	-0.002 （-1.04）
Constant	0.232*** （4.86）	0.23*** （4.74）	Constant	0.231*** （4.81）	0.23*** （4.87）
N	814	814	N	814	814
Adj R^2	0.264	0.275	Adj R^2	0.264	0.263
F	8	7.45	F	7.72	7.37

注：＊＊＊表示在 1% 的水平上显著，＊＊表示在 5% 的水平上显著，＊表示在 10% 的水平上显著。

表 3.19 汇总了企业成长阶段公司股权结构非对称调整对公司创新—发明专利的检验结果。其中，Panel A 是股权集中度的非对称调整对创新—发明专利的影响结果，模型（3-6）中变量 OSAdjDis 与创新—发明专利呈不显著的正相关关系，这表明股权集中度由次优向目标股权集中度的调整不能显著影响公司创新—发明专利。模型（3-7）中变量 OSAdjDis[under] 与创新—发明专利呈不显著的正相关关系，OSAdjDis[above] 也与创新—发明专利呈不显著的正相关关系，这表明公司股权集中度

由"不足股权"或"过度股权"向目标股权集中度的调整都不能提升公司创新—发明专利。Panel B 是高管持股的非对称调整对创新—发明专利的影响结果,模型(3-6)中变量 OSmAdjDis 与创新—发明专利呈不显著的正相关关系,说明高管持股由次优向目标高管持股的调整不能促进公司创新—发明专利。模型(3-8)中变量 $OSmAdjDis^{under}$ 和 $OSmAdjDis^{above}$ 与创新—发明专利均呈不显著的正相关关系,这表明公司高管持股由"不足股权"或"过度股权"向目标高管持股的调整都不能有效促进公司创新—发明专利。因此,在成长阶段,公司股权集中度由次优向目标股权集中度的调整不能改善公司创新—发明专利,公司高管持股由次优向目标高管持股的调整也不能改善公司创新—发明专利。

表 3.19　企业成长阶段股权结构非对称调整与公司创新—发明专利的回归结果

Panel A 股权集中度非对称 调整与公司创新—发明专利			Panel B 高管持股非对称 调整与公司创新—发明专利		
变量	(1)	(2)	变量	(1)	(2)
OSAdjDis	6.174 (0.980)		OSmAdjDis	0.641 (1.430)	
$OSAdjDis^{under}$		11.466 (1.110)	$OSmAdjDis^{under}$		0.354 (0.930)
$OSAdjDis^{above}$		3.545 (0.630)	$OSmAdjDis^{above}$		1.51 (1.430)
Lnsize	0.171*** (2.88)	0.17*** (2.91)	Lnsize	0.176*** (2.91)	0.176*** (2.91)
Leverage	-0.018 (-0.17)	-0.028 (-0.27)	Leverage	-0.005 (-0.05)	-0.005 (-0.05)
ROA	0.417 (1.03)	0.386 (0.94)	ROA	0.377 (0.93)	0.372 (0.91)
FCF	-0.021 (-0.16)	-0.011 (-0.09)	FCF	-0.024 (-0.19)	-0.024 (-0.19)

（续表）

Panel A 股权集中度非对称调整与公司创新—发明专利			Panel B 高管持股非对称调整与公司创新—发明专利		
变量	（1）	（2）	变量	（1）	（2）
IntanAsset	− 0.24 （− 0.97）	− 0.237 （− 0.96）	IntanAsset	− 0.216 （− 0.86）	− 0.214 （− 0.83）
State	− 0.144* （− 1.89）	− 0.142* （− 1.89）	State	− 0.108 （− 1.34）	− 0.106 （− 1.23）
Tobin's Q	0.043** （2.16）	0.044** （2.21）	Tobin's Q	0.044** （2.20）	0.044** （2.21）
Std_stkrtn	0.041 （0.10）	0.062 （0.15）	Std_stkrtn	0.05 （0.12）	0.046 （0.11）
Stkturnover	− 0.026** （− 2.00）	− 0.026** （− 2.03）	Stkturnover	− 0.03** （− 2.41）	− 0.031** （− 2.40）
Finmarket	0.049** （2.10）	0.05** （2.14）	Finmarket	0.045* （1.92）	0.045* （1.92）
R&D	1.792** （2.12）	1.706** （2.04）	R&D	1.777** （2.09）	1.777** （2.09）
Constant	− 3.691** （− 2.56）	− 3.682*** （− 2.59）	Constant	− 3.744** （− 2.57）	− 3.749** （− 2.57）
N	814	814	N	814	814
Adj R^2	0.138	0.139	Adj R^2	0.138	0.137
F	3.82	3.67	F	3.76	3.6

注：***表示在 1% 的水平上显著，**表示在 5% 的水平上显著，*表示在 10% 的水平上显著。

　　表 3.20 汇总了企业成长阶段公司股权结构非对称调整对公司研发创新—总专利的检验结果。Panel A 是股权集中度的非对称调整对研发创新—总专利的影响结果，模型（3 − 6）中变量 OSAdjDis 与研发创新—总专利呈不显著的正相关关系，这表明股权集中度由次优向目标股权中度的调整不能显著影响公司研发创新—总专利。模型（3 − 7）中变量

$OSAdjDis^{under}$ 与研发创新—总专利呈不显著的正相关关系,$OSAdjDis^{above}$ 与研发创新—总专利呈不显著的负相关关系,这表明公司股权集中度由"不足股权"或"过度股权"向目标股权集中度的调整都不能提升公司研发创新—总专利。Panel B 是高管持股的非对称调整对公司研发创新—总专利的影响结果,模型(3-6)中变量 OSmAdjDis 与研发创新—总专利呈不显著的正相关关系,说明高管持股由次优向目标高管持股的调整不能促进公司研发创新—总专利。模型(3-8)中变量 $OSmAdjDis^{under}$ 和 $OSmAdjDis^{above}$ 与研发创新—总专利均呈不显著的正相关关系,这表明公司高管持股由"不足股权"或者"过度股权"向目标高管持股的调整都不能有效促进公司研发创新—总专利。因此,在成长阶段,公司股权集中度由次优向目标股权集中度的调整不能改善公司研发创新—总专利,公司高管持股由次优向目标高管持股的调整也不能改善公司研发创新—总专利。

表 3.20　企业成长阶段股权结构非对称调整与公司研发创新—总专利的回归结果

Panel A 股权集中度非对称调整与公司研发创新—总专利			Panel B 高管持股非对称调整与公司研发创新—总专利		
变量	(1)	(2)	变量	(1)	(2)
OSAdjDis	0.940 (0.120)		OSmAdjDis	0.448 (0.870)	
$OSAdjDis^{under}$		5.266 (0.430)	$OSmAdjDis^{under}$		0.465 (1.010)
$OSAdjDis^{above}$		-1.158 (-0.170)	$OSmAdjDis^{above}$		1.120 (0.920)
Lnsize	0.168*** (2.58)	0.167*** (2.59)	Lnsize	0.169** (2.57)	0.17*** (2.58)
Leverage	-0.005 (-0.04)	-0.013 (-0.11)	Leverage	0.002 (0.02)	0.003 (0.02)
ROA	0.533 (1.04)	0.507 (0.98)	ROA	0.499 (0.97)	0.461 (0.89)

（续表）

Panel A 股权集中度非对称 调整与公司研发创新—总专利			Panel B 高管持股非对称 调整与公司研发创新—总专利		
变量	（1）	（2）	变量	（1）	（2）
FCF	0.06 （0.38）	0.068 （0.43）	FCF	0.06 （0.38）	0.059 （0.38）
IntanAsset	−0.289 （−1.02）	−0.286 （−1.02）	IntanAsset	−0.279 （−0.97）	−0.258 （−0.88）
State	−0.269*** （−3.07）	−0.267*** （−3.07）	State	−0.245*** （−2.62）	−0.228** （−2.25）
Tobin's Q	0.044* （1.90）	0.045* （1.93）	Tobin's Q	0.044* （1.91）	0.045* （1.94）
Std_stkrtn	0.048 （0.10）	0.066 （0.13）	Std_stkrtn	0.057 （0.12）	0.034 （0.07）
Stkturnover	−0.029* （−1.95）	−0.03** （−1.97）	Stkturnover	−0.032** （−2.19）	−0.034** （−2.27）
Finmarket	0.06** （2.16）	0.061** （2.19）	Finmarket	0.059** （2.11）	0.059** （2.10）
R&D	1.434 （1.56）	1.361 （1.49）	R&D	1.422 （1.55）	1.421 （1.54）
Constant	−3.419** （−2.17）	−3.412** （−2.19）	Constant	−3.457** （−2.18）	−3.491** （−2.19）
N	814	814	N	814	814
Adj R^2	0.121	0.121	Adj R^2	0.122	0.121
F	4.02	3.84	F	3.97	3.84

注：***表示在 1% 的水平上显著，**表示在 5% 的水平上显著，*表示在 10% 的水平上显著。

（2）在成熟阶段股权结构非对称调整与公司研发创新。表 3.21 汇总了企业成熟阶段公司股权结构非对称调整对公司研发创新意愿影响的检验结果。其中，Panel A 是股权集中度的非对称调整对研发创新意愿的影响结果,模型(3-6)中变量 OSAdjDis 与研发创新意愿呈显著负相关关系,这表明股权集中度由次优向目标股权集中度的调整将抑制公司研发创新意愿。模型(3-7)中变量 $OSAdjDis^{under}$ 与研发创新意愿呈显著负相关关系,而 $OSAdjDis^{above}$ 与研发创新意愿呈不显著的负相关关系,这表明公司股权集中度由"不足股权"向目标股权集中度的调整将抑制公司研发创新意愿。Panel B 是高管持股非对称调整对研发创新意愿的影响结果,模型(3-6)中变量 OSmAdjDis 与研发创新意愿呈显著正相关关系,说明高管持股由次优向目标高管持股的调整能显著提升公司研发创新意愿。模型(3-8)中变量 $OSmAdjDis^{under}$ 与研发创新意愿呈不显著的正相关关系,而 $OSmAdjDis^{above}$ 与研发创新意愿呈显著正相关关系,这表明高管持股由"过度股权"向目标高管持股的调整能提升公司研发创新意愿。因此,在成熟阶段,公司股权集中度向目标股权集中度的调整,主要是股权集中度由"不足股权"向目标股权集中度的调整将抑制公司研发创新意愿;公司高管持股向目标高管持股的调整,主要是高管持股由"过度股权"向目标高管持股的调整将有效提升公司研发创新意愿。

表 3.21 企业成熟阶段股权结构非对称调整对公司研发创新意愿影响的检验结果

Panel A 股权集中度非对称 调整与公司研发创新意愿			Panel B 高管持股非对称 调整与公司研发创新意愿		
变量	(1)	(2)	变量	(1)	(2)
OSAdjDis	-34.295^* (-1.670)		OSmAdjDis	7.779^* (2.260)	
$OSAdjDis^{under}$		-65.371^* (-2.360)	$OSmAdjDis^{under}$		1.439 (0.710)
$OSAdjDis^{above}$		-20.052 (-0.86)	$OSmAdjDis^{above}$		28.500^* (1.790)
Lnsize	-0.417^{**} (-2.77)	-0.408^{**} (-2.72)	Lnsize	-0.409^{**} (-2.73)	-0.414^{**} (-2.83)

（续表）

Panel A 股权集中度非对称调整与公司研发创新意愿			Panel B 高管持股非对称调整与公司研发创新意愿		
变量	（1）	（2）	变量	（1）	（2）
Leverage	0.426 （0.810）	0.426 （0.810）	Leverage	0.576 （1.09）	0.483 （0.92）
ROA	6.610** （2.91）	6.433** （2.79）	ROA	6.144* （2.52）	6.137** （2.62）
FCF	−1.174* （−2.31）	−1.187* （−2.33）	FCF	−1.050* （−2.09）	−1.060* （−2.07）
IntanAsset	−1.654* （−1.70）	−1.796* （−1.86）	IntanAsset	−1.29 （−1.34）	−1.606 （−1.62）
State	−1.301*** （−4.75）	−1.282*** （−4.66）	State	−0.949** （−3.08）	−1.116*** （−3.54）
Tobin's Q	0.202** （2.67）	0.213** （2.76）	Tobin's Q	0.178* （2.15）	0.190* （2.43）
Std_stkrtn	1.538 （0.75）	1.283 （0.60）	Std_stkrtn	1.53 （0.69）	1.32 （0.61）
Stkturnover	0.109 （1.20）	0.114 （1.26）	Stkturnover	0.057 （0.60）	0.084 （0.89）
Finmarket	0.145 （1.45）	0.127 （1.24）	Finmarket	0.144 （1.48）	0.153 （1.57）
Constant	6.831* （2.04）	6.889* （2.07）	Constant	6.016* （1.80）	6.266* （1.91）
N	839	839	N	839	839
Pseudo R²	0.457	0.459	Pseudo R²	0.461	0.465

注：＊＊＊表示在1％的水平上显著，＊＊表示在5％的水平上显著，＊表示在10％的水平上显著。

表 3.22 汇总了企业成熟阶段公司股权结构非对称调整对公司研发创新投入影响的检验结果。其中，Panel A 是股权集中度非对称调整对研发创新投入的影响结果，模型（3－6）中变量 OSAdjDis 与研发创新投

入呈不显著的正相关关系,这表明股权集中度由次优向目标股权集中度的调整不能显著影响公司研发创新投入。模型(3－7)中变量 $OSAdjDis^{under}$ 与研发创新投入呈不显著的正相关关系,而 $OSAdjDis^{above}$ 与研发创新投入呈不显著的负相关关系,这表明公司股权集中度由"不足股权"或"过度股权"向目标股权集中度的调整都不能提升公司研发投入。Panel B是高管持股的非对称调整对研发创新投入的影响结果,模型(3－6)中变量 OSmAdjDis 与研发创新投入呈不显著的正相关关系,说明高管持股由次优向目标高管持股的调整不能促进公司研发创新投入。模型(3－8)中变量 $OSmAdjDis^{under}$ 和 $OSmAdjDis^{above}$ 与研发创新投入均呈不显著的正相关关系,这表明公司高管持股由"不足股权"或者"过度股权"向目标高管持股的调整都不能有效促进公司研发创新投入。因此,在成熟阶段,公司股权集中度由次优向目标股权集中度的调整不能改善公司研发创新投入,公司高管持股由次优向目标高管持股的调整也不能改善公司研发创新投入。

表 3.22　企业成熟阶段股权结构非对称调整对公司研发创新投入影响的检验结果

Panel A 股权集中度非对称调整与公司研发创新投入			Panel B 高管持股非对称调整与公司研发创新投入		
变量	(1)	(2)	变量	(1)	(2)
OSAdjDis	－ 0.081 (－ 0.230)		OSmAdjDis	0.045 (0.940)	
$OSAdjDis^{under}$		0.772 (1.240)	$OSmAdjDis^{under}$		0.003 (0.070)
$OSAdjDis^{above}$		－ 0.497 (－ 1.390)	$OSmAdjDis^{above}$		0.105 (0.930)
Lnsize	－ 0.001 (－ 0.28)	－ 0.001 (－ 0.29)	Lnsize	－ 0.001 (－ 0.26)	－ 0.001 (－ 0.26)
Leverage	－ 0.01 (－ 1.11)	－ 0.011 (－ 1.15)	Leverage	－ 0.009 (－ 0.96)	－ 0.009 (－ 1.00)

（续表）

Panel A 股权集中度非对称 调整与公司研发创新投入			Panel B 高管持股非对称 调整与公司研发创新投入		
变量	（1）	（2）	变量	（1）	（2）
ROA	0.033 （0.52）	0.029 （0.46）	ROA	0.034 （0.54）	0.034 （0.54）
FCF	0.007 （0.93）	0.008 （1.03）	FCF	0.007 （0.97）	0.007 （0.95）
IntanAsset	−0.084*** （−4.29）	−0.08*** （−4.34）	IntanAsset	−0.081*** （−3.98）	−0.082*** （−4.02）
State	−0.009 （−1.36）	−0.01 （−1.47）	State	−0.007 （−1.01）	−0.008 （−1.22）
Tobin's Q	0.005*** （2.90）	0.005*** （2.95）	Tobin's Q	0.005*** （2.84）	0.005*** （2.88）
Std_stkrtn	0.021 （0.41）	0.026 （0.52）	Std_stkrtn	0.022 （0.44）	0.022 （0.43）
Stkturnover	0.003 （1.47）	0.003 （1.47）	Stkturnover	0.003 （1.31）	0.003 （1.47）
Finmarket	−0.003 （−1.39）	−0.003 （−1.24）	Finmarket	−0.003 （−1.41）	−0.003 （−1.38）
Constant	0.077 （0.90）	0.069 （0.81）	Constant	0.071 （0.84）	0.072 （0.85）
N	839	839	N	839	839
Adj R²	0.187	0.191	Adj R²	0.188	0.188
F	10.3	10.1	F	10.5	10.2

注：＊＊＊表示在 1％的水平上显著，＊＊表示在 5％的水平上显著，＊表示在 10％的水平上显著。

表 3.23 汇总了企业成熟阶段公司股权结构非对称调整对公司创新—发明专利影响的检验结果。其中，Panel A 是股权集中度的非对称性调整对创新—发明专利的影响结果，模型（3−6）中变量 OSAdjDis 与创新—发明专利呈不显著的正相关关系，这表明股权集中度由次优向目

标股权集中度的调整不能显著影响公司创新—发明专利。模型（3-7）中变量 $OSAdjDis^{under}$ 与创新—发明专利呈不显著的正相关关系，$OSAdjDis^{above}$ 与创新—发明专利呈不显著的负相关关系，这表明公司股权集中度由"不足股权"或"过度股权"向目标股权集中度的调整都不能提升公司创新—发明专利。Panel B 是高管持股的非对称调整对创新—发明专利的影响结果，模型（3-6）中变量 $OSmAdjDis$ 与创新—发明专利呈不显著的负相关关系，说明高管持股由次优向目标高管持股的调整不能促进公司创新—发明专利。模型（3-8）中变量 $OSmAdjDis^{under}$ 和 $OSmAdjDis^{above}$ 与创新—发明专利均呈不显著的负相关关系，这表明公司高管持股由"不足股权"或者"过度股权"向目标高管持股的调整都不能有效促进公司创新—发明专利。因此，在成熟阶段，公司股权集中度由次优向目标股权集中度的调整不能改善公司创新—发明专利，公司高管持股由次优向目标高管持股的调整也不能改善公司创新—发明专利。

表 3.23　企业成熟阶段股权结构非对称调整对公司创新—发明专利影响的检验结果

Panel A 股权集中度非对称调整与公司创新—发明专利			Panel B 高管持股非对称调整与公司创新—发明专利		
变量	（1）	（2）	变量	（1）	（2）
OSAdjDis	1.412 （0.280）		OSmAdjDis	-0.074 （-0.180）	
$OSAdjDis^{under}$		6.889 （0.940）	$OSmAdjDis^{under}$		-0.441 （-1.490）
$OSAdjDis^{above}$		-1.282 （-0.250）	$OSmAdjDis^{above}$		-0.188 （-0.190）
Lnsize	0.121** （2.29）	0.121** （2.33）	Lnsize	0.121** （2.28）	0.121** （2.29）
Leverage	0.096 （0.95）	0.093 （0.91）	Leverage	0.094 （0.93）	0.09 （0.89）

（续表）

Panel A 股权集中度非对称 调整与公司创新—发明专利			Panel B 高管持股非对称 调整与公司创新—发明专利		
变量	（1）	（2）	变量	（1）	（2）
ROA	0.617 （1.05）	0.592 （1.01）	ROA	0.627 （1.08）	0.624 （1.07）
FCF	−0.006 （−0.07）	−0.001 （−0.02）	FCF	−0.006 （−0.08）	−0.009 （−0.10）
IntanAsset	−0.3 （−1.32）	−0.284 （−1.25）	IntanAsset	−0.307 （−1.32）	−0.341 （−1.45）
State	−0.057 （−0.75）	−0.061 （−0.80）	State	−0.061 （−0.79）	−0.085 （−1.08）
Tobin's Q	−0.017 （−1.01）	−0.016 （−0.98）	Tobin's Q	−0.016 （−0.98）	−0.015 （−0.89）
Std_stkrtn	−0.394 （−1.03）	−0.36 （−0.94）	Std_stkrtn	−0.394 （−1.03）	−0.398 （−1.05）
Stkturnover	−0.016 （−1.18）	−0.016 （−1.19）	Stkturnover	−0.015 （−1.15）	−0.011 （−0.82）
Finmarket	0.045** （2.17）	0.047** （2.28）	Finmarket	0.044** （2.16）	0.046** （2.23）
R&D	1.564*** （4.01）	1.526*** （3.90）	R&D	1.566*** （4.01）	1.556*** （4.04）
Constant	−2.498** （−2.17）	−2.546** （−2.23）	Constant	−2.493** （−2.14）	−2.479** （−2.13）
N	839	839	N	839	839
Adj R²	0.13	0.132	Adj R²	0.13	0.132
F	4.86	4.93	F	4.88	4.93

注：***表示在 1% 的水平上显著，**表示在 5% 的水平上显著，*表示在 10% 的水平上显著。

表 3.24 汇总了企业成熟阶段公司股权结构非对称调整对公司研发创新—总专利影响的检验结果。其中，Panel A 是股权集中度的非对称

调整对研发创新—总专利的影响结果，模型(3-6)中变量 OSAdjDis 与研发创新—总专利呈不显著的正相关关系，这表明股权集中度由次优向目标股权集中度的调整不能显著影响公司研发创新—总专利。模型(3-7)中变量 OSAdjDis^{under} 与研发创新—总专利呈不显著的正相关关系，OSAdjDis^{above} 与研发创新—总专利呈不显著的负相关关系，这表明公司股权集中度"不足股权"或"过度股权"向目标股权集中度的调整都不能提升公司研发创新—总专利。Panel B 是高管持股的非对称调整对公司研发创新—总专利的影响结果，模型(3-6)中变量 OSmAdjDis 与研发创新—总专利呈不显著的正相关关系，说明高管持股由次优向目标高管持股的调整不能促进公司研发创新—总专利。模型(3-8)中变量 OSmAdjDis^{under} 与研发创新—总专利呈显著负相关关系，OSmAdjDis^{above} 与研发创新—总专利呈不显著的正相关关系，这表明公司高管持股由"不足股权"向目标高管持股的调整将抑制公司研发创新—总专利，而由"过度股权"向目标高管持股的调整不能有效促进公司研发创新—总专利。因此，在成熟阶段，公司股权集中度由次优向目标股权集中度的调整不能改善公司研发创新—总专利，公司高管持股由"不足股权"向目标高管持股的调整将抑制公司研发创新—总专利。

表 3.24　企业成熟阶段股权结构非对称调整对公司研发创新—总专利影响的检验结果

Panel A 股权集中度非对称调整与公司研发创新—总专利			Panel B 高管持股非对称调整与公司研发创新—总专利		
变量	(1)	(2)	变量	(1)	(2)
OSAdjDis	1.429 (0.250)		OSmAdjDis	0.073 (0.160)	
OSAdjDis^{under}		5.803 (0.670)	OSmAdjDis^{under}		-0.617^* (-1.770)
OSAdjDis^{above}		-0.725 (-0.120)	OSmAdjDis^{above}		0.145 (0.130)

（续表）

Panel A 股权集中度非对称调整与公司研发创新—总专利			Panel B 高管持股非对称调整与公司研发创新—总专利		
变量	（1）	（2）	变量	（1）	（2）
Lnsize	0.115 * (1.94)	0.115 ** (1.96)	Lnsize	0.116 * (1.94)	0.117 * (1.95)
Leverage	0.092 (0.74)	0.089 (0.72)	Leverage	0.093 (0.76)	0.087 (0.71)
ROA	0.531 (0.86)	0.512 (0.82)	ROA	0.547 (0.89)	0.541 (0.88)
FCF	− 0.044 (− 0.44)	− 0.04 (− 0.41)	FCF	− 0.042 (− 0.43)	− 0.047 (− 0.46)
IntanAsset	− 0.376 (− 1.40)	− 0.362 (− 1.36)	IntanAsset	− 0.374 (− 1.37)	− 0.429 (− 1.56)
State	− 0.147 * (− 1.69)	− 0.15 * (− 1.72)	State	− 0.143 (− 1.60)	− 0.182 ** (− 2.01)
Tobin's Q	− 0.026 (− 1.40)	− 0.026 (− 1.39)	Tobin's Q	− 0.026 (− 1.39)	− 0.024 (− 1.28)
Std_stkrtn	− 0.704 (− 1.60)	− 0.677 (− 1.53)	Std_stkrtn	− 0.698 (− 1.59)	− 0.704 (− 1.62)
Stkturnover	− 0.01 (− 0.62)	− 0.01 (− 0.63)	Stkturnover	− 0.011 (− 0.64)	− 0.004 (− 0.22)
Finmarket	0.059 ** (2.44)	0.061 ** (2.50)	Finmarket	0.058 ** (2.43)	0.061 ** (2.53)
R&D	1.231 *** (3.08)	1.201 *** (3.00)	R&D	1.229 *** (3.07)	1.213 *** (3.10)
Constant	− 2.174 * (− 1.68)	− 2.213 * (− 1.71)	Constant	− 2.188 * (− 1.66)	− 2.166 * (− 1.65)
N	839	839	N	839	839
Adj R²	0.125	0.125	Adj R²	0.125	0.128
F	4.96	4.83	F	4.96	5.1

注：＊＊＊表示在 1％ 的水平上显著，＊＊ 表示在 5％ 的水平上显著，＊ 表示在 10％ 的水平上显著。

（3）在衰退阶段股权结构非对称调整与公司研发创新。表 3.25 汇总了企业衰退阶段公司股权结构非对称调整对研发创新意愿影响的检验结果。其中，Panel A 是股权集中度的非对称调整对研发创新意愿的影响结果，模型（3－6）中变量 OSAdjDis 与研发创新意愿呈显著负相关关系，这表明股权集中度由次优向目标股权集中度的调整将抑制公司研发创新意愿。模型（3－7）中变量 OSAdjDis^{under} 与研发创新意愿呈显著负相关关系，OSAdjDis^{above} 也与研发创新意愿呈显著负相关关系，这表明公司股权集中度由"不足股权"或"过度股权"向目标股权集中度的调整都将抑制公司研发创新意愿。Panel B 是高管持股非对称调整对研发创新意愿的影响结果，模型（3－6）中变量 OSmAdjDis 与研发创新意愿呈显著正相关关系，说明高管持股由次优向目标高管持股的调整能显著提升公司研发创新意愿。模型（3－8）中变量 OSmAdjDis^{under} 与研发创新意愿呈显著正相关关系，OSmAdjDis^{above} 与研发创新意愿也呈显著正相关关系，这表明高管持股由"过度股权"或"不足股权"向目标高管持股的调整都能提升公司研发创新意愿。因此，在衰退阶段，公司股权集中度向目标股权集中度的调整，即股权集中度由"不足股权"或"过度股权"向目标股权集中度的调整将抑制公司研发创新意愿；公司高管持股向目标高管持股的调整，即高管持股由"过度股权"或"不足股权"向目标高管持股的调整将有效提升公司研发创新意愿。

表 3.25　企业衰退阶段股权结构非对称调整对公司研发创新意愿影响的检验结果

Panel A 股权集中度非对称调整与公司研发创新意愿			Panel B 高管持股非对称调整与公司研发创新意愿		
变量	（1）	（2）	变量	（1）	（2）
OSAdjDis	-71.965^{*} (-2.57)		OSmAdjDis	12.547^{**} (2.930)	
OSAdjDis^{under}		-83.505^{*} (-2.30)	OSmAdjDis^{under}		5.115^{*} (1.930)
OSAdjDis^{above}		-63.630^{*} (-2.12)	OSmAdjDis^{above}		35.304^{*} (2.200)

（续表）

Panel A 股权集中度非对称 调整与公司研发创新意愿			Panel B 高管持股非对称 调整与公司研发创新意愿		
变量	（1）	（2）	变量	（1）	（2）
Lnsize	−0.036 （−0.21）	−0.042 （−0.24）	Lnsize	−0.095 （−0.55）	−0.108 （−0.63）
Leverage	0.105 （0.17）	0.108 （0.18）	Leverage	0.018 （0.03）	−0.011 （−0.02）
ROA	0.373 （0.43）	0.378 （0.43）	ROA	0.484 （0.61）	0.45 （0.56）
FCF	−1.247* （−1.71）	−1.244* （−1.71）	FCF	−1.201* （−1.66）	−1.222* （−1.70）
IntanAsset	−1.046 （−0.78）	−1.032 （−0.77）	IntanAsset	−0.711 （−0.53）	−0.871 （−0.63）
State	−0.718* （−2.02）	−0.699* （−1.91）	State	−0.202 （−0.46）	−0.294 （−0.66）
Tobin's Q	0.207 （1.24）	0.21 （1.21）	Tobin's Q	0.125 （0.74）	0.126 （0.75）
Std_stkrtn	−1.187 （−0.45）	−1.024 （−0.39）	Std_stkrtn	−0.845 （−0.32）	−0.773 （−0.29）
Stkturnover	0.257* （2.02）	0.256* （2.03）	Stkturnover	0.155 （1.19）	0.168 （1.28）
Finmarket	0.184 （1.51）	0.185 （1.51）	Finmarket	0.173 （1.39）	0.168 （1.37）
Constant	−2.205 （−0.55）	−2.118 （−0.53）	Constant	−1.94 （−0.48）	−1.526 （−0.38）
N	457	457	N	457	457
Pseudo R^2	0.439	0.44	Pseudo R^2	0.44	0.441

注：＊＊＊表示在 1% 的水平上显著，＊＊表示在 5% 的水平上显著，＊表示在 10% 的水平上显著。

表 3.26 汇总了企业衰退阶段股权结构非对称调整对研发创新投入影响的检验结果。其中,Panel A 是股权集中度非对称调整对研发创新投入的影响结果,模型(3-6)中变量 OSAdjDis 与研发创新投入呈不显著的负相关关系,这表明股权集中度由次优向目标股权集中度的调整不能显著影响公司研发创新投入。模型(3-7)中变量 OSAdjDis^{under} 与研发创新投入呈不显著的正相关关系,而 OSAdjDis^{above} 与研发创新投入呈显著的负相关关系,这表明公司股权集中度由"过度股权"向目标股权集中度的调整将抑制公司研发创新投入。Panel B 是高管持股的非对称调整对研发创新投入的影响结果,模型(3-6)中变量 OSmAdjDis 与研发创新投入呈不显著的正相关关系,说明高管持股由次优向目标高管持股的调整不能促进公司研发创新投入。模型(3-8)中变量 OSmAdjDis^{under} 和 OSmAdjDis^{above} 与研发创新投入均呈不显著的正相关关系,这表明公司高管持股由"不足股权"或者"过度股权"向目标高管持股的调整都不能有效促进公司研发创新投入。因此,在衰退阶段,公司股权集中度由"过度股权"向目标股权集中度的调整将抑制公司研发创新投入,公司高管持股由次优向目标高管持股的调整也不能改善公司研发创新投入。

表 3.26　企业衰退阶段股权结构非对称调整对公司研发创新投入影响的检验结果

Panel A 股权集中度非对称 调整与公司研发创新投入			Panel B 高管持股非对称 调整与公司研发创新投入		
变量	(1)	(2)	变量	(1)	(2)
OSAdjDis	−0.538 (−1.340)		OSmAdjDis	0.028 (0.280)	
OSAdjDis^{under}		0.233 (0.390)	OSmAdjDis^{under}		0.013 (0.160)
OSAdjDis^{above}		−1.068 (−2.640)	OSmAdjDis^{above}		0.067 (0.280)
Lnsize	−0.004 (−1.52)	−0.004 (−1.51)	Lnsize	−0.005* (−1.88)	−0.005* (−1.91)

（续表）

Panel A 股权集中度非对称调整与公司研发创新投入			Panel B 高管持股非对称调整与公司研发创新投入		
变量	(1)	(2)	变量	(1)	(2)
Leverage	0 （−0.02）	0.001 （0.06）	Leverage	−0.001 （−0.09）	−0.001 （−0.09）
ROA	−0.015 （−0.83）	−0.015 （−0.90）	ROA	−0.014 （−0.86）	−0.014 （−0.85）
FCF	−0.005 （−0.50）	−0.004 （−0.39）	FCF	−0.005 （−0.49）	−0.005 （−0.47）
IntanAsset	−0.082*** （−3.29）	−0.082*** （−3.37）	IntanAsset	−0.082*** （−2.99）	−0.082*** （−2.80）
State	−0.007 （−1.11）	−0.007 （−1.30）	State	−0.005 （−1.07）	−0.006 （−1.09）
Tobin's Q	0.004* （1.94）	0.004** （1.97）	Tobin's Q	0.004* （1.72）	0.004* （1.72）
Std_stkrtn	−0.064 （−0.96）	−0.074 （−1.10）	Std_stkrtn	−0.066 （−0.98）	−0.066 （−0.99）
Stkturnover	0.004* （1.80）	0.004* （1.84）	Stkturnover	0.004 （1.41）	0.004 （1.22）
Finmarket	0.003 （1.42）	0.003 （1.47）	Finmarket	0.003 （1.41）	0.003 （1.42）
Constant	0.125* （1.68）	0.124* （1.68）	Constant	0.134* （1.88）	0.134* （1.91）
N	457	457	N	457	457
Adj R^2	0.319	0.329	Adj R^2	0.317	0.316
F	7.39	7.07	F	7.49	7.18

注：***表示在1%的水平上显著，**表示在5%的水平上显著，*表示在10%的水平上显著。

表3.27汇总了企业衰退阶段公司股权结构非对称调整对公司创新—发明专利影响的检验结果。其中，Panel A 是股权集中度的非对称调

整对创新—发明专利的影响结果,模型(3-6)中变量 OSAdjDis 与创新—发明专利呈不显著的正相关关系,这表明股权集中度由次优向目标股权集中度的调整不能显著影响公司创新—发明专利。模型(3-7)中变量 $OSAdjDis^{under}$ 与创新—发明专利呈不显著的正相关关系,$OSAdjDis^{above}$ 与创新—发明专利呈不显著的负相关关系,这表明公司股权集中度由"不足股权"或"过度股权"向目标股权集中度的调整都不能提升公司创新—发明专利。Panel B 是高管持股的非对称调整对创新—发明专利的影响结果,模型(3-6)中变量 OSmAdjDis 与创新—发明专利呈不显著的负相关关系,说明高管持股由次优向目标高管持股的调整不能促进公司创新—发明专利。模型(3-8)中变量 $OSmAdjDis^{under}$ 和 $OSmAdjDis^{above}$ 与创新—发明专利均呈不显著的负相关关系,这表明公司高管持股由"不足股权"或"过度股权"向目标高管持股的调整都不能有效促进公司创新—发明专利。因此,在衰退阶段,公司股权集中度由次优向目标股权集中度的调整不能促进公司创新—发明专利,公司高管持股由次优向目标高管持股的调整也不能促进公司创新—发明专利。

表3.27　企业衰退阶段股权结构非对称调整对公司创新—发明专利影响的检验结果

Panel A 股权集中度非对称 调整与公司创新—发明专利			Panel B 高管持股非对称 调整与公司创新—发明专利		
变量	(1)	(2)	变量	(1)	(2)
OSAdjDis	4.177 (0.650)		OSmAdjDis	-0.624 (-1.020)	
$OSAdjDis^{under}$		10.388 (1.300)	$OSmAdjDis^{under}$		-0.642 (-1.400)
$OSAdjDis^{above}$		-0.251 (-0.040)	$OSmAdjDis^{above}$		-1.375 (-0.970)
Lnsize	0.212*** (4.26)	0.212*** (4.29)	Lnsize	0.215*** (4.32)	0.213*** (4.25)

（续表）

Panel A 股权集中度非对称调整与公司创新—发明专利			Panel B 高管持股非对称调整与公司创新—发明专利		
变量	（1）	（2）	变量	（1）	（2）
Leverage	−0.162 （−1.18）	−0.153 （−1.14）	Leverage	−0.156 （−1.14）	−0.162 （−1.19）
ROA	−0.041 （−0.23）	−0.045 （−0.25）	ROA	−0.04 （−0.24）	−0.044 （−0.26）
FCF	−0.18 （−1.00）	−0.172 （−0.97）	FCF	−0.183 （−1.01）	−0.188 （−1.05）
IntanAsset	−0.023 （−0.10）	−0.028 （−0.12）	IntanAsset	−0.044 （−0.18）	−0.075 （−0.30）
State	−0.092 （−1.20）	−0.100 （−1.30）	State	−0.119 （−1.44）	−0.141* （−1.67）
Tobin's Q	−0.001 （−0.05）	−0.003 （−0.13）	Tobin's Q	0.003 （0.18）	0.003 （0.18）
Std_stkrtn	−0.313 （−0.53）	−0.393 （−0.67）	Std_stkrtn	−0.322 （−0.55）	−0.301 （−0.51）
Stkturnover	0.009 （0.45）	0.01 （0.48）	Stkturnover	0.015 （0.75）	0.019 （0.93）
Finmarket	0.041* （1.84）	0.042* （1.86）	Finmarket	0.042* （1.85）	0.041* （1.82）
R&D	2.428*** （2.78）	2.302*** （2.62）	R&D	2.416*** （2.84）	2.416*** （2.87）
Constant	−4.56*** （−3.97）	−4.553*** （−3.95）	Constant	−4.566*** （−3.92）	−4.491*** （−3.82）
N	457	457	N	457	457
Adj R²	0.23	0.234	Adj R²	0.23	0.23
F	4.12	4.3	F	4.13	4.08

注：＊＊＊表示在 1% 的水平上显著，＊＊表示在 5% 的水平上显著，＊表示在 10% 的水平上显著。

表 3.28 汇总了企业衰退阶段公司股权结构非对称调整对研发创新—总专利影响的检验结果。其中，Panel A 是股权集中度的非对称调整对研发创新—总专利的影响结果，模型（3-6）中变量 OSAdjDis 与研发创新—总专利呈不显著的正相关关系，这表明股权集中度由次优向目标股权集中度的调整不能显著影响公司研发创新—总专利。模型（3-7）中变量 OSAdjDis^{under} 与研发创新—总专利呈不显著的正相关关系，OSAdjDis^{above} 与研发创新—总专利呈不显著的负相关关系，这表明公司股权集中度由"不足股权"或"过度股权"向目标股权集中度的调整都不能提升公司研发创新—总专利。Panel B 是高管持股的非对称调整对公司研发创新—总专利的影响结果，模型（3-6）中变量 OSmAdjDis 与研发创新—总专利呈不显著的负相关关系，说明高管持股由次优向目标高管持股的调整不能促进公司研发创新—总专利。模型（3-8）中变量 OSmAdjDis^{under} 与研发创新—总专利呈不显著的负相关关系，OSmAdjDis^{above} 与研发创新—总专利呈不显著的正相关关系，这表明公司高管持股由"不足股权"和"过度股权"向目标高管持股的调整都不能有效促进公司研发创新—总专利。因此，在衰退阶段，公司股权集中度由次优向目标股权集中度的调整不能促进公司研发创新—总专利，公司高管持股由次优向目标高管持股的调整也不能促进公司研发创新—总专利。

表 3.28　企业衰退阶段股权结构非对称调整对公司研发创新—总专利影响的检验结果

Panel A 股权集中度非对称调整与公司研发创新—总专利			Panel B 高管持股非对称调整与公司研发创新—总专利		
变量	（1）	（2）	变量	（1）	（2）
OSAdjDis	-1.668 (-0.220)		OSmAdjDis	-0.028 (-0.030)	
OSAdjDis^{under}		3.531 (0.360)	OSmAdjDis^{under}		-0.522 (-0.940)
OSAdjDis^{above}		-5.355 (-0.690)	OSmAdjDis^{above}		0.064 (0.030)

（续表）

Panel A 股权集中度非对称调整与公司研发创新—总专利			Panel B 高管持股非对称调整与公司研发创新—总专利		
变量	（1）	（2）	变量	（1）	（2）
Lnsize	0.24*** (4.04)	0.24*** (4.05)	Lnsize	0.238*** (4.13)	0.235*** (4.05)
Leverage	−0.104 (−0.61)	−0.097 (−0.58)	Leverage	−0.107 (−0.63)	−0.116 (−0.69)
ROA	−0.098 (−0.47)	−0.102 (−0.48)	ROA	−0.095 (−0.45)	−0.101 (−0.48)
FCF	−0.239 (−1.13)	−0.232 (−1.10)	FCF	−0.24 (−1.13)	−0.247 (−1.17)
IntanAsset	−0.076 (−0.25)	−0.08 (−0.27)	IntanAsset	−0.078 (−0.25)	−0.125 (−0.40)
State	−0.227** (−2.49)	−0.234** (−2.55)	State	−0.229** (−2.33)	−0.264*** (−2.63)
Tobin's Q	0.003 (0.10)	0.002 (0.06)	Tobin's Q	0.001 (0.05)	0.001 (0.04)
Std_stkrtn	−0.436 (−0.61)	−0.506 (−0.71)	Std_stkrtn	−0.446 (−0.63)	−0.414 (−0.58)
Stkturnover	0.036 (1.50)	0.036 (1.52)	Stkturnover	0.035 (1.44)	0.042* (1.66)
Finmarket	0.061** (2.24)	0.061** (2.24)	Finmarket	0.061** (2.25)	0.06** (2.22)
R&D	1.745* (1.78)	1.636* (1.65)	R&D	1.755* (1.78)	1.754* (1.81)
Constant	−5.154*** (−3.71)	−5.149*** (−3.69)	Constant	−5.113*** (−3.73)	−4.998*** (−3.60)
N	457	457	N	457	457
Adj R²	0.201	0.203	Adj R²	0.201	0.201
F	4.08	4.09	F	4.15	4.07

注：***表示在1%的水平上显著，**表示在5%的水平上显著，*表示在10%的水平上显著。

3.3 小 结

本章以战略性新兴产业上市公司为样本,从公司内部决策结构调整出发,分析两类代理成本收益权衡下的公司股权的目标结构及其动态调整,考察了公司股权结构非对称调整及其对公司研发创新的影响。研究结果表明,我国战略性新兴产业上市公司股权结构存在频繁的变化,在每年间隔的样本区间内,股权集中度或高管持股经历调整的公司占样本公司的比例为 30%~50%,股权结构向目标结构调整主要受公司特征变量及区域市场化发展水平等因素影响。研究结果还表明,在每年的间隔期间内,公司股权集中度向目标股权集中度调整的速度是 0.118,公司高管持股向目标高管持股的调整速度是 0.528。公司股权结构向目标股权结构的调整是非对称的,其中,公司股权集中度由"过度股权"向目标股权集中度调整的速度为 0.066,而由"不足股权"向目标股权集中度调整的速度为 0.062;公司高管持股由"过度股权"向目标高管持股调整的速度为 0.257,而由"不足股权"向目标高管持股调整的速度为 1.208。这说明公司股权结构不仅是部分的调整,也是非对称的调整。研究结果还发现,公司股权结构向目标股权集中度的调整不能提升公司研发创新意愿,但是由"不足股权"和"过度股权"向目标高管持股的调整都将有效提升公司研发创新意愿。公司股权结构由"过度股权"向目标股权集中度的调整将抑制公司研发创新投入,且向目标高管持股的调整不能有效提升公司研发创新投入。公司股权结构由"过度股权"向目标股权集中度的调整不能有效提升公司创新—发明专利与总专利创新,且向目标高管持股的调整不能有效提升公司创新—发明专利与总专利创新。

通过纳入企业生命周期变量,考察了企业生命周期对战略性新兴产业公司股权结构调整的影响,以及不同生命周期阶段公司股权结构调整对战略性新兴产业企业研发创新的作用效果。研究结果表明,公司股权结构在企业不同生命周期阶段存在显著差异。在成长阶段,公司股权集中度向目标股权集中度调整的速度是 0.111,公司高管持股向目标高管持股调整的速度是 0.410。在成熟阶段,公司股权集中度向目标股权集中度调整的速度是 0.225,公司高管持股向目标高管持股调整的速度是 0.563。在衰退阶段,公司股权集中度向目标股权集中度调整的速度是 0.352,公司高管持股向目标高管持股调整的速度是 0.667,但统计上不显著,说明在衰退阶段高管持股尽管需要调整,但公司一般不会调整。

　　公司股权结构向目标股权结构的调整是非对称的。在成长阶段,公司股权集中度向目标股权集中度调整的速度是 0.069。从"过度股权"向目标股权集中度调整的速度为 0.108,从"不足股权"向目标股权集中度调整的速度为 0.021,但统计上不显著。这说明企业成长期公司股权结构一般走向分散,股权集中度不会走向集中。公司高管持股向目标高管持股调整的速度是 0.575。公司高管持股由"过度股权"向目标高管持股调整的速度为 0.219,而由"不足股权"向目标高管持股调整的速度为 1.274,该结果说明成长阶段在高管持股激励不足时,将及时调整。在成熟阶段,公司股权集中度向目标股权集中度调整的速度是 0.049。公司股权集中度由"过度股权"向目标股权集中度调整的速度为 0.038,而由"不足股权"向目标股权集中度调整的速度为 0.062。公司高管持股向目标高管持股调整的速度是 0.636,由"过度股权"向目标高管持股调整的速度为 0.290,由"不足股权"向目标高管持股调整的速度为 1.240。这说明公司在高管持股激励不足时,高管持股将及时向目标调整。在衰退阶段,公司股权集中度向目标股权集中度调整的速度是 0.085。由"过度股权"向目标股权集中度调整的速度为 0.042,但统计上不显著;而由"不足股权"向目标股权集中度调整的速度为 0.131。这说明衰退阶段公司股权结构一般处于比较分散的状态,而当股权集中度低于目标股权集中度时,公司将以较快的速度向目标股权集中度调整。公司高管持股向目标高管持股调整的速度是 0.609,由"过度股权"向目标高管持股调整的速度为 0.304,而由"不足股权"向目标高管持股调整的速度为 1.006,这说明在高管持股激励不足时,高管持股将及时向目标调整。

　　研究结果还发现,在成长阶段,公司股权集中度向目标股权集中度的调整,不能有效提升公司研发创新意愿、公司研发创新投入、公司发明专利创新及总专利创新。公司高管持股向目标高管持股的调整也不能有效提升公司研发创新意愿、公司研发创新投入、公司发明专利创新及总专利创新。在成熟阶段,公司股权集中度向目标股权集中度的调整,主要是由"不足股权"向目标股权集中度的调整将抑制公司研发创新意愿。公司股权集中度由次优向目标股权集中度的调整不能改善公司研发创新投入、公司发明专利创新及总专利创新。公司高管持股向目标高管持股的调整,主要是由"过度股权"向目标高管持股的调整将有效提升公司研发创新意愿。但是,公司高管持股由"不足股权"向目标高管持股的调整将抑制公司总专利创新,而公司高管持股由次优向目标高管持股的调整不能改善公司研发创新投入与公司发明专利创新。在衰退阶段,公司股权集中度向目标股权集中度的调整,以及由"不足股权"或"过度股权"向目标股权集中度的调整都将抑制公司研发创新意愿;且公司股权集中度由"过度股权"向目标股权集中度的调整将抑制公司研发创新投入,而公司股权集中度由次优向目标股权集中度的调整不能改善公司发明专利创新及总专利创新。公司高管持股向目标高管持股的调整,以及由"过度股权"或"不足股权"向目标高管持股的调整都将有效提升公司研发创新意愿。公司高管持股由次优向目标高管持股的调整不能改善公司研发创新投入,也不能改善公司发明专利创新及总专利创新。

第4章 动态公司董事会治理与战略性新兴产业企业研发创新

4.1 公司董事会结构调整与战略性新兴产业企业研发创新

企业研发创新投资是公司投资的重要内容,在非完美的资本市场条件下,信息不对称(Myers and Majluf,1984)与代理问题(Jensen and Meckling,1976)都可能导致企业研发创新投资不足,进而影响企业创新效率。董事会治理作为协调与控制企业无效行为的重要内部制度安排,将对企业研发创新活动产生重大影响。现有关于董事会治理对企业研发创新影响的文献主要关注董事会规模及结构与企业研发投资之间的关系,并得到了不一致的结论(Zahra,1996;Kor,2006;张宗益、张湄,2007;赵洪江等,2008)。如就公司董事会规模来看,部分学者发现公司董事会规模与技术创新呈正相关关系(冯根福、温军,2008),部分学者的研究表明董事会规模对企业创新没有影响,也有学者发现董事会规模与企业研发投资呈非线性关系(Zahra et al.,2000;刘胜强和刘星,2010)。就独立董事来看,部分学者研究发现外部独立董事抑制研发的投入(Baysinger,1991;Zahra et al.,2000),也有学者则发现独立董事会促进企业研发投资(Boone et al.,2007)。

以上研究关于董事会结构与企业创新之间关系的分歧与矛盾使得通过优化董事会结构促进企业研发创新面临困惑。究竟如何通过调整董事会结构更好地促进企业研发投资?笔者发现现有文献通过静态截面数据得出的结论只是表明通过增减董事会成员或独立董事比例可以提升公司创新,但是持续不断地向一个方向增减董事会成员或独立董事比例显然不合逻辑,而现有文献既没有澄清董事会结构调整目标在哪里,也没有说明董事会结构应该进行多大程度的动态调整才能提升公司创新。

本章以战略性新兴产业上市公司为研究对象,考察公司董事会治理结构动态调整及其对公司研发创新的作用。之所以选择战略性新兴企业,原因有二:其一,战略性新兴产业公司董事会决策的不确定性大,因此,董事会调整比一般企业更频繁与明显,这有利于观测董事会结构变化;其二,战略性新兴企业发展波动大,公司研发创新不足问题突出。将两者结合能够较好地考察董事会治理结构动态调整对公司研发创新的影响。首先,笔者考察了公司董事会调整及最优董事会结构,估计并检验公司目标董事会结构;其次,用动态偏调整模型检验新兴产业公司董事会结构向目标董事会结构的动态调整;最后,考察新兴产业公司董事会结构向目标董事会结构的非对称动态调整对公司研发创新的影响。

研究结果表明,我国战略性新兴产业上市公司董事会结构存在频繁的变化,在每两年的样本区间内,董事会规模或独立性经历调整的公司占样本公司的比例为 $25\%\sim38\%$。公司目标董事会结构受公司特征变量及治理变量等因素的影响。研究还表明,在每两年的间隔期间内,公司董事会规模向目标规模调整的速度是 0.366,公司董事会独立性向目标独立性调整的速度是 0.573。公司董事会结构向目标董事会结构的调整是非对称的,其中,董事会规模由"冗余董事会"向目标规模调整的速度为 0.179,由"短缺董事会"向目标规模调整的速度为 0.421;公司董事会独立性由"冗余董事会"向目标独立性调整的速度为 0.580,而由"短缺董事会"向目标独立性调整的速度为 0.642。研究还发现,公司董事会由"冗余"向目标董事会规模的调整能够发挥提升公司研发创新意愿的作用,而向目标董事会独立性的调整并不能有效提升公司研发创新意愿。公司董事会结构由次优向目标董事会规模的调整并不能提升公司研发创新投入,向目标董事会独立性的非对称调整也不能改善公司研

发创新投入。公司董事会由"冗余董事会"向目标董事会规模的调整能
够提升公司发明创新,由"短缺董事会"向目标董事会独立性的非对称
调整能够改善公司发明创新。公司董事会由"冗余董事会"向目标董事
会规模的调整能够提升公司总创新,由"短缺董事会"向目标董事会独
立性的非对称调整能够改善公司总创新。

本章的主要学术贡献如下:

第一,分析并检验了董事会职能带来的成本与收益权衡下的目标董
事会结构及其动态调整。现有关于董事会结构的研究主要关注董事会
结构的影响因素(Fama and Jensen,1983;Agrawal and Knoeber,2001;
Raheja,2005;Linck et al.,2008;Coles et al.,2008;Lehn et al.,
2009;Sur et al.,2013),这些文献一方面多层面验证了董事会结构的
影响因素,另一方面也反映了目标董事会结构存在的可能性,但是没有
进一步分析并检验公司目标董事会结构及动态调整。而本研究基于现
有文献,深入分析了我国公司董事会形成时收益与成本权衡下的目标最
优结构,考察并估计了我国新兴产业公司目标董事会结构及动态调整
速度。

第二,揭示并检验了我国新兴产业公司董事会结构的调整是动态非
对称调整。国内外关于董事会结构动态调整的文献还很少见,且已有相
关文献主要探讨董事会结构随组织生命周期的变化(Filatotchev and
Wright,2005;Roche,2009)以及随时间的演变(Boone et al.,2007)。
尽管 Cicero 等(2013)研究了美国上市公司的董事会结构动态调整问
题,但是,考察的是发达国家环境下的董事会结构变化调整,并且也没
有区分从目标董事会结构两侧调整的非对称性。本研究不仅用动态偏
调整模型估计了我国新兴产业公司董事会结构向目标董事会结构调整
的速度与幅度,还进一步检验了公司从两侧向目标董事会结构非对称动
态调整的速度,深化了公司董事会结构的动态研究。

第三,分析与检验了董事会结构非对称调整对新兴产业公司研发创
新的影响。国内外现有关于董事会治理对公司创新影响的研究大多利
用截面数据静态考察董事会结构与公司研发创新之间的关系,并得到了

不一致甚至相反的结论。本研究通过考察董事会结构对最优董事会结构的两侧偏离，检验了从上下两侧对最优董事会结构的偏离对公司研发创新的影响，开拓了公司治理作用于公司研发创新的动态研究范畴。

4.1.1 董事会结构调整与企业研发创新理论分析及假设发展

4.1.1.1 理论分析与文献述评

企业创新是提升企业自身竞争力（Hitt et al.，1996）与促进经济持续增长的微观基础。由于企业创新活动本身的高度信息不对称、高风险与不确定性，往往难以获得外部资金的支持，可能降低管理者短期绩效，进而给其带来利益损失。关于如何促进企业创新，一直是学界热议的焦点。熊彼特关于创新问题的研究主要关注市场结构与创新关系的讨论（Schumpeter，1934、1942），但这些文献不能解释在相同外部市场竞争环境下的企业为何具有不同的创新活动与创新能力（Fagerberg et al.，2005）。之后，很多学者开始将目光转向企业内部组织结构与机制，把企业创新与公司治理联系起来（Casper and Matraves，2003；Shipton et al.，2005；Lerner et al.，2008；Aghion et al.，2009；Ughetto，2010）。

企业研发创新投资是公司投资的重要内容，外部信息不对称与内部代理问题都可能导致企业研发创新投资不足，进而影响企业创新效率。董事会治理作为协调与控制企业无效行为的重要内部制度安排，将通过监督与咨询职能影响企业研发创新活动。董事会监督视角下，规模较大、独立性较高的董事会将能更好地监督公司内部人自利与短视的行为，从而促进企业研发创新。Jensen（1983）指出，随着董事会成员及外部董事的增加，组织内信息传递的效率变低，这将抑制企业创新。Yermack（1996）发现董事会规模与技术创新呈显著倒 U 形关系。Zahra 等（2000）也发现董事会规模与企业创新存在显著的倒 U 形关系。Boone 等（2007）研究发现独立董事比例与企业研发支出呈正相关关系，而 Zahra(1996,2000)研究认为外部董事比例与企业研发支出存在显著的负相关关系。Hoskisson 等(2002)的研究结果表明,外部独立董事会抑制研发投入。Baysinger 等(1991)研究发现独立董事与企业研发支出关系不显著,David 等(2001)却发现独立董事在董事会的比例与企业的研发投入和产出都不存在显著关系。国内文献方面,张洪辉等(2010)发现董事会规模对创新效率没有显著影响。赵旭峰和温军(2011)的研究表明董事会规模与企业技术创新投入存在不显著的负相关关系。刘胜强和刘星(2010)发现董事会规模与企业研发投资呈非线性关系。冯根福和温军(2008)指出独立董事与企业技术创新存在正相关关系;而张宗益和张湄(2007)则认为独立董事的存在对高新技术企业的研发投资产生显著正面影响。周杰和薛有志(2008)指出董事会规模和外部独立董事与研发投入水平不存在显著关系。

董事会咨询视角下,公司董事能够帮助企业获取关键资源(Pfeffer,1972;Pfeffer and Salancik,1978;Adams and Ferreira,2007)。规模较大、不同背景成员众多、外部独立董事占比较高的董事会可能为公司带来企业研发创新投资所必需的专业知识与意见,这将有利于降低研发创新投资风险,从而促进研发创新。Miller 和 Triana(2009)指出多元化的董事会构成能够为企业带来多方面的知识、经验与社会资源等,这有助于企业识别与把握创新机会,进而促进企业创新。Torchia 等(2011)指出董事会中的女性董事等不同特征的董事会成员也将促进企业创新。这些研究表明聚集不同特征董事成员的董事会规模的扩大将对企业创新产生显著影响。同时,公司外部董事或独立董事作为企业与外部环境关联的纽带(Goldman et al.,2009),一方面有助于促进企业与外界的信息沟通,减少信息不对称对企业创新的抑制作用,另一方面也将在获取企业内创新信息时给企业带来成本,因此,外部独立董事对企业创新的显著影响取决于两者成本与收益的权衡。上述关于董事会治理结构与公司研发创新关系的研究得到了不一致的结论,这使得通过优化公司内部治理机制来提升企业研发创新活动面临困惑,即什么样的董事会结构能够更好地发挥董事会治理效力,促进企业研发创新呢?

关于公司董事会配置与其结构选择,上述文献主要基于代理理论与资源理论探讨与检验董事会配置是否能够为公司带来收益,如缓解代理问题、补充资源等。但是相关研究得到了不一致的结论,这可以从交易成本理论出发来进行解释。交易成本理论认为,董事会结构调整不仅受到企业所需董事会配置带来收益的驱动,还将受到董事会(规模或独立性)增减性调整带来的交易成本的影响(Coase, 1937),所以公司董事会结构是董事增减为公司带来的收益与成本之间权衡的结果(Cicero et al., 2013)。如董事会规模扩大(缩小),一方面能够提高(降低)对公司代理问题的监督效力与咨询收益,从而降低(提高)代理成本与增加(减少)咨询收益,提高公司效率;另一方面随着董事会规模的扩大,董事会成员之间的协调成本将快速上升。相似的,董事会独立性的增强(减弱)一方面将提高(降低)监督效力与外部专家咨询收益,另一方面企业内部信息向独立董事传递的成本将增加。对此,理论文献分析了公司董事会选择成员时对内外董事所扮演角色带来的成本与收益的权衡(Adams and Ferreira, 2007;Harris and Raviv, 2008;Raheja, 2005),实证文献通过对影响公司董事会结构的公司特征因素的检验也证实了公司董事会结构的选择是董事增减带来的收益成本权衡的结果(Boone et al., 2007;Coles et al., 2008;Linck et al., 2008)。这些文献说明公司董事会存在目标结构。

诸多文献对董事会结构的影响因素做了深入研究。Agrawal 和 Knoeber(2001)指出,公司董事会受到公司规模的影响,规模较大的公司需要纳入较多的董事参与公司的咨询与监督工作。Linck 等(2008)研究发现,大公司与小公司由于成长机会或者信息不对称程度不同,其董事会结构的决定因素存在差异,大公司拥有较大规模董事会与小公司拥有较小规模董事会都是最优选择。Fama 和 Jensen(1983)指出,公司董事会结构受到公司经营业务的影响,拥有多种经营业务的公司会配备更多的外部独立董事;Hermalin 和 Weisbach(1998)则发现,公司董事会结构与公司过去的绩效及 CEO 任期等相关。Raheja(2005)进一步发现,公司拥有的外部董事数量随着管理者代理成本的提高而增加。Lehn 等

(2009)指出公司内部董事数量随着企业规模的扩大而减少,随着企业成长机会的增加而增加。此外,Sur 等(2013)研究指出公司董事会成员构成与所有权结构形式有关。国内学者也对董事会结构进行了探讨。赵增耀(2002)从董事会应发挥的职能角度探讨了董事会的构成,他指出,董事会人员的选择与构建应根据企业所需的董事会职能进行配置,而不是简单地增加独立董事或扩充其规模;由于不同企业在规模、所处发展阶段及产业风险特征等方面存在差异,董事会治理结构的构成不应统一规定,而应该设定一个适当的最低标准,为企业预留自我调整与优化的空间。黄张凯等(2006)的研究显示,股权集中程度与独立董事比例呈负相关。储一昀等(2008)验证了公司业务复杂度、股权特征对董事会结构存在显著影响,而且公司会根据自身经营特征及环境来选择合适的董事会结构。陈莹等(2008)对上市公司董事会规模与独立性的影响因素进行了比较系统的理论与实证分析,研究结果表明,我国上市公司董事会结构受到公司经营范围与复杂性、监管成本收益关系及讨价还价等因素的影响。杨青等(2012)发现公司最优董事会结构与其独立性存在一定程度的替代性,监督机构在监管时应从治理执行效果出发,考虑最优董事会的相机抉择行为。上述文献对董事会治理结构影响因素进行了多角度的研究,结果表明董事会结构的主要决定因素包括:公司规模、公司成长机会、公司业务复杂度、公司风险、公司治理特征等。但是上述文献并没有直接检验目标董事会结构,也没有考察董事会结构的动态变化。

不少文献从动态视角探讨了董事会结构的变化问题。Filatotchev 和 Wright(2005)指出在企业成长过程中,由于其生产经营及组织特征等的变化,董事会治理结构也将发生变化。Roche(2009)分析了董事会功能及结构在组织生命周期中的变化。Boone 等(2007)运用公司持续10 年的连续数据进行研究后发现,公司董事会规模及董事会独立性随着公司不断成长及多元化发展而扩大和增强。Lehn 等(2009)在研究董事会结构的影响因素时,发现美国公司近 70 年的董事会规模呈现先扩大后缩小的变化趋势。Wintoki 等(2012)研究指出公司董事会结构与当期公司绩效呈现动态内生关系。Cicero 等(2013)考察了美国上市公司目标董事会结构,研究了董事会结构的动态调整。国内相关研究还很少见,杨青等(2012)理论分析了最优董事会抉择模型,并进一步发现公司最优董事会与其独立性存在一定程度的替代性。郝云宏和周翼翔(2010)考察了董事会结构与公司绩效之间的动态内生关系。显然上述研究已经突破过去的静态思路,但还是停留在企业发展中董事会结构随时间变化抑或企业组织的变化。尽管也有文献考察了公司董事会结构的调整(Cicero et al. , 2013),但是并没有考察董事会结构调整的非对称性及其影响效果。因此,本研究将以我国战略性新兴产业上市公司为研究对象,考察公司董事会治理结构动态调整及其对公司研发创新的影响。

4.1.1.2 假设发展

1) 董事会结构形成及其动态调整

董事会结构的形成与配置可由两个主要理论进行解释。一是代理成本理论。该理论认为,由于公司所有权与经营权分离,在委托人(所有者)与代理人(管理者)利益发生冲突时,公司管理者常常采取自身利益最大化的行动而损害所有者利益,这就产生了代理成本(Jensen and Meckling,1976)。董事会作为公司所有者利益的信托代表,将对管理者自利行为进行监督,从而将降低代理成本。按照这个逻辑,董事会成员应该代表全部所有者的利益,但是当公司股权比较分散时,董事会的真实代表性将受到削弱,这时引入外部独立董事将是比较有效的董事会结构。二是资源依赖理论。该理论指出,公司发展需要内外资源的支持,当公司引入外部资源时需要让渡内部权力进行交换(Pfeffer and Salancik,1978)。公司董事会内部成员的引入意味着权力在董事会内部成员之间的分配,而引入外部独立董事也意味着公司为了得到外部独立董事带来的资源,需要将公司部分信息知情权、决策权力等向其转移。上述两个理论对董事会形成的解释事实上分别反映了董事会在企业中扮演的两类角色——监督与咨询,但无论是扮演监督还是咨询角色,基于交易成本理论(Coase,1937),它们在为公司带来收益的同时,也都将带来成本,如董事会成员的增多或外部独立董事的增多都将提高企业信息在董事会内外成员之间的交换成本、协商与协调成本等。因此,公司董事会的形成与配置是公司基于董事会扮演的监督与咨询角色所带来的成本与收益权衡的结果(Cicero et al.,2013)。

公司代理问题及咨询需求将随着公司内外环境的变化而变化(Cicero et al.,2013),基于董事会形成理论,公司对董事会角色与职能的需求也将发生变化,这必然导致董事会结构动态调整。Fama 和 Jensen(1983)指出,公司董事会结构受到公司经营业务的影响,拥有多种经营业务的公司会配备更多的外部独立董事;Hermalin 和 Weisbach(1998)则发现,公司董事会结构与公司过去的绩效及 CEO 任期等相关;Raheja(2005)进一步发现,公司拥有的外部董事数量随着管理者代理成本的提高而增加。Lehn 等(2009)指出公司内部董事则随着企业规模增大而减少,随着企业成长机会增加而增加。国内学者也发现董事会结构的主要决定因素有:公司规模、公司成长机会、公司业务复杂度、公司风险、公司治理特征等(黄张凯等,2006;储一昀等,2008;陈莹等,2008;杨青等,2012)。基于上述分析,提出如下假设:

假设 4-1:公司董事会结构由公司特征因素决定。

关于董事会形成的理论、董事会结构决定因素以及董事会成本与收益权衡的研究表明,公司特征将决定在该特征下的目标董事会结构。由于公司部分特征变化以及调整成本等导致的公司董事会结构对目标董事会结构的偏离都将造成经济上的无效率(Cicero et al.,2013),因此,正常情况下,追求经济效率的公司将从次优董事会结构向目标董事会结构动态调整。为此,我们提出如下假设:

假设 4-2:公司董事会将由次优董事会结构向目标董事会结构快速调整。

2)董事会结构非对称调整

尽管理论上公司将根据董事会扮演的监督与咨询角色所带来的成本与收益权衡而配置董事会(Raheja,2005;Cicero et al.,2013),而实践中,由于战略性新兴产业公司代理问题与资源需求的不确定性以及调整成本的存在,公司董事会结构常常在一段时间内处于次优状态。根据该次优状态对目标董事会结构的偏离方向,可分为超过目标董事会结构的"冗余董事会"与未达目标董事会结构的"短缺董事会"两类。"冗余董事会"主要表现为董事会规模过度庞大与过度独立,这种情况下公司管理者与经营者之间的代理问题以及咨询需求能够得到满足,但是董事会监督与咨询的边际收益将大大降低,并且信息沟通与协调成本等边际成本快速上升。与此相对应,"短缺董事会"主要表现为董事会规模较小与独立性较低,此时,公司代理问题的缓解以及咨询需求都不能得到满足,这意味着公司代理问题可能较严重,咨询/资源稀缺也较严重,从而公司要负担比较高的代理成本与资源短缺成本,这时扩大董事会规模、提高董事会独立性为公司带来的监督与咨询的边际收益将大大提高。比较这两类次优状态的董事会结构,"短缺董事会"向目标董事会结构的调整能够为公司带来代理问题及资源短缺问题的极大缓解,而"冗余董事会"向目标董事会结构的调整为公司带来的是"精简"的利益。尽管这两类状态都是非效率状态,也都将向目标效率状态调整,但我们预计公司对能够直接为其缓解代理问题及资源短缺问题的董事会结构调整的收益要高于为"精简"利益而调整带来的收益,因此,由"短缺"向目标董事会结构的调整速度快于由"冗余"向目标董事会结构调整的速度。为此,提出如下假设:

假设 4 - 3:公司董事会结构由"短缺董事会"向目标董事会结构调整的速度快于由"冗余董事会"向目标董事会结构调整的速度。

3) 董事会结构非对称调整与公司研发创新

研发创新是公司投资的重要组成部分,是提升企业竞争力、支持企业长期发展的重要手段。而在信息不对称与代理问题的影响下,公司研发创新常常投资不足。战略性新兴产业发展不确定性高,由此引致的企业内外信息不对称以及管理层机会主义投资而带来的代理问题较突出,这将制约公司研发创新活动。董事会作为管控公司无效行为的重要内部机制,其不断向最优结构的优化与调整将有助于缓解信息不对称、降低代理问题,进而对公司资本无效配置行为产生治理作用。关于董事会规模调整与研发创新,从代理理论视角看,董事会规模由次优向目标董事会规模的调整将优化公司权益人的代表性,有助于董事会成员积极有效地扮演监督公司管理层无效行为的角色,提升董事会的监督效力,从而促进公司研发创新。具体而言,董事会规模由"短缺董事会"向目标董事会规模的调整将伴随着公司权益代表人的增加提升监督效力,从而提升公司研发创新;由"冗余董事会"向目标董事会规模的调整伴随着公司权益代表人的精简,将降低董事会规模的协调成本,提升监督效力,从而促进公司研发创新。从资源依赖理论视角看,董事会规模由次优向目标董事会规模的调整将优化公司权益人的代表性,发挥董事会决策的民主性,聚集对公司有价值的建议,从而促进公司研发创新。具体而言,董事会规模由"短缺董事会"向目标董事会规模的调整将伴随着公司权益代表人的增加,有价值的建议将增多,从而促进公司研发创新;由"冗余董事会"向目标董事会规模的调整伴随着公司权益代表人的精简,将降低不同建议的协调成本,从而促进公司研发创新。

假设 4－4a:董事会规模由"短缺董事会"向目标董事会规模的调整将促进公司研发创新。

假设 4－4b:董事会规模由"冗余董事会"向目标董事会规模的调整将促进公司研发创新。

就董事会独立性调整与公司研发创新的关系而言,在代理理论视角下,董事会独立性由次优向目标董事会独立性的调整有助于优化公司权力配置、制约内部人控制董事会,促使独立董事扮演监督人的角色,提升监督效力,从而促进公司研发创新。具体而言,董事会独立性由"短缺董事会"向目标董事会独立性的调整意味着公司外部监督力量的引进,将提高董事会监督的客观性,进而提升监督效力,促进公司研发创新;由"冗余董事会"向目标董事会独立性的调整伴随着公司外部独立董事的精简,将降低外部董事的信息沟通及协调成本,从而提升监督效力,促进公司研发创新。在资源依赖理论视角下,董事会独立性由次优向目标董事会独立性的调整将有助于优化公司权力配置,引入外部专家性建议,提升决策水平,从而促进公司研发创新。具体来说,董事会独立性由"短缺董事会"向目标董事会独立性的调整意味着公司外部资源的引进,将提高董事会决策的客观性,促进公司研发创新;由"冗余董事会"向目标董事会独立性的调整伴随着公司外部独立董事的精简,将降低外部董事的信息沟通及协调成本,促进公司研发创新。基于上述分析,提出如下假设:

假设4-5a:董事会独立性由"短缺董事会"向目标董事会独立性的调整将促进公司研发创新。

假设4-5b:董事会独立性由"冗余董事会"向目标董事会独立性的调整将促进公司研发创新。

4.1.2 董事会结构调整与企业研发创新研究设计

4.1.2.1 研究模型

为了深入考察公司董事会结构的动态调整,除了在描述性统计中呈现公司动态调整趋势外,还将采用动态部分调整模型深入揭示董事会结构的调整速度。动态部分调整模型被广泛用来估算公司资本结构动态调整(Faulkender et al.,2012)以及所有权结构的调整(Cheung and Wei,2006),但是公司董事会结构调整不像资本结构调整那么频繁,因此,采用连续年度数据来估计董事会调整将会受到序列相关的严重影响,很多研究就此采用间隔一年甚至更长时间的数据来克服这类问题(Hermalin and Weisbach,1988;Helland and Sykuta,2004;Boone et al.,2007;Lehn et al.,2009;Wintoki et al.,2012)。因此,我们在设定董事会结构动态调整时延长了调整间隔期限,采用间隔一年的时间数据来估算。董事会结构动态部分调整模型的具体设定如下:

$$X_{i,t} - X_{i,t-2} = \delta(X_{i,t}^* - X_{i,t-2}) + \varepsilon_{i,t} \tag{4-1}$$

其中,$X_{i,t}$表示企业i在t年末的公司董事会结构(包括董事会规模与独立性),$X_{i,t-2}$表示企业i在t年初的公司董事会结构,$X_{i,t}^*$表示企业i在t年(或调整周期)的目标董事会结构,δ代表公司董事会在间隔时期内向目标董事会结构调整的平均速度,$\varepsilon_{i,t}$为公司扰动项。该模型中公司董事会结构调整的起点是 t 年末公司预期的目标董事会结构,所以,模型(4-1)右边反映的是为了向目标董事会结构调整所需要的董事会结构的变化。目标董事会结构由企业特征变量决定,其估计模型可以设定如下:

$$X_{i,t}^{*} = \alpha + \beta Z_{i,t-2} + v_{i} \qquad (4-2)$$

其中,$X_{i,t}^{*}$ 表示企业 i 在 t 年(或调整周期)的目标董事会结构,向量组 $Z_{i,t-2}$ 为目标公司董事会结构的决定因素,v_i 为公司特殊的不可观测效应。将式(4-2)带入式(4-1)得到

$$X_{i,t} = (1-\delta)X_{i,t-2} + \delta\beta Z_{i,t-2} + v_{i} + \varepsilon_{i,t} \qquad (4-3)$$

其中,δ 为模型估计得到的样本公司每间隔期限平均的公司董事会结构调整速度。

模型(4-1)中董事会结构部分调整是假定公司董事会结构拥有相同的调整速度,没有考虑公司董事会结构在"冗余"及"短缺"状态下所面对的董事会结构调整成本差异带来的影响。这里,我们允许模型(4-1)中董事会结构从"冗余董事会"及"短缺董事会"向目标董事会结构调整时的速度不一样,为此,设定董事会结构非对称调整模型如下:

$$\Delta BS_{i,t} = \alpha + \delta_1 TBSD \times BS_{i,t}^{above} + \delta_2 TBSD \times BS_{i,t}^{under} + \mu_{i,t} \quad (4-4)$$

$$\Delta BI_{i,t} = \alpha + \delta_1 TBID \times BI_{i,t}^{above} + \delta_2 TBID \times BI_{i,t}^{under} + \mu_{i,t} \quad (4-5)$$

式(4-4)中,$\Delta BS_{i,t} = X_{i,t} - X_{i,t-2}$,$TBSD = X_{i,t}^{*} - X_{i,t-2}$;$BS_{i,t}^{above}$ 是虚拟变量,在董事会规模从"冗余董事会"向目标董事会规模调整时,取值 1,否则取值 0;$BS_{i,t}^{under}$ 也是虚拟变量,在董事会规模从"短缺董事会"向目标董事会规模调整时,取值 1,否则取值 0;δ_1 与 δ_2 分别代表由"冗余董事会"与"短缺董事会"向目标董事会规模调整的速度,其值在 0～1 之间。式(4-5)中,$\Delta BI_{i,t} = X_{i,t} - X_{i,t-2}$,$TBID = X_{i,t}^{*} - X_{i,t-2}$;$BI_{i,t}^{above}$ 是虚拟变量,在董事会独立性从"冗余董事会"向目标董事会独立性调整时,取值 1,否则取值 0;$BI_{i,t}^{under}$ 也是虚拟变量,在董事会独立性从"短缺董事会"向目标

董事会独立性调整时,取值 1,否则取值 0;δ_1 与 δ_2 分别代表由"冗余董事会"与"短缺董事会"向目标董事会独立性调整的速度,其值在 0～1 之间。

在上述基础上,检验董事会结构非对称调整对公司研发创新的影响,设定 $\mathrm{BSAdjDis}_{i,t} = |\delta_1 \mathrm{TBSD}|$ 表示董事会规模的调整量,$\mathrm{BIAdjDis}_{i,t} = |\delta_1 \mathrm{TBSID}|$ 表示董事会独立性的调整量;$\mathrm{BSAdjDis}_{i,t}^{\mathrm{above}} = |\delta_1 \mathrm{TBSD} \times \mathrm{BS}_{i,t}^{\mathrm{above}}|$ 代表董事会规模在调整速度为 δ_1 时由"冗余董事会"向目标董事会规模的调整量,$\mathrm{BSAdjDis}_{i,t}^{\mathrm{under}} = |\delta_2 \mathrm{TBSD} \times \mathrm{BS}_{i,t}^{\mathrm{under}}|$ 代表董事会规模在调整速度为 δ_2 时由"短缺董事会"向目标董事会规模的调整量。类似的,设定 $\mathrm{BIAdjDis}_{i,t}^{\mathrm{above}} = |\delta_1 \mathrm{TBSID} \times \mathrm{BI}_{i,t}^{\mathrm{above}}|$ 代表董事会独立性在调整速度为 δ_1 时由"冗余董事会"向目标董事会独立性的调整量,$\mathrm{BIAdjDis}_{i,t}^{\mathrm{under}} = |\delta_2 \mathrm{TBID} \times \mathrm{BI}_{i,t}^{\mathrm{under}}|$ 代表董事会独立性在调整速度为 δ_2 时由"短缺董事会"向目标董事会独立性的调整量。据此,首先设定模型检验董事会结构调整对公司研发创新的影响,接着设定如下模型检验董事会结构非对称调整对公司研发创新的影响。

$$\mathrm{CorpInnov}_{i,t} = \alpha + \gamma_1 \mathrm{BSAdjDis}_{i,t} \text{ 或 } \mathrm{BIAdjDis}_{i,t} + \eta \mathrm{Controls}_{i,t} + \pi_{i,t}$$
$$(4-6)$$

$$\mathrm{CorpInnov}_{i,t} = \alpha + \gamma_1 \mathrm{BSAdjDis}_{i,t}^{\mathrm{above}} + \gamma_2 \mathrm{BSAdjDis}_{i,t}^{\mathrm{under}} + \eta \mathrm{Controls}_{i,t} + \pi_{i,t}$$
$$(4-7)$$

$$\mathrm{CorpInnov}_{i,t} = \alpha + \gamma_1 \mathrm{BIAdjDis}_{i,t}^{\mathrm{above}} + \gamma_2 \mathrm{BIAdjDis}_{i,t}^{\mathrm{under}} + \eta \mathrm{Controls}_{i,t} + \pi_{i,t}$$
$$(4-8)$$

其中,$\mathrm{Controls}_{i,t}$ 代表控制变量,主要包括公司业务单元、公司负债、公司自由现金流、公司年龄、股权集中度、信息不对成本等;$\pi_{i,t}$ 是扰动项,其他变量与前述一致。

4.1.2.2 变量选择

1)研发创新

关于企业研发创新变量的度量,与前述该变量的度量方法一致,即对创新过程进行全面刻画。首先,采用企业是否有研发投资支出虚拟变量反映公司研发创新意愿;其次,采用公司研发支出占比来反映公司研发创新强度;最后,采用企业获得的授权专利数量,包括发明专利与三类专利(发明专利、实用新型及外观设计)之和来反映企业总研发创新效果。同样值得说明的是,考虑到研究中董事会结构调整选取的间隔期间为两年,这里采用董事会结构变化期间两年内的专利累积数度量研发创新效果。而在研究股权结构及高管薪酬时,则采用间隔一年的数据,创新研发投入与产出专利变量也相应地用一年的变量。此外,由于专利原始数据在各企业之间存在较大差距,为了降低在实证检验模型中使用专利数据原值出现的偏误,对专利创新数据值进行了取常用对数的处理。

2)董事会治理结构及其他相关变量

本研究采用董事会规模、董事会独立性来刻画董事会结构,与现有大量相关研究一致(Linck,Netter,and Yang;2008;Coles,Daniel,and Naveen,2008;Lehn et al.,2009),我们用董事会成员数量来度量公司董事会规模,用外部独立董事数量占董事会的比例来度量董事会的独立性。

有研究指出,公司董事会结构的设置受到公司规模、公司负债率、公司成长性、公司风险以及公司年龄等特征变量的影响(Boone et al.,2007;Lehn et al.,2008;Coles et al.,2007),由此本研究中公司规模用期末总资产的自然对数表示;公司业务单元用公司主营业务数目度量;公司负债比率采用期末债务与资产总额的比率表示;公司成长性用市账比度量,其中,市账比=(流通股市值+非流通股价值+负债的账面价值)÷账面总资产价值;公司风险用过去 12 个月股票收益的标准差度量;公司年龄则指公司自 IPO 以来的年限。

也有研究指出,公司董事会结构也会受到公司股权结构及高管权利等治理因素的影响(黄张凯等,2006;储一昀等,2008;Sur et al;2013)。本研究选用公司大股东持股、管理层持股、外部机构持股以及公司性质等变量,其中,大股东持股用第一大股东持股占公司所有股权的比例度量,管理层持股采用管理层持股占总股本比例表示,外部机构持股则用外部机构持股占总股数的比例表示。CEO权利用公司是否董事长与总经理兼任反映,如果董事长与总经理兼任取值1,否则取值0;公司性质用虚拟变量表示,如果公司终极控制人是国有股东,取值1,否则取值0。

公司资本配置效率还受到公司自由现金流的影响,公司自由现金流=(息前税后利润+折旧与摊销-营运资本增加-资本支出)÷总资产。除上述变量外,本书还考虑行业与时间因素的影响。行业特征用行业虚拟变量来表示。时间差异用年度虚拟变量来表示。表4.1对本研究所用到的主要变量进行了描述与定义。

表4.1　主要变量及定义

变量名	变量符号	变量定义
研发创新	RDor	研发意愿,如果公司有研发投入取值1;否则取值0
	R&D	公司研发投入占营业收入的比重
	Lgapp_inven	近两年技术发明专利数目加1后取常用对数
	Lgapp_allinven	近两年技术发明、实用新型及外观专利数目总和加1后取常用对数
董事会规模	Dsize	董事会成员人数
董事会独立性	Indpd	独立董事占董事会成员的比重
公司规模	Lnsize	期末总资产的自然对数
公司业务单元	Segments	公司主营业务单元数量
公司负债率	Leverage	期末债务与资产总额的比率
市账比	MtB	(流通股市值+非流通股价值+负债的账面价值)÷账面总资产价值
公司风险	Std_stkrtn	过去12个月股票收益的标准差

（续表）

变量名	变量符号	变量定义
公司年龄	Firmage	公司自 IPO 以来的年限
董事长与总经理兼任	Dual	若两职合一取 1，否则取 0
第一大股东持股	Fstckh	第一大股东持股占公司所有股权的比例
外部机构持股	Lgstckh	外部机构投资者股权占公司所有股权的比例
高管持股	Mstckh	实施管理层持股计划的取值 1，否则取值 0
公司属性	State	当企业为国有或国家及地方政府控股时取值 1，否则取值 0
公司自由现金流	FCF	（息前税后利润＋折旧与摊销－营运资本增加－资本支出）÷总资产
行业变量	Industry	某一行业取值 1，同时其他行业取值 0
年度变量	Year	某一年份取值 1，同时其他年份取值 0

4.1.2.3 研究样本及数据来源

本章所用研究样本与前述研究样本一致。需强调的是，由于次贷危机后战略性新兴产业的概念才正式提出，相应的公司产品与服务业才变得相对清晰，为了避免与高科技产业概念混淆，我们的研究样本选取起始于 2007 年，研究区间为 2007—2013 年。进一步的，我们还剔除了金融类公司、估计投资效率变量指标不健全的公司，以及公司治理变量指标及财务指标不全的上市公司。经过剔除与筛选，最后得到 2007 年、2009 年、2011 年及 2013 年共 2 050 个观测样本，样本的年度及行业分布详见表 4.2。

表 4.2　研究样本的行业与年度分布

年份	高端装备制造	节能环保	生物产业	新材料	新能源	新能源汽车	新一代信息技术	合计
2007	46	38	49	42	51	35	67	328
2009	59	43	60	61	65	45	83	416
2011	85	62	83	77	93	47	140	587
2013	110	88	105	100	100	57	159	719

4.1.3　董事会结构调整与研发创新实证结果与分析

4.1.3.1　描述性统计结果

表 4.3 汇总了全样本主要变量的描述性统计结果。其中,公司研发占比均值为 0.035,最大值为 0.984,说明新兴产业上市公司之间的研发投入存在一定差异。发明专利的常用对数均值为 0.536,最大值达 3.768;同时,公司专利总数的常用对数均值为 0.757,最大值为 3.806,两者的标准差分别为 0.598 与 0.725,说明新兴产业样本公司创新转存在较大差异,但是其专利数取对数后,数据的异常波动大幅下降,这为后续进行实证检验奠定了基础。

表 4.3 中样本公司董事会规模均值为 8.990,而最大值为 18.000,最小值为 5.000,标准差达到 1.776,说明我国不同上市公司之间董事会规模存在较大差别。样本公司外部董事比例的均值为 0.370,标准差为 0.054,说明我国新兴产业上市公司外部董事比例稳定在一定水平,高于我国上市公司条例要求的公司外部董事比例不低于三分之一的标准。

表 4.3　主要变量描述性统计

变量	均值	标准差	最小值	最大值	观测样本
R&D	0.035	0.055	0	0.984	2 050

（续表）

变量	均值	标准差	最小值	最大值	观测样本
Lgapp_inven	0.536	0.598	0	3.768	2 050
Lgapp_allinven	0.757	0.725	0	3.806	2 050
Dsize	8.990	1.776	5.000	18.000	2 050
Indpd	0.370	0.054	0.091	0.714	2 050
Debt	0.420	0.213	0.008	3.337	2 050
Lnsize	21.769	1.152	19.204	27.166	2 050
Segments	2.464	1.814	1.000	17.000	2 050
MtB	2.158	1.245	0.709	14.383	2 050
Std_stkrtn	0.146	0.160	0.042	5.939	2 050
Firmage	7.881	5.415	1.000	23.000	2 050
Dual	0.257	0.437	0.000	1.000	2 050
Concentr1	0.351	0.149	0.036	0.852	2 050
Mstckh	0.081	0.164	0.000	0.821	2 050
Lgstckh	0.031	0.081	0.000	0.624	2 050
R&D	0.034	0.055	0.000	0.984	2 050
State	0.419	0.493	0.000	1.000	2 050
Private	0.500	0.500	0.000	1.000	2 050

　　第一大股东持股比例平均高达 35.1%，说明我国上市公司的股权过度集中，可能存在大股东与管理层的合谋等问题。外部机构持股平均值为 0.031，说明机构对上市公司的监管作用较弱，还存在较大的提升空间。在管理层激励方面，实施了管理者持股的公司占比为 8.1%。公司规模的对数值均值为 21.769，样本公司平均业务单元数为 2.464，这说明新兴产业样本公司总体规模不太大。公司成长性均值为 2.158，说明新兴产业上市公司具有较高的成长性，样本公司负债率为 0.420，说明公司负债率较高。公司年龄均值为 7.881，公司收益波动均值为 0.146，表明公司具有一定的风险。国有公司占样本的比例为 0.419，民

营企业占样本的比例为 0.500。

在 2007—2009 年间，共有 298 家新兴产业样本上市公司，其中，董事会结构发生变化的有 106 家公司，董事会独立性发生变化的有 107 家公司，董事会规模或董事会独立性发生变化的有 111 家公司，分别占样本公司的比重为 35.6％、35.9％和 37.2％；与前一期相比，在 2009—2011 年间，共有 380 家新兴产业样本上市公司，其中，董事会规模发生变化的有 94 家公司，董事会独立性发生变化的有 102 家公司，董事会规模或董事会独立性发生变化的有 106 家公司，分别占样本公司的比重为 24.7％、26.8％和 27.9％。在 2011—2013 年间，共有 500 家新兴产业样本上市公司，其中，董事会规模发生变化的有 155 家公司，董事会独立性发生变化的有 159 家公司，董事会规模或董事会独立性发生变化的有 162 家公司，分别占样本公司的比重为 31.0％、31.8％和 32.4％（见表 4.4）。上述结果表明我国新兴产业上市公司董事会结构在不断调整，在两年间隔的时期内，经历调整的公司占样本公司的比例为 25％～38％，这说明合适的董事会结构对新兴产业上市公司来说十分重要，且它们会积极地调整董事会结构。

表 4.4　公司董事会结构变化情况

年　度	2009		2011		2013	
	样本公司	占比（％）	样本公司	占比（％）	样本公司	占比（％）
董事会规模变化	106	35.6	94	24.7	155	31.0
董事会独立性变化	107	35.9	102	26.8	159	31.8
董事会规模或独立性变化	111	37.2	106	27.9	162	32.4
观测样本	298		380		500	

4.1.3.2　检验结果与解释

1）董事会的目标结构以及向目标结构的动态调整

目标董事会结构可以通过影响董事会设置的公司特征变量预测（Coles et al.，2008；Linck et al.，2008），而由于公司治理机制之间可能存在的内生性以及我国国有企业的特殊性，因此我们控制了相关治理变量与公司性质变量。表 4.5 中的 Panel A 汇总了公司董事会结构及其影响因素的回归结果，与预期一致，公司董事会规模和独立性与大部分变量存在显著相关关系。其中，董事会结构与公司规模、负债率以及公司国有属性存在显著正相关关系，而与公司业务单元、公司年龄、董事长总经理兼任以及第一大股东持股比例呈显著负相关关系。董事会独立性与公司规模、风险以及第一大股东持股呈显著正相关关系，而与公司国有性质呈显著负相关关系。其中国有公司属性的影响表明，国有公司喜欢较大规模与较低独立性的董事会，国有公司与其他公司董事会结构调整可能存在差异。以上结果为用部分调整估计公司董事会调整提供了有力的支持。

董事会结构将如何向目标董事会结构调整呢？我们通过估计动态部分调整模型，考察了公司董事会结构的调整。值得强调的是，为了规避在估计动态面板时普通最小二乘法以及固定效应模型可能带来的偏差，我们采用系统 GMM 进行估计，估计结果如表 4.5 中 Panel B 所示。从董事会规模结果来看，董事会规模滞后项前面的系数为 0.634，这说明在两年时间期限内公司董事会规模向目标规模调整的速度是 $0.366(1-0.634)$，并将以该速度填补期初的董事会规模与目标董事会规模之间 0.634 的缺口。就董事会独立性结果来看，董事会独立性滞后项前面的系数为 0.427，这说明在两年时间期限内公司董事会独立性向目标独立性调整的速度是 0.573 $(1-0.427)$，并将以该速度填补期初的董事会独立性与目标董事会独立性之间 0.427 的缺口。上述结果表明，公司董事会独立性的调整速度快于规模的调整速度。该结果既通过了 Sargen 检验，也通过了 Hansen 检验。

表 4.5 董事会结构及其调整速度

Panel A 董事会结构的决定因素			Panel B 董事会结构调整速度		
变量	董事会规模	董事会独立性	因变量	董事会规模	董事会独立性
			L. Dsize	0.634*** (4.940)	
L. Dual	−0.425*** (−3.474)	0.005 (1.403)	L. Indpd		0.427*** (3.250)
			L. Dual	−0.204** (−2.130)	0.020 (0.890)
Debt	0.541* (1.708)	−0.016 (−1.590)	Debt	0.442 (0.810)	0.006 (0.330)
Lnsize	0.365*** (6.445)	0.003* (1.917)	Lnsize	0.101 (1.560)	0.002 (0.840)
Segments	−0.054* (−1.709)	0.000 (0.443)	Segments	0.037 (0.920)	0.000 (−0.410)
MtB	−0.024 (−0.540)	0.002 (1.084)	MtB	0.025 (0.360)	0.003 (1.470)
Std_stkrtn	−0.041 (−0.163)	0.021*** (2.743)	Std_stkrtn	−1.340 (−1.250)	0.004 (0.110)
Firmage	−0.027** (−2.159)	0.000 (−0.938)	Firmage	−0.011 (−0.830)	−0.001 (−1.120)
Concentr1	−1.211*** (−3.344)	0.039*** (3.439)	Concentr1	−0.383 (−1.290)	0.025** (2.070)
Mstckh	−0.455 (−1.070)	0.008 (0.623)	Mstckh	0.057 (0.180)	−0.008 (−0.510)
Lgstckh	−0.013 (−0.040)	−0.011 (−1.031)	Lgstckh	0.085 (0.180)	−0.024 (−1.390)
State	0.401*** (3.453)	−0.007** (−1.968)	State	0.113 (0.730)	−0.007 (−0.900)
Constant	1.845*** (1.523)	0.299*** (7.889)	Constant	−1.312 (−0.330)	−0.005 (−0.040)
Adjust R^2	0.131	0.063	Hansen	0.109	0.635
F	8.365***	4.324***	Sargan	0.103	0.480

注：*** 表示在 1% 的水平上显著，** 表示在 5% 的水平上显著，* 表示在 10% 的水平上显著。

2）董事会治理结构的非对称调整

上述对公司董事会结构动态调整的估计是假设公司董事会结构的调整是对称的，即公司董事会成员从"冗余"与"短缺"两侧向目标董事会结构的调整是同步的，而现实中董事会成员的解聘与新聘带来的成本不同，将直接导致公司董事会发生非对称调整。因此，我们把董事会结构向目标结构的调整分为从"冗余"与"短缺"两侧向目标董事会结构的调整，并假定两者的调整速度是不同的。这里的目标董事会结构是基于上述表 4.5 的估计结果，即用混合截面数据回归的拟合值来代替，对董事会结构非对称调整的检验结果见表 4.6。Panel A 是董事会规模的非对称调整结果，模型（4-1）假定董事会规模的上下调整是对称的，其前面的调整系数为 0.280，说明公司董事会规模向其目标规模调整的速度是 0.280，董事会规模将以该速度填补期初的董事会规模与目标董事会规模之间的缺口。模型（4-4）允许公司董事会规模非对称调整，从"冗余董事会"向目标董事会规模调整的系数为 0.179，从"短缺董事会"向目标董事会规模调整的系数为 0.421，这说明公司董事会规模由"冗余"向目标规模调整的速度为 0.179，而由"短缺"向目标董事会规模调整的速度为 0.421，即董事会规模将以 0.179 的速度从"冗余董事会"填补期初的董事会规模与目标董事会规模之间的缺口，而将以 0.421 速度从"短缺董事会"填补期初的董事会规模与目标董事会规模之间的缺口。该结果说明公司在其董事会成员冗余时，调整的意愿与动力相对不足；而当董事会成员短缺时，其新聘或纳入新成员的积极性较高，这可能是满足监管要求的需要。Panel B 是董事会独立性的非对称调整结果，模型（4-1）假定董事会独立性的上下调整是对称的，其前面的调整系数为 0.601，说明公司董事会独立性向其目标独立性调整的速度是 0.601。模型（4-5）允许公司董事会独立性非对称调整，从"冗余董事会"向目标董事会独立性调整的系数为 0.580，从"短缺董事会"向目标董事会独立性调整的系数为 0.642，这说明公司董事会独立性由"冗余"向目标独立性调整的速度为 0.580，而由"短缺"向目标董事会独立性调整的速度为 0.642。该结果表明公司对其董事会独立董事的调整都比较及时，但是,独立董事冗余时的调整速度慢于独立董事短缺时的调整速度。以上结果验证了公司董事会结构不仅是部分调整,也是非对称调整。

表 4.6　董事会结构非对称调整

Panel A 董事会规模非对称调整			Panel B 董事会独立性非对称调整		
变量	(1)	(2)	变量	(1)	(2)
TBSD	0.280*** (5.755)		TBID	0.601*** (9.675)	
BS^{above} * TBSD		0.179** (2.275)	BI^{above} * TBID		0.580*** (6.297)
BS^{under} * TBSD		0.421*** (4.253)	BI^{under} * TBID		0.642*** (4.269)
Constant	-0.257*** (-2.992)	-0.414*** (-3.219)	Constant	0.014*** 4.238	0.013** (2.548)
Adjust R^2	0.078	0.082	Adjust R^2	0.197	0.195
F	33.119***	17.969***	F	93.598***	46.733***

注:*** 表示在 1% 的水平上显著,** 表示在 5% 的水平上显著,* 表示在 10% 的水平上显著。

3)董事会结构非对称调整与公司研发创新检验结果

我们把公司研发创新分为研发意愿、研发投入与研发产出三个类别组分别考察,表 4.7 汇总了公司董事会结构非对称调整对公司研发创新意愿影响的检验结果。其中,Panel A 是董事会规模非对称调整对公司研发创新意愿的影响结果,模型(4-6)中变量 BSAdjDis 与过度投资呈正相关关系,但是在统计上不显著,这表明董事会规模由次优向目标董事会规模的调整不能显著提升公司研发意愿。模型(4-7)中变量 BSAdjDis^{above} 与研发创新意愿呈显著正相关关系,但是,变量 BSAdjDis^{under} 与研发创新意愿呈不显著的正相关关系,这表明公司董事会规模由"冗余董事会"向目标董事会规模的调整将提升公司研发创新意愿,而由"短缺董事会"向目标董事会规模的调整则不能有效提升公司研发创新意愿。Panel B 是董事会独立性非对称调整对公司研发创新意愿的影响结果,模型(4-6)中变量 BIAdjDis 与过度投资呈不显著的正相关关系,说明董事会独立性由次优向目标董事会独立性的调整不能提升公司研发创新意愿。模型(4-8)中变量 $BIAdjDis^{above}$ 及 $BIAdjDis^{under}$ 与公司研发创新意愿呈正相关关系,但它们在统计上均不显著,表明董事会独立性向目标董事会独立性的调整不能改善公司研发创新意愿。因此,公司董事会规模由"冗余"向目标董事会规模的调整能够发挥提升公司研发创新意愿的作用,而董事会独立性向目标董事会独立性的调整并不能有效提升公司研发创新意愿。

表 4.7　董事会结构非对称调整对公司研发创新意愿的影响

Panel A 董事会规模非对称 调整与公司研发创新意愿			Panel B 董事会独立性非对称 调整与公司研发创新意愿		
变量	(1)	(2)	变量	(1)	(2)
abs(BSAdjDis)	0.598 (1.208)		abs(BITBID)	2.585 (0.130)	
$BSAdjDis^{above}$		1.565** (2.442)	$BIAdjDis^{above}$		1.666 (0.044)
$BSAdjDis^{under}$		0.034 (0.006)	$BIAdjDis^{under}$		6.370 (0.307)
FCF	0.781 (0.280)	0.661 (0.200)	FCF	1.045 (0.514)	1.058 (0.526)
Debt	-0.660 (0.493)	-0.729 (0.599)	Debt	-0.564 (0.362)	-0.593 (0.396)
Segments	-0.115 (1.483)	-0.120 (1.601)	Segments	-0.116 1.530**	-0.113 1.433**
Std_stkrtn	-2.673 (0.769)	-2.928 (0.915)	Std_stkrtn	2.223 (0.531)	2.212 (0.528)
Firmage	-0.142*** (12.363)	-0.137*** (11.371)	Firmage	-0.144*** (12.383)	-0.144*** (12.339)
Concentr1	-0.873 (0.629)	-0.768 (0.481)	Concentr1	-0.919 (0.698)	-0.869 (0.617)

（续表）

Panel A 董事会规模非对称 调整与公司研发创新意愿			Panel B 董事会独立性非对称 调整与公司研发创新意愿		
变量	（1）	（2）	变量	（1）	（2）
Constant	− 0. 627 （0. 424）	− 0. 582 （0. 360）	Constant	− 0. 493 （0. 268）	− 0. 526 （0. 301）
Cox & Snell R2	0. 497	0. 499	Cox & Snell R2	0. 495	0. 496
− 2 Log likelihood	252. 471	250. 722	− 2 Log likelihood	253. 581	253. 375

注：＊＊＊表示在 1% 的水平上显著，＊＊表示在 5% 的水平上显著，＊表示在 10% 的水平上显著。

　　表 4.8 汇总了公司董事会结构的非对称调整对公司研发创新投入影响的检验结果。其中，Panel A 是董事会规模非对称性调整对公司研发创新投入的影响结果，模型（4 - 6）中变量 BSAdjDis 与公司研发创新投入呈不显著的负相关关系，表明公司董事会规模由次优向目标董事会规模的调整不能改善公司研发创新投入。模型（4 - 7）中变量 BSAdjDis^{above} 及 BSAdjDis^{under} 均与公司研发创新投入呈不显著的负相关关系，这表明公司董事会规模由"冗余董事会"向目标董事会规模的调整以及由"短缺董事会"向目标董事会规模的调整都不能改善公司研发创新投入。Panel B 是董事会独立性的非对称调整对公司研发创新投入的影响结果，模型（4 - 6）中变量 BIAdjDis 与公司研发创新投入呈不显著的正相关关系，表明公司董事会独立性由次优向目标董事会独立性的调整不能改善公司研发创新投入。模型（4 - 8）中变量 BSAdjDis^{above} 及 BSAdjDis^{under} 分别与公司研发创新投入呈不显著的负相关关系及正相关关系，这表明公司董事会独立性由"冗余董事会"向目标董事会独立性的调整以及由"短缺董事会"向目标董事会独立性的调整都不能改善公司研发创新投入。因此，公司董事会规模由次优向目标董事会规模的调整不能改善公司研发创新投入，董事会独立性向目标董事会独立性的非

对称调整也不能改善公司研发创新投入。

表 4.8　董事会结构非对称调整对公司研发创新投入的影响

Panel A 董事会规模非对称 调整与公司研发创新投入			Panel B 董事会独立性非对称 调整与公司研发创新投入		
变量	（1）	（2）	变量	（1）	（2）
abs(BSAdjDis)	-0.006 (-0.608)		abs(BITBID)	0.011 (0.085)	
BSAdjDis^{above}		-0.001 (-0.063)	BIAdjDis^{above}		-0.020 (-0.139)
BSAdjDis^{under}		-0.011 (-1.336)	BIAdjDis^{under}		0.162 (0.792)
FCF	0.024 (0.878)	0.023 (0.843)	FCF	0.022 (0.819)	0.022 (0.805)
Debt	-0.048^{***} (-2.748)	-0.049^{***} (-2.803)	Debt	-0.050^{***} (-2.857)	-0.050^{***} (-2.872)
Segments	-0.001 (-0.646)	-0.001 (-0.705)	Segments	-0.001 (-0.619)	-0.001 (-0.627)
MtB	0.001 (0.260)	0.001 (0.217)	MtB	0.001 (0.222)	0.001 (0.286)
Std_stkrtn	0.005 (0.304)	0.004 (0.219)	Std_stkrtn	0.005 (0.282)	0.003 (0.168)
Firmage	-0.002^{***} (-3.450)	-0.002^{***} (-3.338)	Firmage	-0.002^{***} (-3.471)	-0.002^{***} (-3.459)
Concentr1	-0.035^{*} (-1.753)	-0.032 (-1.615)	Concentr1	-0.035^{*} (-1.766)	-0.034^{*} (-1.716)
Constant	0.049^{***} (3.209)	0.050^{***} (3.262)	Constant	0.048^{***} (3.154)	0.047^{***} (3.051)
R^2	0.245	0.247	R^2	0.245	0.244
F	9.776	9.254	F	9.741	9.146

注：＊＊＊表示在 1% 的水平上显著，＊＊表示在 5% 的水平上显著，＊表示在 10% 的水平上显著。

表4.9汇总了公司董事会结构的非对称调整对公司创新—发明专利影响的检验结果。其中,Panel A是董事会规模非对称调整对公司创新—发明专利的影响结果,模型(4-6)中变量 BSAdjDis 与公司创新—发明专利呈不显著的正相关关系,表明公司董事会规模由次优向目标董事会规模的调整不能提升公司创新—发明专利。模型(4-7)中变量 BSAdjDis^{above} 与公司创新—发明专利呈显著的正相关关系,而 BSAdjDis^{under} 与公司创新—发明专利呈不显著的正相关关系,这表明公司董事会规模由"短缺董事会"向目标董事会规模的调整不能提升公司创新—发明专利,但是,由"冗余董事会"向目标董事会规模的调整能够显著提升公司创新—发明专利。Panel B是董事会独立性的非对称调整对公司创新—发明专利的影响结果,模型(4-6)中变量 BIAdjDis 与公司创新—发明专利呈不显著的正相关关系,表明公司董事会独立性由次优向目标董事会独立性的调整不能改善公司创新—发明专利。模型(4-8)中变量 BSAdjDis^{above} 与公司创新—发明专利呈不显著的负相关关系,而 BSAdjDis^{under} 与公司创新—发明专利呈显著的正相关关系,这表明公司董事会独立性由"冗余董事会"向目标董事会独立性的调整不能改善公司创新—发明专利,而由"短缺董事会"向目标董事会独立性的调整则将提升公司创新—发明专利。因此,公司董事会规模由"冗余董事会"向目标董事会规模的调整能够提升公司创新—发明专利,董事会独立性由"短缺董事会"向目标董事会独立性的非对称调整能够改善公司创新—发明专利。

表4.9　董事会结构非对称调整对公司创新—发明专利的影响

Panel A 董事会规模非对称调整与公司创新—发明专利			Panel B 董事会独立性非对称调整与公司创新—发明专利		
变量	(1)	(2)	变量	(1)	(2)
abs(BSAdjDis)	0.129 (1.473)		abs(BIAdjDis)	0.348 (0.274)	
BSAdjDis^{above}		0.283* (1.918)	BIAdjDis^{above}		(−0.220) −0.163

（续表）

Panel A 董事会规模非对称调整与公司创新—发明专利			Panel B 董事会独立性非对称调整与公司创新—发明专利		
变量	（1）	（2）	变量	（1）	（2）
$BSAdjDis^{under}$		0.005 （0.068）	$BIAdjDis^{under}$		3.180 （1.616）
FCF	−0.136 （−0.518）	−0.146 （−0.559）	FCF	−0.087 （−0.333）	−0.098 （−0.374）
Debt	0.132 （0.786）	0.122 （0.727）	Debt	0.164 （0.981）	0.160 （0.957）
Segments	−0.003 （−0.150）	−0.004 （−0.250）	Segments	−0.004 （−0.214）	−0.004 （−0.221）
MtB	−0.034 （−1.402）	−0.035 （−1.460）	MtB	−0.033 （−1.341）	−0.029 （−1.201）
Std_stkrtn	−0.186 （−1.184）	−0.200 （−1.273）	Std_stkrtn	−0.177 （−1.130）	−0.213 （−1.351）
Firmage	−0.012* （−1.827）	−0.012* （−1.735）	Firmage	−0.012* （−1.784）	−0.012* （−1.766）
Concentr1	0.182 （0.929）	0.211 （1.072）	Concentr1	0.180 （0.912）	0.204 （1.032）
Constant	0.042 （0.232）	0.055 （0.306）	Constant	0.071 （0.396）	0.031 （0.174）
R^2	0.155	0.157	R^2	0.150	0.155
F	5.330	5.155	F	5.169	5.090

注：＊＊＊表示在 1％的水平上显著，＊＊表示在 5％的水平上显著，＊表示在 10％的水平上显著。

　　表 4.10 汇总了公司董事会结构的非对称调整对公司研发创新—总专利影响的检验结果。其中，Panel A 是董事会规模非对称调整对公司研发创新—总专利的影响结果，模型（4-6）中变量 BSAdjDis 与公司研发创新—总专利呈显著的正相关关系，表明公司董事会规模由次优向目标董事会规模的调整能够提升公司研发创新—总专利。模型（4-7）中

变量 BSAdjDis^{above} 与公司研发创新—总专利呈显著的正相关关系,而 BSAdjDis^{under} 与公司研发创新—总专利呈不显著的正相关关系,这表明公司董事会规模由"短缺董事会"向目标董事会规模的调整不能提升公司研发创新—总专利,但是,由"冗余董事会"向目标董事会规模的调整能够显著提升公司研发创新—总专利。Panel B 是董事会独立性的非对称调整对公司研发创新—总专利的影响结果,模型(4-6)中变量 BIAdjDis 与公司研发创新—总专利呈不显著的正相关关系,表明公司董事会独立性由次优向目标董事会独立性的调整不能改善公司研发创新—总专利。模型(4-8)中变量 BSAdjDis^{above} 与公司研发创新—总专利呈不显著的负相关关系,而 BSAdjDis^{under} 与公司研发创新—总专利呈显著的正相关关系,表明公司董事会独立性由"冗余董事会"向目标董事会独立性的调整不能改善公司研发创新—总专利,而由"短缺董事会"向目标董事会独立性的调整则将提升公司研发创新—总专利。因此,公司董事会规模由"冗余董事会"向目标董事会规模的调整能够提升公司研发创新—总专利,董事会独立性由"短缺董事会"向目标董事会独立性的非对称调整能够改善公司研发创新—总专利。

表 4.10　董事会结构非对称调整对公司研发创新—总专利的影响

Panel A 董事会规模非对称 调整与公司研发创新—总专利			Panel B 董事会独立性非对称 调整与公司研发创新—总专利		
变量	(1)	(2)	变量	(1)	(2)
abs(BSAdjDis)	0.179* (1.686)		abs(BITBID)	0.774 (0.503)	
BSAdjDis^{above}		0.355** (1.980)	BIAdjDis^{above}		0.071 (0.044)
BSAdjDis^{under}		0.046 (0.470)	BIAdjDis^{under}		4.348* (1.820)
FCF	-0.168 (-0.526)	-0.181 (-0.567)	FCF	-0.098 (-0.307)	-0.114 (-0.360)
Debt	0.204 (0.986)	0.193 (0.941)	Debt	0.247 (1.215)	0.241 (1.190)

（续表）

Panel A 董事会规模非对称 调整与公司研发创新—总专利			Panel B 董事会独立性非对称 调整与公司研发创新—总专利		
变量	（1）	（2）	变量	（1）	（2）
Segments	−0.002 （−0.090）	−0.003 （−0.150）	Segments	−0.003 （−0.164）	−0.003 （−0.160）
MtB	−0.046 （−1.528）	−0.048 （−1.604）	MtB	−0.045 （−1.519）	−0.041 （−1.384）
Std_stkrtn	−0.243 （−1.275）	−0.255 （−1.343）	Std_stkrtn	−0.231 （−1.214）	−0.277 （−1.447）
Firmage	−0.015* （−1.849）	−0.015* （−1.794）	Firmage	−0.015* （−1.820）	−0.015* （−1.802）
Concentr1	0.217 （0.904）	0.242 （1.014）	Concentr1	0.209 （0.869）	0.241 （1.004）
Constant	0.001 （0.003）	0.042 （0.181）	Constant	0.059 （0.254）	0.003 （0.011）
R^2	0.187	0.192	R^2	0.186	0.192
F	5.351	5.729	F	5.792	5.716

注：***表示在1%的水平上显著，**表示在5%的水平上显著，*表示在10%的水平上显著。

4.2　企业生命周期、董事会治理结构调整与企业研发创新

　　现有的国内外董事会治理结构研究主要集中在两个方面：第一，董事会治理结构与公司绩效的关系，现有研究从董事会特征、董事会规模、外部董事及董事会领导结构等不同角度进行了探讨，大多数研究均发现董事会结构与公司绩效存在相关关系，而且认为通过改进董事会结构能够提高公司绩效（Fama and Jensen，1983；Yermack，1996；Coles，

Daniel，and Naveen，2008；李有根，2001；蒲自立等，2004；王跃堂等，2006；于东智等，2004）。第二，董事会结构的影响因素，此方面的文献较少。已有研究表明，公司董事结构受到所有权结构、企业特征等因素的影响（Hermalin and Weisbach，1998；Agrawal and Knoeber，2001；Raheja，2005；Coles，Daniel，and Naveen，2008；黄张凯等，2006；储一昀等，2008；陈莹等，2008）。董事会治理结构研究比较深入，但大多是从静态层面研究董事会治理功能、效果以及董事会结构与企业特征的关系，而未关注董事会治理功能与效果背后的董事会治理结构随企业发展动态变化与调整的问题，致使这些研究提出的通过强化董事会监督职能、提高董事会独立性等手段提升公司治理水平的董事会改进建议并未达到应有的治理效果。这促使笔者探索企业成长如何影响董事会治理结构的问题，研究企业生命周期影响下董事会治理结构调整对企业研发创新的影响，为董事会治理结构的改进与调整提供新的依据。

本章拟以企业生命周期阶段为切入点，利用新构建的企业生命周期划分指标，深入考察我国上市公司董事会治理结构随企业生命周期的演变规律，并检验企业成长对战略性新兴产业公司董事会治理结构调整速度的影响及其对公司研发创新的作用，以期从企业成长的动态角度呈现董事会治理结构调整概况，揭示不同生命周期阶段企业董事会治理结构调整对战略性新兴产业公司研发创新的影响效果。

4.2.1 企业生命周期、董事会治理结构调整与研发创新理论分析与假设

董事会治理结构相关的研究文献主要涉及董事会治理结构的影响因素，大致可以分为以下几个方向：①探讨公司董事会规模的决定因素。Agrawal 和 Knoeber(2001)指出，董事会规模受到公司规模的影响，规模较大的公司需要纳入较多的董事参与公司的咨询与监督工作；Linck，Netter 和 Yang(2008)进一步发现，大公司与小公司董事会结构的决定因素存在差异，大公司拥有较大规模董事会与小公司拥有较小规

模董事会都是最优选择（Coles，Daniel，and Naveen，2008）。②考察公司独立性的决定因素。Fama 和 Jensen（1983）指出，拥有多种经营业务的公司会配备更多的外部独立董事；Hermalin 和 Weisbach（1998）则发现，公司董事会的独立性与公司过去的绩效及 CEO 任期等相关；Raheja（2005）进一步发现，公司拥有的外部董事数量随着管理者代理成本的提高而增加。国内有关董事会结构影响因素的研究大多从股权结构角度进行。黄张凯等（2006）的研究显示，股权集中程度降低独立董事的比例，但在一定程度上却又抑制总经理与董事长两职合一；不同性质股权的比重对公司治理的影响是非线性的；简单的分散股权未必一定能在所有方面改善公司治理。储一昀等（2008）验证了公司业务复杂度、股权特征对董事会结构存在显著影响，而且验证了公司会根据其经营特征及环境来选择合适的董事会结构。陈莹等（2008）对上市公司董事会规模与独立性的影响因素进行了比较系统的理论与实证分析，其研究表明，我国上市公司的董事会规模和独立性受到公司经营范围与复杂性、监管成本收益关系及讨价还价等因素的影响。

上述文献对董事会治理结构的影响因素进行了多角度的研究，但均是从静态层面考察董事会治理结构的驱动因素，而近来已有文献开始从公司发展进程的动态层面关注董事会结构的变化问题，如 Boone 等（2007）运用公司持续 10 年的连续数据进行研究后发现，公司董事会规模及董事会独立性随着公司不断成长及多元化发展而扩大和增强。显然，该研究已经突破过去的静态思路，但仍停留在企业发展中董事会结构随时间推移的变化问题，未关注企业生命周期这个重要因素，没有考虑企业生命周期对董事会治理结构的影响，更没有在企业生命周期下考察董事会治理结构调整对公司研发创新的影响。

4.2.1.1　企业生命周期与董事会治理结构调整

自从 Berle 和 Means（1932）首次提出企业所有权与控制权分离的命题以来，企业所有者与控制者之间的委托代理关系逐渐被揭示出来，而且随着 Jensen 和 Meckling（1976）对公司代理理论的完整归纳与阐释以及现代企业组织制度所呈现出的公司股权分散化趋势的不断发展,企业中管理者权力膨胀问题以及股权分散化带来的监督困难问题使得股东利益受到前所未有的威胁。上市公司董事会以股东利益为最高准则,代表股东行使对公司管理者的监督职能,体现为反对公司管理者霸权与降低公司代理成本两个主要方面。反对管理者霸权的观点认为,增加公司董事会中外部董事的比例有助于抑制管理者的独断行为及其可能造成的对公司股东利益的伤害;降低代理成本的观点则关注公司管理者代理成本及其他代理成本的降低,所以董事会的监督职能表明董事会治理结构应取决于公司管理层权力结构以及代理问题的严重程度。董事会在公司中的咨询与协调作用的重要性也引起了学者们的重视,Lynne L. Dallas(1996)指出,董事会能够为公司进行外部环境的协调、信息的获取与交换以及基于自身背景与特征为公司提供咨询建议与指导。与董事会监督职能侧重对公司管理者损害股东利益行为的抑制功能不同,董事会的咨询协调职能侧重董事会成员为公司带来的资源集聚功能。董事会职能的发挥取决于董事会的效率与董事会的独立性,而这与董事会的结构密切相关,一般认为,外部董事在为公司带来咨询建议以及各种关系资源的同时也提高了董事会的监督能力,但在信息不对称程度较高的公司,较高的内部人占比及较高的集权度则更有利于企业发展。因此,董事会一般被认为在企业中扮演监督者与咨询者角色,并相应发挥监督职能与咨询职能。

处于不同生命周期阶段的企业所具备的企业发展特征不尽相同。企业生命周期理论指出,企业的形成和发展与其他组织一样具有生命体的部分形态(Adizes,1989;Drazin and Kazanjian,1990;James,1973;Mille and Friesen,1984),不同阶段的生产经营、组织特征及管理层结构等各有不同。处于创业期的企业,企业规模较小,生产经营单一,创立者往往也是企业的所有者,企业主本人行使监督、管理和控制的权力;处于成长期的企业,企业高速发展,组织规模迅速增大,开始引入职业经理人,出现经营权和所有权部分分离的现象;处于成熟期的企业,企业内部形成经理人队伍,经营领域扩大,呈现出多元化的趋向;处于衰退期的企业,组织内官僚作风兴起,内部推诿责任现象增多,高层的控制力减弱,企业的产品及服务多元化特征明显。

作为控制企业内部无效行为与协调企业外部资源的董事会,在企业不同发展特征下需要根据企业发展内外环境而适应性地发挥不同职能(刘苹和陈维政,2003),而不同董事会职能的发挥需要不同的董事会治理结构安排,因此,企业生命周期不同阶段董事会治理结构将不尽相同(赵红江、陈学华、夏晖,2009)。从董事会的监督职能来看,在企业生命周期的初期阶段,企业规模一般较小,所有者与 CEO 常常融为一体,委托代理问题不明显,此时对董事会监督职能的需求较低,所以,董事会规模一般较小,外部董事比例也较低;在成长期,企业组织制度逐渐走向控制权与所有权分离,因而委托代理问题也随之出现,此时企业对董事会的监督需求增加,因此,董事会规模迅速扩大,外部独立董事的比例将提高;在成熟时期,公司两权分离进一步深化,代理问题变得严重,企业对董事会监督职能的需求进一步提高,从而董事会规模将进一步扩大,外部董事比例也将进一步提高;在衰退期,企业管理层本位主义严重,管理者可能会为了维持既得利益而进一步扩大企业规模,这时更需要董事会行使监督职能。从董事会的咨询职能来看,在企业生命周期的初期阶段,企业规模一般较小,往往采取集权化管理,对资源的需求度较高,一般引入资源所有者入股企业,企业董事会规模不会明显扩大,外部董事比例较低;在成长期,企业规模不断增大,尽管自身经营会带来大量现金流,但对市场拓展、银企关系以及社会网络等外部资源的需求也随之增加,因此,企业对董事会规模及外部董事带来资源的需求较大;在成熟期,企业自身资源较为充足,成长性下降,对较多董事会成员及外部董事带来资源的需求降低;在衰退期,企业前期积累的资源依然较为充足,同时,企业成长性进一步下降,对较大规模董事会及外部董事带来资源的需求将进一步降低。公司代理问题及咨询需求会随着公司生命周期的变化而变化,公司对董事会角色与职能的需求也将发生变化,因此,在企业不同生命周期阶段由董事会监督及咨询成本与收益权衡的董事会目标结构将存在差异。随着企业不断成长,公司董事会监督与咨询职能为企业带来的成本与收益也将发生变化,这必然导致公司董事会结构动态调整。公司特征变化以及调整成本等导致的公司董事会结构对目标董事会结构的偏离都将造成经济上的无效率(Cicero et al.,2013),因此,正常情况下,追求经济效率的公司将从次优董事会结构向目标董事会结构动态调整。不同生命周期中由于董事会监督咨询成本与收益存在差异,所以董事会结构由次优向目标结构的调整也不尽相同。为此,我们提出如下假设:

假设4-6a:董事会治理结构在企业生命周期不同阶段差异显著。

假设4-6b:企业生命周期将影响董事会结构向目标董事会规模的调整速度。

假设4-6c:企业生命周期将影响董事会结构向目标董事会独立性的调整速度。

4.2.1.2 企业生命周期与董事会治理结构非对称调整

在企业生命周期不同阶段,战略性新兴产业公司所面对的代理问题及资源需求不一致,因此,对董事会监督与咨询职能的需求及调整方向也将不同。在成长阶段,企业成长性较高,资源需求较强烈。企业股权较集中,由创始人团队管理,所以代理问题不突出,因此,企业往往希望扩大董事会或引入较多外部独立董事来满足成长需求。与此同时,由于企业成长与扩张的需要,董事会精简的概率较低,董事会精简带来的收益也较少。因此,"短缺董事会"向目标董事会结构的调整主要为公司带来资源短缺问题的极大缓解,而"冗余董事会"向目标董事会结构的调整为公司带来的是精简的利益。尽管公司的这两类状态都是非效率状态,也都将向目标效率状态调整,但我们预计公司为缓解资源稀缺问题而实施的董事会结构调整的收益要高于为精简利益而调整所带来的收益,因此,成长阶段由"短缺董事会"向目标董事会结构的调整速度快于由"冗余董事会"向目标董事会结构调整的速度。

在成熟阶段,公司两权分离进一步深化,代理问题变得严重,企业对董事会监督职能的需求进一步提高,从而董事会规模将进一步扩大,外部董事比例也将进一步提高。因此,企业往往希望扩大董事会规模或引入较多外部独立董事来满足监督需求。与此同时,企业扩张性较低,董事会精简的概率较高,董事会精简带来的收益也将增加,但是,这仍不如对代理问题监督带来的收益。因此,"短缺董事会"向目标董事会结构的调整主要为公司带来代理问题的极大缓解,而"冗余董事会"向目标董事会结构的调整为公司带来的是精简的利益。比较公司这两类收益,我们仍然预计公司为缓解代理问题而实施的董事会结构调整的收益要低于为"精简"利益而调整所带来的收益,因此,成熟阶段由"短缺董事会"向目标董事会结构调整的速度慢于由"冗余董事会"向目标董事会结构调整的速度。

在衰退阶段,企业前期积累的资源依然较为充足,而成长性进一步下降,代理问题可能较为严重。同时,企业面临转型,需要吸纳新鲜成员帮助拓展经营方向。因此,企业对监督与咨询的愿望都较强烈,往往希望扩大董事会规模或引入较多外部独立董事来满足监督与咨询需求。与此同时,企业扩张性较低,董事会精简的概率较高,董事会精简带来的收益也将增加,但是,这仍不如对咨询提供与代理问题监督带来的收益。因此,"短缺董事会"向目标董事会结构的调整主要为公司带来资源供给与代理问题的极大缓解,而"冗余董事会"向目标董事会结构的调整为公司带来的是精简的利益。比较公司这两类收益,我们仍然预计公司为缓解资源约束与代理问题而实施的董事会结构调整的收益要低于为精简利益而调整所带来的收益,因此,衰退阶段由"短缺董事会"向目标董事会结构调整的速度慢于由"冗余董事会"向目标董事会结构调整的速度。

假设 4 - 7a:在成长阶段,公司董事会结构由"短缺董事会"向目标董事会结构调整的速度快于由"冗余董事会"向目标董事会结构调整的速度。

假设 4 - 7b:在成熟及衰退阶段,公司董事会结构由"短缺董事会"向目标董事会结构调整的速度慢于由"冗余董事会"向目标董事会结构调整的速度。

4.2.1.3　企业生命周期、董事会治理结构非对称调整与公司研发创新

战略性新兴产业公司董事会作为管控公司无效行为的重要内部机制,其不断向最优结构的优化与调整将有助于缓解信息不对称、降低代理问题,进而对公司研发创新的无效行为产生治理作用。从代理理论视角看,董事会规模由次优向目标董事会规模的调整将优化公司权益人的代表性,有助于董事会成员积极有效地扮演监督公司管理层无效行为的角色,提升董事会的监督效力,从而促进公司研发创新。董事会独立性由次优向目标董事会独立性的调整将有助于优化公司权力配置、制约内部人控制董事会,促使独立董事扮演监督人的角色,提升监督效力,从而促进公司研发创新。从资源依赖理论视角看,董事会规模由次优向目标董事会规模的调整将优化公司权益人的代表性,发挥董事会决策的民主性,聚集对公司有价值的建议,从而促进公司研发创新。董事会独立性由次优向目标董事会独立性的调整将有助于优化公司权力配置,引入外部专家性建议,提升决策水平,从而促进公司研发创新。

在企业不同生命周期阶段,战略性新兴产业公司所面对的代理问题严重程度及资源需求不尽相同,而无论是对资源需求约束的缓解还是对代理问题的缓解都将有助于促进公司研发创新。企业董事会结构由次优状态向目标董事会结构的调整既有助于降低代理问题,也有助于缓解资源约束问题,从而提升企业效率。因此,我们预计在企业生命周期的三个阶段,公司董事会结构由次优向目标董事会结构的调整都将促进公司研发创新。基于上述分析,我们提出如下假设:

假设 4 - 8a:在企业生命周期的三个阶段,董事会规模由"短缺董事会"向目标董事会规模的调整有助于促进公司研发创新。

假设 4 - 8b:在企业生命周期的三个阶段,董事会规模由"冗余董事会"向目标董事会规模的调整有助于促进公司研发创新。

假设 4 - 9a:在企业生命周期的三个阶段,董事会独立性由"短缺董事会"向目标董事会独立性的调整有助于促进公司研发创新。

假设 4 - 9b:在企业生命周期的三个阶段,董事会独立性由"冗余董

事会"向目标董事会独立性的调整有助于促进公司研发创新。

4.2.2　企业生命周期、董事会治理结构调整与研发创新研究设计

4.2.2.1　研究变量

1）董事会治理结构变量

本研究用董事会规模及董事会独立性两个变量来度量董事会治理结构。在选择度量指标时主要依据相关理论及现有研究所用指标，把董事会规模定义为董事总人数，董事会独立性定义为外部董事占董事会总人数的比例。此外，还将把董事会领导结构作为控制变量纳入模型，董事会领导结构定义为董事长与总经理是否两职合一，当公司董事长与总经理两职合一取值1，否则，取值0。

2）企业生命周期变量

在已有关于企业生命周期度量方法的文献基础上（Miller and Friesen，1984；Anthony and Ramesh，1992；DeAngelo and Stulz，2006；Anthony and Ramesh，1992；Hribar and Yehuda，2007；Bens，Nagar and Wong，2002；De Angelo and Stulz，2006；Sian，2009），结合打分法与产业经济学方法的优点，选用销售收入增长率、留存收益率、资本支出率及企业年龄四个指标（见表4.11）来划分企业发展阶段。在具体操作时，考虑到产业之间差异的因素，根据四个指标的总得分将总样本分行业进行由大到小的排序，其中每一个行业样本都按照总得分等分成三部分，得分最高的部分为成长期企业，得分最低的部分为衰退期企业，中间部分为成熟期企业①。最后，把各行业的分类结果汇总，即得到所有上市公司企业生命周期的样本分类结果。

---

① 为了尽量降低企业生命周期不同阶段的划分偏差，在进行划分时，采用的样本为剔除指标不健全公司后的全部上市公司，而后分别按行业进行打分排序，同时大致等分为成长期、成熟期与衰退期三个阶段。

表 4.11　企业生命周期阶段的划分标准

变量	销售收入增长率		留存收益率		资本支出率		企业年龄	
发展阶段	特征	赋值	特征	赋值	特征	赋值	特征	赋值
成长阶段	高	3	低	3	高	3	低	3
成熟阶段	中	2	中	2	中	2	中	2
衰退阶段	低	1	高	1	低	1	高	1

3）研发创新

关于企业研发创新变量的度量，与前述该变量的度量方法一致，即对创新过程进行全面刻画。首先，采用企业是否有研发投资支出虚拟变量反映公司研发创新意愿；其次，采用公司研发支出占比来反映公司研发创新强度；最后，采用企业获得的授权专利数量，包括发明专利与三类专利（发明专利、实用新型及外观设计）之和来反映企业总研发创新效果。同样值得说明的是，考虑到研究中董事会结构调整选取的间隔期间为两年，这里采用董事会结构变化期间两年内的专利累积数度量研发创新效果。而在研究股权结构及高管薪酬时，则采用间隔一年的数据，创新研发投入与产出专利变量也相应地用一年的变量。此外，由于专利原始数据在各企业之间存在较大差距，为了降低在实证检验模型中使用专利数据原值出现的偏误，对专利创新数据值进行了取常用对数的处理。

4）董事会决定因素变量

（1）董事会监督与咨询协调收益度量。参考现有文献做法，这里用公司规模、公司资本结构中的负债比率以及公司经营单位来度量董事会监督与咨询协调收益，检验中包含了公司年龄变量，并用自由现金流来度量管理层的私有收益。其中，公司规模用期末总资产的自然对数表示，负债比率采用期末债务与资产总额的比率，公司经营单位用公司主营业务数目度量，公司年龄则指公司自 IPO 以来的年限，公司自由现金流＝（息前税后利润＋折旧与摊销－营运资本增加－资本支出）÷总资产。根据研究假设，这些变量将与董事会规模及外部董事占比呈正相关关系。

（2）董事会监督与咨询协调成本度量。这里用市账比、股票收益标准差来度量董事会监督与咨询协调带来的成本。其中市账比 =（流通股市值 + 非流通股价值 + 负债的账面价值）÷ 账面总资产价值,考虑到我国股权分置改革进程中的公司股权构成特点,流通股由两部分组成,完全可市场流通的股权的价值直接采用年末股价与股权数的乘积,限售股的股权价值则在相应的流通价值上打 8 折,非流通股价值则为每股净资产乘以股权数,其他项目可直接从财务报表获取。股票收益的标准差用股票月度收益的标准差来表示。根据研究假设,这些变量将与董事会规模及外部董事占比呈负相关关系。

（3）内部激励与外部监督度量。这里用管理层持股来表示公司内部人激励,用外部机构大额持股表示外部监督。其中,管理层持股采用二值变量表示,实施管理层持股计划的取值 1,否则取值 0,外部机构持股则用外部机构持股占总股数的比例表示。根据研究假设,这些变量将与董事会规模及外部董事占比呈负相关关系。

（4）CEO 特征度量。这里用公司规模、公司过去绩效以及 CEO 年龄表示 CEO 的能力。其中公司过去绩效用最近两年经行业调整的平均资本回报率来度量;CEO 年龄为:小于 60 岁时按实际年龄计,大于 60 岁时按虚拟变量计,用信号变量表示。为了刻画 CEO 的公司专有信息的价值,用市账比及公司股票收益的标准差来表示,变量定义同上。根据研究假设,这些变量将与董事会规模及外部董事占比呈负相关关系。

（5）董事会领导结构影响因素度量。影响董事会领导结构的因素主要有 CEO 能力与公司专有信息转移成本等。本书采用公司规模、公司过去绩效、CEO 任期与 CEO 年龄,以及市账比、股票收益的标准差等,其中 CEO 任期用 CEO 职位的任职年限表示,其他变量的定义同上。根据研究假设,这些特征将与公司 CEO 董事长两职合一虚拟变量呈正相关关系。

（6）控制变量。根据已有的研究,行业与时间因素会影响公司董事会结构,因此本书把这些变量视作控制变量。行业特征用行业虚拟变量表示,某一特定行业取值 1,同时其他行业取值 0。时间变量用年度虚拟变量来表示,当年度取值 1,其他取值 0。

4.2.2.2 研究样本

本部分同样选用我们收集的战略性新兴产业公司样本,筛选条件如前章所述。样本选取时间始于 2007 年,研究区间为 2007—2013 年,经过挑选,得到 879 家新兴产业上市公司。研究中使用的公司投资效率、公司治理以及公司特征等相关数据全部来自 CSMAR 数据库与 CCER 数据库,并剔除了金融类公司、估计投资效率变量指标不健全的公司、公司治理变量指标及财务指标不全的上市公司。在公司董事会结构调整中,为了规避董事会调整估计过程中的序列相关问题,我们采用间隔一年的数据,经过剔除与筛选,最后得到 2007 年、2009 年、2011 年及 2013 年共 2 050 个观测样本。

4.2.2.3 实证方法

本研究首先检验企业生命周期内董事会治理结构的差异性及演变规律。使用独立样本 T 检验及非参数 Z 检验考察不同生命周期阶段董事会治理结构的差异性;使用 OLS 方法回归方程(4 - 9),考察企业生命周期变量对公司董事会结构各变量(包括董事会规模、独立董事及董事会领导结构变量)的影响。

$$DSize_{i,t} \text{ 或 } IndpD_{i,t} \text{ 或 } Dual_{i,t} = \gamma_0 + \gamma_1 Lifecycle_{i,t} + \gamma_2 Controls_{i,t} + \varepsilon$$

$$(4 - 9)$$

其中,生命周期变量包括企业生命周期的三个阶段变量,即成长期、成熟期及衰退期,以及对企业生命周期三个阶段按序数(1,2,3)编码后的一个整体变量,控制变量包括行业变量与年度变量。在回归的过程中逐个考察每个变量对公司董事会治理结构的影响。

其次,本研究为了深入考察企业生命周期下公司董事会结构的动态调整,除了在描述性统计中呈现公司动态调整的趋势,还将考察企业生命周期影响下董事会结构的调整速度,并采用前述实证模型式(4-1)~式(4-8)分别考察与检验不同企业生命周期阶段下董事会治理结构的调整及其对企业创新的影响。

4.2.3　企业生命周期、董事会治理结构调整与研发创新实证结果及解释

4.2.3.1　董事会治理结构与企业生命周期关系的检验结果

表 4.12 汇总了全样本主要变量的描述性统计结果。从全样本来看,样本公司董事会规模的均值为 8.990,最大值为 18.000,最小值为 5.000,标准差达到 1.776,说明我国不同上市公司之间董事会规模存在较大差别;样本公司外部董事比例的均值为 0.370,标准差为 0.054,说明我国上市公司外部董事比例稳定在一定水平上;董事会领导结构的均值为 0.257,说明我国上市公司中有相当部分公司是董事长与总经理两职合一。按照我国《公司法》及上市公司治理指引规定,当公司董事会规模小于 19 人时,外部独立董事应占全部董事会规模的三分之一。因此描述性结果初步表明我国上市公司董事会治理结构在一定程度上更多的是满足合规性要求并进行一定程度的主动调整。

表 4.12　主要变量描述性统计

	变量	观测样本	均值	标准差	最小值	最大值
全样本	Dsize	2 050	8.990	1.776	5.000	18.000
	Indpd	2 050	0.370	0.054	0.091	0.714
	Dual	2 050	0.257	0.437	0.000	1.000
成长阶段	Dsize	750	8.893	1.699	5.000	18.000
	Indpd	750	0.371	0.055	0.091	0.714
	Dual	750	0.275	0.447	0.000	1.000

（续表）

	变量	观测样本	均值	标准差	最小值	最大值
成熟阶段	Dsize	765	9.050	1.837	5.000	18.000
	Indpd	765	0.372	0.053	0.250	0.667
	Dual	765	0.271	0.445	0.000	1.000
衰退阶段	Dsize	535	9.041	1.791	5.000	18.000
	Indpd	535	0.369	0.052	0.250	0.600
	Dual	535	0.213	0.410	0.000	1.000

而后，把样本分成成长期、成熟期与衰退期三个子样本。成长阶段样本结果显示，样本公司董事会规模的均值为8.893，最大值为18.000，最小值为5.000，标准差达到1.699，说明我国不同上市公司之间董事会规模存在较大差别；样本公司外部董事比例的均值为0.371，标准差为0.055，说明我国上市公司外部董事比例稳定在一定水平上；董事会领导结构的均值为0.275，说明我国上市公司中有相当一部分公司是董事长与总经理两职合一。成熟阶段样本结果显示，样本公司董事会规模的均值为9.050，最大值为18.000，最小值为5.000，标准差达到1.837，说明我国不同上市公司之间董事会规模存在较大差别；样本公司外部董事比例的均值为0.372，标准差为0.053，说明我国上市公司外部董事比例稳定在一定水平上；董事会领导结构的均值为0.271，说明我国上市公司中有相当一部分公司是董事长与总经理两职合一。衰退阶段样本结果显示，样本公司董事会规模的均值为9.041，最大值为18.000，最小值为5.000，标准差达到1.791，说明我国不同上市公司之间董事会规模存在较大差别；样本公司外部董事比例的均值为0.369，标准差为0.052，说明我国上市公司外部董事比例稳定在一定水平上；董事会领导结构的均值为0.213，说明我国上市公司中有相当一部分公司是董事长与总经理两职合一。从三个阶段结果来看，公司董事会结构在企业生命周期不同阶段存在一定差异。

接下来,根据企业生命周期变量得分情况将样本划分为成长期、成熟期、衰退期三组,并对成长期-成熟期、成长期-衰退期、成熟期-衰退期样本进行了组间的参数与非参数检验,结果如表 4.13 所示。随着企业不断发展,样本公司的董事会规模呈现下降趋势,不同发展阶段间差异显著;董事会中独立董事比例呈微弱上升趋势,但彼此间的差异不显著;董事会领导结构呈下降趋势,但成长期与成熟期之间没有显著差异,而衰退期与成长期、成熟期之间均存在显著差异。这初步说明,随着企业不断发展,董事会治理结构发生了一定的变化,董事会治理结构与企业生命周期之间可能存在某种联系,在企业生命周期的不同阶段,董事会治理结构存在差异。这为进一步回归检验奠定了基础。

表 4.13　董事会治理结构变量在企业生命周期不同阶段的差异

变量	按企业成长阶段分			T值			Z值		
	成长期	成熟期	衰退期	成长期-成熟期	成长期-衰退期	成熟期-衰退期	成长期-成熟期	成长期-衰退期	成熟期-衰退期
Sample	750	765	535						
Dsize	8.893	9.050	9.041	−1.824*	1.638*	0.856	−1.298**	−4.772***	−2.587***
Indpd	0.371	0.372	0.369	−0.299	−0.991	−0.717	−0.251	−0.441	−0.723
Dual	0.275	0.271	0.213	0.907	2.961***	2.183**	−0.911	−2.997***	−2.182**

注:***表示在1%的水平上显著,**表示在5%的水平上显著,*表示在10%的水平上显著。Z统计量是比较各变量在企业不同发展阶段差异时,采用非参数检验得到的统计量。

4.2.3.2　企业生命周期、董事会治理结构调整与企业研发创新的检验结果

1) 企业生命周期与董事会治理结构调整速度

企业生命周期究竟如何影响董事会治理结构的调整速度? 我们通过估计动态部分调整模型,考察了不同生命周期阶段公司董事会结构的

动态调整。值得强调的是，为了规避在估计动态面板时普通最小二乘法以及固定效应模型可能带来的偏差，我们采用系统 GMM 进行估计，估计结果如表 4.14 所示。

表 4.14　不同成长阶段董事会结构的调整速度

因变量	成长阶段		成熟阶段		衰退阶段	
	董事会规模	董事会独立性	董事会规模	董事会独立性	董事会规模	董事会独立性
L. Dsize	0.703*** (2.58)		0.536** (1.98)		0.646** (2.48)	
L. Indpd		0.547*** (3.54)		0.289* (1.69)		0.363* (1.78)
Dual	− 0.254 (− 1.30)	0.0006 (0.03)	− 0.596 (− 1.65)	0.012 (0.50)	0.681 (0.58)	− 0.011 (− 0.45)
Debt	− 0.525 (− 0.47)	− 0.018 (− 0.59)	− 0.208 (− 0.16)	− 0.023 (− 0.60)	0.952 (0.61)	0.008 (0.32)
Lnsize	0.266 (0.76)	− 0.0004 (− 0.07)	0.198 (1.01)	0.002 (0.35)	− 0.036 (− 0.16)	0.001 (0.08)
Segments	− 0.204 (− 0.19)	− 0.01 (− 0.98)	− 0.542 (− 0.33)	0.011 (0.46)	0.693 (0.38)	− 0.005 (− 0.30)
MtB	− 0.069 (− 0.22)	− 0.002 (− 0.60)	− 0.231 (− 0.64)	0.0003 (0.05)	− 0.2 (− 0.69)	0.005 (0.64)
Std_stkrtn	7.862 (1.14)	− 0.025 (− 0.23)	− 0.388 (− 0.19)	0.0004 (0.01)	0.685 (0.20)	− 0.058 (− 0.81)
Firmage	1.938 (1.52)	− 0.004 (− 0.17)	0.727 (1.05)	− 0.006 (− 0.28)	− 0.171 (− 0.21)	− 0.046 (− 0.78)
Concentr1	− 1.251 (− 1.62)	0.042 (1.50)	1.389 (0.68)	− 0.012 (− 0.21)	− 1.506 (− 0.98)	0.033 (0.76)
Mstckh	2.514 (1.40)	− 0.012 (− 0.29)	0.364 (0.40)	0.006 (0.13)	− 1.01 (− 0.60)	0.046 (0.53)
Lgstckh	− 0.256 (− 0.20)	− 0.021 (− 0.89)	− 0.786 (− 0.34)	0.016 (0.21)	6.228 (0.97)	− 0.092 (− 0.62)

（续表）

因变量	成长阶段		成熟阶段		衰退阶段	
	董事会规模	董事会独立性	董事会规模	董事会独立性	董事会规模	董事会独立性
State	0.670* (1.80)	-0.010 (-1.05)	-0.303 (-0.52)	-0.001 (-0.09)	0.603 (0.98)	-0.001 (-0.13)
Constant	1.522 (0.16)	0.151 (0.75)	8.43 (0.73)	0.216 (1.12)	14.113 (0.96)	0.152 (0.52)
Hansen	0.307	0.428	0.04	0.371	0.376	0.051
Sargan	0.872	0.947	0.658	0.991	0.598	0.772

注：＊＊＊表示在 1% 的水平上显著，＊＊表示在 5% 的水平上显著，＊表示在 10% 的水平上显著。

从成长阶段结果来看，董事会规模滞后项前面的系数为 0.703，这说明在两年时间期限内公司董事会规模向目标规模调整的速度是 0.297(1-0.703)，并将以该速度填补期初的董事会规模与目标董事会规模之间 0.703 的缺口。就董事会独立性结果来看，董事会独立性滞后项前面的系数为 0.547，这说明在两年时间期限内公司董事会独立性向目标独立性调整的速度是 0.453(1-0.547)，并将以该速度填补期初的董事会独立性与目标董事会独立性之间 0.547 的缺口。

从成熟阶段结果来看，董事会规模滞后项前面的系数为 0.536，这说明在两年时间期限内公司董事会规模向目标规模调整的速度是 0.464(1-0.536)，并将以该速度填补期初的董事会规模与目标董事会规模之间 0.536 的缺口。就董事会独立性结果来看，董事会独立性滞后项前面的系数为 0.289，这说明在两年时间期限内公司董事会独立性向目标独立性调整的速度是 0.711(1-0.289)，并将以该速度填补期初的董事会独立性与目标董事会独立性之间 0.289 的缺口。

从衰退阶段结果来看，董事会规模滞后项前面的系数为 0.646，这说明在两年时间期限内公司董事会规模向目标规模调整的速度是 0.354(1-0.646)，并将以该速度填补期初的董事会规模与目标董事会规模之间 0.646 的缺口。就董事会独立性结果来看,董事会独立性滞后项前面的系数为 0.363,这说明在两年时间期限内公司董事会独立性向目标独立性调整的速度是 0.637(1 - 0.363),并将以该速度填补期初的董事会独立性与目标董事会独立性之间 0.363 的缺口。

上述结果表明,公司董事会独立性的调整速度快于规模的调整速度。该结果既通过了 Sargen 检验,也通过了 Hansen 检验。

2)企业生命周期与董事会治理结构非对称调整

接下来检验企业生命周期不同阶段董事会治理结构的非对称调整。上述对公司董事会动态调整的估计是假设公司董事会的调整是对称的,即公司董事会结构从"冗余"与"短缺"两侧向目标董事会结构的调整是同步的,而现实中由于董事会成员解聘与新聘带来的成本不同,将直接导致公司董事会结构发生非对称调整。因此,我们把董事会结构向目标结构的调整分为从"冗余"与"短缺"两侧向目标董事会结构的调整,并假定两者调整速度不同。这里的目标董事会结构基于表 4.14 的估计结果,即用混合截面数据回归的拟合值来代替。

表 4.15 汇总了企业成长阶段董事会治理结构非对称调整的检验结果。其中,Panel A 是董事会规模的非对称调整结果,模型(4 - 1)假定董事会规模的上下调整是对称的,其前面的调整系数为 0.209,说明公司董事会规模向目标规模调整的速度是 0.209,董事会规模将以该速度填补期初的董事会规模与目标董事会规模之间的缺口。模型(4 - 4)允许公司董事会规模非对称调整,从"冗余董事会"向目标董事会规模调整的系数为 0.073,从"短缺董事会"向目标董事会规模调整的系数为 0.402,这说明公司董事会规模由"冗余"向目标规模调整的速度为 0.073,而由"短缺"向目标董事会规模调整的速度为 0.402,即董事会规模将以 0.073 的速度从"冗余董事会"填补期初的董事会规模与目标董事会规模之间的缺口,而将以 0.402 速度从"短缺董事会"填补期初的董事会规模与目标董事会规模之间的缺口。该结果说明公司在其董事会成员冗余时,调整的意愿与动力相对不足;而当董事会成员短缺时,新聘或纳入新成员的积极性较高,这可能是为了满足监管的需要。

Panel B 是董事会独立性的非对称性调整结果,模型(4－1)假定董事会独立性的上下调整是对称的,其前面的调整系数为 0.540,说明公司董事会规模向其目标规模调整的速度是 0.540。模型(4－5)允许公司董事会独立性非对称调整,从"冗余董事会"向目标董事会独立性调整的系数为 0.394,从"短缺董事会"向目标董事会独立性调整的系数为 0.893,这说明公司董事会独立性由"冗余董事会"向目标董事会独立性调整的速度为 0.394,而由"短缺董事会"向目标董事会独立性调整的速度为 0.893。该结果说明公司对董事会独立性的调整都比较及时,但是,独立董事冗余时的调整慢于独立董事短缺时的调整。以上结果验证了公司董事会结构不仅是部分调整,也是非对称调整。

表 4.15　企业成长阶段董事会结构非对称调整

Panel A 董事会规模非对称调整			Panel B 董事会独立性非对称调整		
	(1)	(2)		(1)	(2)
TBSD	0.209*** (3.05)		TBID	0.540*** (5.02)	
BS^{above}* TBSD		0.073* (1.664)	BI^{above}* TBID		0.394** (2.495)
BS^{under}* TBSD		0.402*** (2.90)	BI^{under}* TBID		0.893*** (2.972)
Constant	－0.373*** (－2.965)	－0.592*** (－3.190)	Constant	0.01 (1.635)	0.0003 (0.027)
Adj R^2	0.062	0.073	Adj R^2	0.161	0.165
F	9.302	5.984	F	25.203	13.45

注:***表示在 1%的水平上显著,**表示在 5%的水平上显著,*表示在 10%的水平上显著。

表 4.16 汇总了企业成熟阶段董事会治理结构非对称性调整的检验结果。其中,Panel A 是董事会规模的非对称调整结果,模型(4－1)假定董事会规模的上下调整是对称的,其前面的调整系数为 0.388,说明公司董事会规模向目标规模调整的速度是 0.388,董事会规模将以该速度

填补期初的董事会规模与目标董事会规模之间的缺口。模型(4-4)允许公司董事会结构非对称调整,从"冗余董事会"向目标董事会规模调整的系数为0.179,从"短缺董事会"向目标董事会规模调整的系数为0.421,这说明公司董事会规模由"冗余"向目标规模调整的速度为0.179,而由"短缺"向目标董事会规模调整的速度为0.421,即董事会规模将以0.179的速度从"冗余董事会"填补期初的董事会规模与目标董事会规模之间的缺口,而将以0.421速度从"短缺董事会"填补期初的董事会规模与目标董事会规模之间的缺口。该结果说明公司在其董事会成员冗余时,调整的意愿与动力相对不足;而当董事会成员短缺时,新聘或纳入新成员的积极性较高,这可能是为了满足监管的需要。Panel B是董事会独立性的非对称性调整结果,模型(4-1)假定董事会独立性的上下调整是对称的,其前面的调整系数为0.550,说明公司董事会独立性向目标独立性调整的速度是0.550。模型(4-5)允许公司董事会独立性非对称调整,从"冗余董事会"向目标董事会独立性调整的系数为0.570,从"短缺董事会"向目标董事会独立性调整的系数为0.522,这说明公司董事会独立性由"冗余董事会"向目标董事会独立性调整的速度为0.570,而由"短缺董事会"向目标董事会独立性调整的速度为0.522。该结果说明公司对董事会独立性的调整都比较及时,但是,独立董事冗余时的调整慢于独立董事短缺时的调整。以上结果验证了公司董事会结构不仅是部分调整,也是非对称调整。

表 4.16　企业成熟阶段董事会结构非对称调整

Panel A 董事会规模非对称调整			Panel B 董事会独立性非对称调整		
	(1)	(2)		(1)	(2)
TBSD	0.388*** (5.385)		TBID	0.550*** (5.371)	
BS^{above} * TBSD		0.434*** (3.702)	BI^{above} * TBID		0.570*** (3.497)
BS^{under} * TBSD		0.321** (2.105)	BI^{under} * TBID		0.522*** (2.615)

（续表）

Panel A 董事会规模非对称调整			Panel B 董事会独立性非对称调整		
	（1）	（2）		（1）	（2）
Constant	−0.306** (−2.512)	−0.236 (−1.266)	Constant	0.020*** (3.902)	0.021*** (2.809)
Adj R²	0.152	0.148	Adj R²	0.151	0.146
F	28.997	14.553	F	28.847	14.346

注：＊＊＊表示在 1% 的水平上显著，＊＊表示在 5% 的水平上显著，＊表示在 10% 的水平上显著。

表 4.17 汇总了企业衰退阶段董事会治理结构非对称调整的检验结果。其中，Panel A 是董事会规模的非对称调整结果，模型（4-1）假定董事会规模的上下调整是对称的，其前面的调整系数为 0.210，说明公司董事会规模向其目标规模调整的速度是 0.210，董事会规模将以该速度填补期初的董事会规模与目标董事会规模之间的缺口。模型（4-4）允许公司董事会规模非对称调整，从"冗余董事会"向目标董事会规模调整的系数为 0.053，从"短缺董事会"向目标董事会规模调整的系数为 0.553，这说明公司董事会规模由"冗余"向目标规模调整的速度为 0.053，而由"短缺"向目标董事会规模调整的速度为 0.553，即董事会规模将以 0.053 的速度从"冗余董事会"填补期初的董事会规模与目标董事会规模之间的缺口，而将以 0.553 速度从"短缺董事会"填补期初的董事会规模与目标董事会规模之间的缺口。该结果说明公司在其董事会成员冗余时，调整的意愿与动力相对不足；而当董事会成员短缺时，新聘或纳入新成员的积极性较高，这可能是为了满足监管的需要。Panel B 是董事会独立性的非对称性调整结果，模型（4-1）假定董事会独立性的上下调整是对称的，其调整系数为 0.707，说明公司董事会规模向其目标规模调整的速度是 0.707。模型（4-5）允许公司董事会独立性非对称调整，从"冗余董事会"向目标董事会独立性调整的系数为 0.722，从"短缺董事会"向目标董事会独立性调整的系数为 0.662，这说明公司董事会由"冗余董事会"向目标董事会独立性调整的速度为

0.722,而由"短缺董事会"向目标董事会独立性调整的速度为0.662。该结果说明公司对董事会独立性的调整都比较及时,但是,独立董事冗余时的调整慢于独立董事短缺时的调整。以上结果验证了公司董事会结构不仅是部分调整,也是非对称调整。

表4.17 企业衰退阶段董事会结构非对称调整

Panel A 董事会规模非对称调整			Panel B 董事会独立性非对称调整		
	(1)	(2)		(1)	(2)
TBSD	0.210* (1.719)		TBID	0.707*** (6.074)	
BS^{above} * TBSD		0.053 (0.266)	BI^{above} * TBID		0.722*** (4.330)
BS^{under} * TBSD		0.553** (2.330)	BI^{under} * TBID		0.662* (1.858)
Constant	0.002 (0.008)	−0.397 (−1.231)	Constant	0.012* (1.683)	0.013 (1.160)
Adj R^2	0.02	0.244	Adj R^2	0.276	0.269
F	2.955	2.917	F	36.897	18.262

注:***表示在1%的水平上显著,**表示在5%的水平上显著,*表示在10%的水平上显著。

3)企业生命周期、董事会治理结构非对称调整与公司研发创新

(1)在成长阶段董事会治理结构非对称调整与公司研发创新。我们把公司研发创新分为研发创新意愿、研发创新投入与研发创新产出等组别进行考察。表4.18汇总了企业成长阶段公司董事会结构非对称调整对公司研发创新意愿的检验结果。其中,Panel A是董事会规模的非对称调整对研发创新意愿的影响结果,模型(4-6)中变量BSAdjDis与研发创新意愿呈正相关关系,且其在10%的统计水平上显著,这表明董事会规模由次优向目标董事会规模的调整能显著提升公司研发创新意愿。模型(4-7)中变量BSAdjDis^{above}与研发创新意愿呈显著正相关关系,但是变量BSAdjDis^{under}与研发创新意愿呈不显著的正相关关系,这

162

表明公司董事会规模由"冗余董事会"向目标董事会规模的调整将提升公司研发创新意愿,而由"短缺董事会"向目标董事会规模的调整则不能提升公司研发创新意愿。Panel B 是董事会独立性非对称调整对研发创新意愿的影响结果,模型(4-6)中变量 BIAdjDis 与研发创新意愿呈不显著的正相关关系,说明董事会独立性由次优向目标董事会独立性的调整不能提升公司研发创新意愿。模型(4-8)中变量 $BIAdjDis^{above}$ 及 $BIAdjDis^{under}$ 与研发创新意愿呈正相关关系,但它们在统计上均不显著,这表明董事会独立性向目标董事会独立性的调整不能提升公司研发创新意愿。因此,公司董事会规模向目标董事会规模的调整,主要是由"冗余董事会"向目标董事会规模的调整将提升公司研发创新意愿,而公司董事会独立性向目标董事会独立性的调整不能有效提升公司研发创新意愿。

表 4.18　企业成长阶段董事会治理结构非对称调整与公司研发创新意愿回归结果

Panel A 董事会规模非对称调整对研发创新意愿的影响			Panel B 董事会独立性非对称调整对研发创新意愿的影响		
变量	(1)	(2)	变量	(1)	(2)
BSAdjDis	0.837* (2.17)		BIAdjDis	16.765 (0.99)	
$BSAdjDis^{above}$		0.916* (2.45)	$BIAdjDis^{above}$		15.029 (1.15)
$BSAdjDis^{under}$		0.185 (0.38)	$BIAdjDis^{under}$		269.71 (1.42)
FCF	-0.852 (-0.24)	-1.112 (-0.32)	FCF	1.364 (0.48)	1.291 (0.45)
Debt	-1.075 (-0.40)	-0.861 (-0.32)	Debt	-0.089 (-0.04)	0.219 (0.09)
Lnsize	0.071 (0.15)	0.107 (0.19)	Lnsize	0.238 (0.61)	0.268 (0.73)
MtB	0.193 (0.87)	0.222 (1.03)	MtB	0.152 (0.77)	0.177 (0.89)

（续表）

Panel A 董事会规模非对称 调整对研发创新意愿的影响			Panel B 董事会独立性非对称 调整对研发创新意愿的影响		
变量	（1）	（2）	变量	（1）	（2）
Std_stkrtn	−1.521 （−0.52）	−3.37 （−0.96）	Std_stkrtn	−0.284 （−0.47）	−0.574 （−0.86）
Firmage	−0.192* （−2.31）	−0.219* （−2.52）	Firmage	−0.201* （−2.46）	−0.220** （−2.72）
Concentr1	1.979 （0.70）	2.015 （0.63）	Concentr1	0.99 （0.37）	0.845 （0.34）
Constant	−8.602 （−0.81）	−9.57 （−0.77）	Constant	−10.188 （−1.19）	−10.873 （−1.38）
N	110	110	N	110	110
Pseudo R^2	0.547	0.565	Pseudo R^2	0.524	0.53

注：***表示在1%的水平上显著，**表示在5%的水平上显著，*表示在10%的水平上显著。

表4.19汇总了企业成长阶段公司董事会结构非对称调整对公司研发创新投入的检验结果。其中，Panel A 是董事会规模非对称调整对研发创新投入的影响结果，模型（4－6）中变量 BSAdjDis 与研发创新投入呈不显著的负相关关系，这表明董事会规模由次优向目标董事会规模的调整不能促进公司研发创新投入。模型（4－7）中变量 BSAdjDis^{above} 及 BIAdjDis^{under} 与研发创新投入呈不显著的负相关关系，这表明公司董事会规模由"冗余董事会"或"短缺董事会"向目标董事会规模的调整都不能促进公司研发创新投入。Panel B 是董事会独立性非对称调整对研发创新投入的影响结果，模型（4－6）中变量 BIAdjDis 与研发创新投入呈不显著的负相关关系，说明董事会独立性由次优向目标董事会独立性的调整不能促进公司研发创新投入。模型（4－8）中变量 BIAdjDis^{above} 及 BIAdjDis^{under} 分别与研发创新投入呈正相关关系及负相关关系，但它们在统计上均不显著，这表明董事会独立性向目标董事会独立性的调整不能促进公司研发创新投入。因此，公司董事会规模向目标董事会规模的

164

调整不能提升公司研发创新投入;公司董事会独立性向目标董事会独立性的调整也不能有效提升公司研发创新投入。

表 4.19　企业成长阶段董事会治理结构非对称调整与公司研发创新投入的回归结果

Panel A 董事会规模非对称调整对研发创新投入的影响			Panel B 董事会独立性非对称调整对研发创新投入的影响		
变量	(1)	(2)	变量	(1)	(2)
BSAdjDis	−0.008 (−0.97)		BIAdjDis	−0.181 (−0.85)	
BSAdjDis^{above}		−0.004 (−0.82)	BIAdjDis^{above}		−0.168 (−0.87)
BSAdjDis^{under}		−0.031 (−1.09)	BIAdjDis^{under}		2.405 (0.85)
FCF	0.078 (1.11)	0.08 (1.11)	FCF	0.063 (1.06)	0.051 (0.97)
Debt	−0.087 (−1.53)	−0.08 (−1.56)	Debt	−0.097 (−1.49)	−0.089 (−1.51)
Lnsize	−0.002 (−0.29)	−0.002 (−0.25)	Lnsize	−0.003 (−0.40)	−0.003 (−0.38)
MtB	−0.002 (−0.25)	−0.003 (−0.32)	MtB	−0.002 (−0.27)	−0.001 (−0.17)
Std_stkrtn	0.009 (0.69)	0.008 (0.65)	Std_stkrtn	0.007 (0.60)	0.001 (0.11)
Firmage	−0.001 (−1.21)	−0.002 (−1.26)	Firmage	−0.001 (−0.99)	−0.001 (−1.19)
Concentr1	−0.069 (−1.30)	−0.069 (−1.28)	Concentr1	−0.063 (−1.27)	−0.065 (−1.26)
Constant	0.145 (0.78)	0.157 (0.79)	Constant	0.163 (0.83)	0.153 (0.82)
N	127	127	N	127	127
Adj R^2	0.0865	0.096	Adj R^2	0.081	0.0793

注:***表示在1%的水平上显著,**表示在5%的水平上显著,*表示在10%的水平上显著。

表 4.20 汇总了企业成长阶段公司董事会结构非对称调整对公司创新—发明专利的检验结果。其中，Panel A 是董事会规模非对称调整对创新—发明专利的影响结果，模型(4-6)中变量 BSAdjDis 与创新—发明专利呈显著正相关关系，这表明董事会规模由次优向目标董事会规模的调整能够提升公司创新—发明专利。模型(4-7)中变量 BSAdjDis^{above}与创新—发明专利呈显著正相关关系，变量 BSAdjDis^{under} 与创新—发明专利也呈显著正相关关系，这表明公司董事会规模由"冗余董事会"或"短缺董事会"向目标董事会规模的调整都将提升公司创新—发明专利。Panel B 是董事会独立性非对称调整对创新—发明专利的影响结果，模型(4-6)中变量 BIAdjDis 与创新—发明专利呈不显著的负相关关系，说明董事会独立性由次优向目标董事会独立性的调整不能促进公司创新—发明专利。模型(4-8)中变量 BIAdjDis^{above} 及 BIAdjDis^{under} 均与创新—发明专利呈负相关关系，但它们在统计上均不显著，这表明董事会独立性向目标董事会独立性的调整不能提高创新—发明专利。因此，公司董事会规模由"冗余董事会"或"短缺董事会"向目标董事会规模的调整都将提升公司创新—发明专利，公司董事会独立性向目标董事会独立性的调整也不能提升公司创新—发明专利。

表 4.20　企业成长阶段董事会治理结构非对称调整与公司创新—发明专利的回归结果

Panel A 董事会规模非对称调整对创新—发明专利的影响			Panel B 董事会独立性非对称调整对创新—发明专利的影响		
变量	(1)	(2)	变量	(1)	(2)
BSAdjDis	0.159** (2.32)		BIAdjDis	− 0.255 (− 0.08)	
BSAdjDis^{above}		0.131** (2.09)	BIAdjDis^{above}		− 0.114 (− 0.05)
BSAdjDis^{under}		0.241* (1.89)	BIAdjDis^{under}		− 9.123 (− 0.38)
FCF	− 0.183 (− 0.35)	− 0.188 (− 0.36)	FCF	0.059 (0.11)	0.088 (0.15)

（续表）

Panel A 董事会规模非对称 调整对创新—发明专利的影响			Panel B 董事会独立性非对称 调整对创新—发明专利的影响		
变量	（1）	（2）	变量	（1）	（2）
Debt	−0.555 （−1.52）	−0.562 （−1.54）	Debt	−0.388 （−1.05）	−0.406 （−1.08）
Lnsize	0.194* （1.68）	0.193* （1.67）	Lnsize	0.202* （1.74）	0.201* （1.73）
MtB	0.029 （0.68）	0.03 （0.67）	MtB	0.036 （0.88）	0.033 （0.80）
Std_stkrtn	−0.129 （−1.22）	−0.128 （−1.18）	Std_stkrtn	−0.092 （−0.93）	−0.078 （−0.69）
Firmage	−0.037** （−2.54）	−0.037** （−2.52）	Firmage	−0.038** （−2.46）	−0.037** （−2.33）
Concentr1	−0.466 （−0.77）	−0.464 （−0.76）	Concentr1	−0.552 （−0.95）	−0.549 （−0.94）
R&D	−0.188 （−0.33）	−0.16 （−0.28）	R&D	−0.336 （−0.59）	−0.316 （−0.55）
Constant	−3.565 （−1.58）	−3.585 （−1.57）	Constant	−3.628 （−1.58）	−3.606 （−1.56）
N	127	127	N	127	127
Adj R²	0.255	0.249	Adj R²	0.212	0.205

注：＊＊＊表示在1％的水平上显著，＊＊表示在5％的水平上显著，＊表示在10％的水平上显著。

表4.21汇总了成长阶段公司董事会结构非对称调整对公司研发创新—总专利的检验结果。其中，Panel A是董事会规模非对称调整对研发创新—总专利的影响结果，模型（4-6）中变量 BSAdjDis 与研发创新—总专利呈显著正相关关系，这表明董事会规模由次优向目标董事会规模的调整能够提升公司研发创新—总专利。模型（4-7）中变量 BSAdjDis[above] 与创新—发明专利呈显著正相关关系，变量 BSAdjDis[under] 与研发创新—总专利也呈显著正相关关系，这表明公司董事会规模由

"冗余董事会"或"短缺董事会"向目标董事会规模的调整都将提升公司研发创新—总专利。Panel B是董事会独立性非对称调整对研发创新—总专利的影响结果,模型(4-6)中变量BIAdjDis与研发创新—总专利呈不显著的正相关关系,说明董事会独立性由次优向目标董事会独立性的调整不能促进公司研发创新—总专利。模型(4-8)中变量BIAdjDis^{above}及BIAdjDis^{under}均与创新—发明专利呈正相关关系,但它们在统计上均不显著,这表明董事会独立性向目标董事会独立性的调整都不能提高研发创新—总专利。因此,公司董事会规模由"冗余董事会"或"短缺董事会"向目标董事会规模的调整将提升公司研发创新—总专利,公司董事会独立性向目标董事会独立性的调整也不能提升公司研发创新—总专利。

表 4.21 企业成长阶段董事会治理结构非对称调整与公司研发创新—总专利的回归结果

Panel A 董事会规模非对称调整对公司研发创新—总专利的影响			Panel B 董事会独立性非对称调整对公司研发创新—总专利的影响		
变量	(1)	(2)	变量	(1)	(2)
BSAdjDis	0.187** (2.03)		BIAdjDis	1.348 (0.35)	
BSAdjDis^{above}		0.157* (1.81)	BIAdjDis^{above}		1.069 (0.35)
BSAdjDis^{under}		0.270* (1.77)	BIAdjDis^{under}		1.132 (0.04)
FCF	-0.336 (-0.54)	-0.34 (-0.54)	FCF	-0.029 (-0.04)	-0.011 (-0.02)
Debt	-0.553 (-1.24)	-0.558 (-1.25)	Debt	-0.348 (-0.78)	-0.359 (-0.79)
Lnsize	0.203 (1.62)	0.203 (1.62)	Lnsize	0.217* (1.70)	0.217* (1.68)
MtB	0.046 (0.93)	0.047 (0.90)	MtB	0.053 (1.08)	0.052 (1.03)

（续表）

Panel A 董事会规模非对称调整 对公司研发创新—总专利的影响			Panel B 董事会独立性非对称调整 对公司研发创新—总专利的影响		
变量	（1）	（2）	变量	（1）	（2）
Std_stkrtn	−0.197* (−1.74)	−0.196* (−1.70)	Std_stkrtn	−0.152 (−1.39)	−0.143 (−1.16)
Firmage	−0.038** (−1.98)	−0.037** (−1.97)	Firmage	−0.039** (−2.02)	−0.039* (−1.94)
Concentr1	−0.468 (−0.71)	−0.466 (−0.71)	Concentr1	−0.582 (−0.91)	−0.58 (−0.90)
R&D	0.414 (0.68)	0.435 (0.68)	R&D	0.253 (0.41)	0.264 (0.43)
Constant	−3.952 (−1.57)	−3.967 (−1.56)	Constant	−4.147 (−1.60)	−4.134 (−1.59)
N	127	127	N	127	127
Adj R^2	0.269	0.262	Adj R^2	0.228	0.221

注：***表示在1%的水平上显著，**表示在5%的水平上显著，*表示在10%的水平上显著。

（2）在成熟阶段董事会治理结构非对称调整与公司研发创新。表4.22汇总了企业成熟阶段公司董事会结构非对称调整对公司研发创新意愿影响的检验结果。其中，Panel A 是董事会规模非对称调整对研发创新意愿的影响结果，模型（4-6）中变量 BSAdjDis 与研发创新意愿呈统计上不显著的正相关关系，这表明董事会规模由次优向目标董事会规模的调整不能提升公司研发创新意愿。模型（4-7）中变量 BSAdjDis[above] 与研发创新意愿呈统计上不显著的正相关关系，变量 BSAdjDis[under] 与研发创新意愿也呈统计上不显著的正相关关系，这表明公司董事会规模由"冗余董事会"或"短缺董事会"向目标董事会规模的调整都不能提升公司研发创新意愿。Panel B 是董事会独立性非对称调整对公司研发创新意愿的影响结果，模型（4-6）中变量 BIAdjDis 与研发创新意愿呈不显著的正相关关系，说明董事会独立性由次优向目标董事会独立性的调整不能提升公司研发创新意愿。模型(4-8)中变量 BIAdjDis^{above} 及 BIAdjDis^{under} 均与公司研发创新意愿呈正相关关系,但它们在统计上均不显著,这表明董事会独立性向目标董事会独立性的调整不能提高公司研发创新意愿。因此,在企业成熟阶段,公司董事会规模由"短缺董事会"或"冗余董事会"向目标董事会规模的调整不能提高公司研发创新意愿,公司董事会独立性向目标董事会独立性的调整也不能提高公司研发创新意愿。

表 4.22　企业成熟阶段董事会结构非对称调整对公司研发创新意愿影响的检验结果

Panel A 董事会规模非对称调整对研发创新意愿的影响			Panel B 董事会独立性非对称调整对研发创新意愿的影响		
变量	(1)	(2)	变量	(1)	(2)
BSAdjDis	0.135 (0.34)		BIAdjDis	11.649 (0.52)	
BSAdjDis^{above}		0.211 (0.50)	BIAdjDis^{above}		0.611 (0.02)
BSAdjDis^{under}		0.065 (0.12)	BIAdjDis^{under}		23.144 1.55)
FCF	-1.249 (-0.46)	-1.258 (-0.47)	FCF	-1.565 (-0.48)	-1.019 (-0.28)
Debt	-1.614 (-0.85)	-1.641 (-0.87)	Debt	-1.694 (-0.87)	-1.726 (-0.90)
Lnsize	-0.293 (-1.10)	-0.295 (-1.09)	Lnsize	-0.283 (-1.09)	-0.345 (-1.15)
MtB	-0.158 (-0.59)	-0.161 (-0.59)	MtB	-0.128 (-0.46)	-0.138 (-0.46)
Std_stkrtn	-0.064 (-0.01)	0.054 -0.01	Std_stkrtn	0.106 (0.02)	-0.035 (0.01)
Firmage	-0.154* (-2.23)	-0.151* (-2.30)	Firmage	-0.165* (-2.45)	-0.159* (-2.28)
Concentr1	2.209 (1.11)	2.295 (1.16)	Concentr1	2.144 (1.10)	2.679 (1.33)

（续表）

Panel A 董事会规模非对称调整对研发创新意愿的影响			Panel B 董事会独立性非对称调整对研发创新意愿的影响		
变量	（1）	（2）	变量	（1）	（2）
Constant	7.91 （1.29）	7.925 （1.28）	Constant	7.594 （1.27）	8.904 （1.26）
N	152	152	N	152	152
Pseudo R²	0.52	0.52	Pseudo R²	0.523	0.528

注：＊＊＊表示在 1% 的水平上显著，＊＊表示在 5% 的水平上显著，＊表示在 10% 的水平上显著。

　　表 4.23 汇总了企业成熟阶段公司董事会结构非对称调整对公司研发创新投入影响的检验结果。其中，Panel A 是董事会规模非对称调整对研发创新投入的影响结果，模型（4-6）中变量 BSAdjDis 与研发创新投入呈统计上不显著的正相关关系，这表明董事会规模由次优向目标董事会规模的调整不能促进公司研发创新投入。模型（4-7）中变量 BSAdjDis^{above} 与研发创新投入呈统计上不显著的正相关关系，变量 BSAdjDis^{under} 与研发创新投入呈统计上不显著的负相关关系，这表明公司董事会规模由"冗余董事会"或"短缺董事会"向目标董事会规模的调整都不能促进公司研发创新投入。Panel B 是董事会独立性非对称调整对公司研发创新投入的影响结果，模型（4-6）中变量 BIAdjDis 与研发创新投入呈不显著的正相关关系，说明董事会独立性由次优向目标董事会独立性的调整不能促进公司研发创新投入。模型（4-8）中变量 BIAdjDis^{above} 及 BIAdjDis^{under} 分别与公司研发创新投入呈正相关关系和负相关关系，但它们在统计上均不显著，这表明董事会独立性向目标董事会独立性的调整不能促进研发创新投入。因此，在企业成熟阶段，公司董事会规模向目标董事会规模的调整不能促进公司研发创新投入，同时，公司董事会独立性向目标董事会独立性的调整也不能促进公司研发创新投入。

表 4.23　企业成熟阶段董事会结构非对称调整对公司研发创新投入影响的检验结果

Panel A 董事会规模非对称 调整对研发创新投入的影响			Panel B 董事会独立性非对称 调整对研发创新投入的影响		
变量	（1）	（2）	变量	（1）	（2）
BSAdjDis	0.006 (0.74)		BIAdjDis	0.012 (0.09)	
$BSAdjDis^{above}$		0.011 (0.88)	$BIAdjDis^{above}$		0.021 (0.14)
$BSAdjDis^{under}$		−0.001 (−0.32)	$BIAdjDis^{under}$		−0.003 (−0.02)
FCF	0.006 (0.32)	0.006 (0.32)	FCF	0.008 (0.50)	0.008 (0.48)
Debt	−0.055*** (−2.79)	−0.062*** (−2.64)	Debt	−0.054*** (−2.75)	−0.054*** (−2.73)
Lnsize	−0.002 (−0.71)	−0.002 (−0.58)	Lnsize	−0.001 (−0.33)	−0.001 (−0.32)
MtB	−0.001 (−0.59)	−0.001 (−0.51)	MtB	−0.001 (−0.37)	−0.001 (−0.37)
Std_stkrtn	0.045 (1.21)	0.05 (1.26)	Std_stkrtn	0.043 (1.19)	0.043 (1.18)
Firmage	−0.003*** (−3.67)	−0.002*** (−3.80)	Firmage	−0.003*** (−3.65)	−0.003*** (−3.63)
Concentr1	−0.022 (−1.05)	−0.016 (−0.82)	Concentr1	−0.023 (−1.15)	−0.024 (−1.14)
Constant	0.113* (1.79)	0.106 (1.59)	Constant	0.097 (1.23)	0.096 (1.22)
N	157	157	N	157	157

注：＊＊＊表示在 1％的水平上显著，＊＊表示在 5％的水平上显著，＊表示在 10％的水平上显著。

　　表 4.24 汇总了企业成熟阶段公司董事会结构非对称调整对公司创新—发明专利影响的检验结果。其中，Panel A 是董事会规模非对称调整对创新—发明专利的影响结果，模型（4－6）中变量 BSAdjDis 与创

新—发明专利呈统计上不显著的负相关关系,这表明董事会规模由次优向目标董事会规模的调整不能促进创新—发明专利。模型(4-7)中变量 $BSAdjDis^{above}$ 与创新—发明专利呈统计上不显著的负相关关系,同时变量 $BSAdjDis^{under}$ 与创新—发明专利也呈统计上不显著的负相关关系,这表明公司董事会规模由"冗余董事会"或"短缺董事会"向目标董事会规模的调整都不能促进公司创新—发明专利。Panel B 是董事会独立性非对称调整对公司创新—发明专利的影响结果,模型(4-6)中变量 BIAdjDis 与创新—发明专利呈不显著的正相关关系,说明董事会独立性由次优向目标董事会独立性的调整不能促进公司创新—发明专利。模型(4-8)中变量 $BIAdjDis^{above}$ 与公司创新—发明专利呈不显著的正相关关系,而变量 $BIAdjDis^{under}$ 与公司创新—发明专利呈显著正相关关系,这表明董事会独立性由"短缺董事会"向目标董事会独立性的调整能够促进公司创新—发明专利。因此,在企业成熟阶段,公司董事会规模向目标董事会规模的调整不能促进创新—发明专利;但是,公司董事会独立性由"短缺董事会"向目标董事会独立性的调整将有助于促进公司创新—发明专利。

表 4.24　企业成熟阶段董事会结构非对称调整对公司创新—发明专利影响的检验结果

Panel A 董事会规模非对称调整对创新—发明专利的影响			Panel B 董事会独立性非对称调整对创新—发明专利的影响		
变量	(1)	(2)	变量	(1)	(2)
BSAdjDis	-0.083 (-0.98)		BIAdjDis	3.042 (0.89)	
$BSAdjDis^{above}$		-0.08 (-0.83)	$BIAdjDis^{above}$		1.251 (0.40)
$BSAdjDis^{under}$		-0.093 (-0.87)	$BIAdjDis^{under}$		5.937* (1.69)
FCF	-0.447 (-1.09)	-0.447 (-1.08)	FCF	-0.486 (-1.22)	-0.443 (-1.11)
Debt	0.085 (0.26)	0.063 (0.19)	Debt	0.079 (0.24)	0.045 (0.14)

（续表）

Panel A 董事会规模非对称调整对创新—发明专利的影响			Panel B 董事会独立性非对称调整对创新—发明专利的影响		
变量	(1)	(2)	变量	(1)	(2)
Lnsize	0.243*** (4.31)	0.244*** (4.32)	Lnsize	0.231*** (4.10)	0.223*** (3.90)
MtB	-0.019 (-0.50)	-0.019 (-0.49)	MtB	-0.025 (-0.63)	-0.025 (-0.61)
Std_stkrtn	-0.211 (-0.21)	-0.198 (-0.20)	Std_stkrtn	-0.183 (-0.19)	-0.165 (-0.16)
Firmage	-0.012 (-0.99)	-0.012 (-0.98)	Firmage	-0.014 (-1.08)	-0.012 (-0.96)
Concentr1	-0.384 (-1.18)	-0.371 (-1.13)	Concentr1	-0.424 (-1.25)	-0.353 (-1.01)
R&D	2.514*** (3.11)	2.457*** (2.85)	R&D	2.333*** (2.77)	2.343*** (2.80)
Constant	-4.44*** (-3.76)	-4.453*** (-3.77)	Constant	-4.227*** (-3.58)	-4.151*** (-3.52)
N	157	157	N	157	157
Adj R²	0.294	0.289	Adj R²	0.293	0.295

注：***表示在1%的水平上显著，**表示在5%的水平上显著，*表示在10%的水平上显著。

表 4.25 汇总了企业成熟阶段公司董事会结构非对称调整对公司研发创新—总专利影响的检验结果。其中，Panel A 是董事会规模非对称调整对公司研发创新—总专利的影响结果，模型(4-6)中变量 BSAdjDis 与研发创新—总专利呈统计上不显著的负相关关系，这表明董事会规模由次优向目标董事会规模的调整不能促进研发创新—总专利。模型(4-7)中变量 BSAdjDis[above] 与研发创新—总专利呈统计上不显著的负相关关系，同时变量 BSAdjDis[under] 与研发创新—总专利也呈统计上不显著的负相关关系，这表明公司董事会规模由"冗余董事会"或"短缺董事会"向目标董事会规模的调整都不能促进公司研发创新—总专利。

Panel B 是董事会独立性非对称调整对公司研发创新—总专利的影响结果，模型（4-6）中变量 BIAdjDis 与研发创新—总专利呈不显著正相关关系，说明董事会独立性由次优向目标董事会独立性的调整不能促进公司研发创新—总专利。模型（4-8）中变量 $BIAdjDis^{above}$ 与公司研发创新—总专利呈不显著正相关关系，而变量 $BIAdjDis^{under}$ 与公司研发创新—总专利呈显著正相关关系，这表明董事会独立性由"短缺董事会"向目标董事会独立性的调整能够促进公司研发创新—总专利。因此，在企业成熟阶段，公司董事会规模向目标董事会规模的调整不能促进研发创新—总专利，公司董事会独立性向目标董事会独立性的调整也不能促进公司研发创新—总专利。

表 4.25　企业成熟阶段董事会结构非对称调整对公司研发创新—总专利影响的检验结果

Panel A 董事会规模非对称调整对研发创新—总专利的影响			Panel B 董事会独立性非对称调整对研发创新—总专利的影响		
变量	（1）	（2）	变量	（1）	（2）
BSAdjDis	− 0.02 （− 0.21）		BIAdjDis	2.609 （0.62）	
$BSAdjDis^{above}$		− 0.027 （− 0.24）	$BIAdjDis^{above}$		1.062 （0.27）
$BSAdjDis^{under}$		− 0.01 （− 0.08）	$BIAdjDis^{under}$		5.108 （1.06）
FCF	− 0.406 （− 0.79）	− 0.407 （− 0.79）	FCF	− 0.419 （− 0.83）	− 0.382 （− 0.75）
Debt	0.151 （0.39）	0.161 （0.41）	Debt	0.155 （0.40）	0.126 （0.32）
Lnsize	0.288*** （4.38）	0.288*** （4.33）	Lnsize	0.285*** （4.41）	0.278*** （4.27）
MtB	− 0.048 （− 1.14）	− 0.048 （− 1.13）	MtB	− 0.049 （− 1.16）	− 0.049 （− 1.15）
Std_stkrtn	0.109 （0.09）	0.103 （0.08）	Std_stkrtn	0.108 （0.09）	0.124 （0.10）

（续表）

Panel A 董事会规模非对称调整对研发创新—总专利的影响			Panel B 董事会独立性非对称调整对研发创新—总专利的影响		
变量	（1）	（2）	变量	（1）	（2）
Firmage	-0.022 (-1.57)	-0.022 (-1.57)	Firmage	-0.023 (-1.60)	-0.022 (-1.50)
Concentr1	-0.418 (-1.10)	-0.424 (-1.09)	Concentr1	-0.461 (-1.16)	-0.4 (-0.98)
R&D	1.80^* (1.73)	1.826^* (1.70)	R&D	1.752^* (1.72)	1.761^* (1.74)
Constant	-5.208^{***} (-3.75)	-5.202^{***} (-3.71)	Constant	-5.169^{***} (-3.78)	-5.104^{***} (-3.75)
N	157	157	N	157	157
Adj R^2	0.335	0.33	Adj R^2	0.338	0.337

注：＊＊＊表示在1％的水平上显著，＊＊表示在5％的水平上显著，＊表示在10％的水平上显著。

（3）在衰退阶段董事会治理结构非对称调整与公司研发创新。表4.26汇总了企业衰退阶段董事会结构非对称调整对研发创新意愿影响的检验结果。其中，Panel A 是董事会规模的非对称调整对研发创新意愿的影响结果，模型（4-6）中变量 BSAdjDis 与研发创新意愿呈不显著的正相关关系，这表明董事会规模由次优向目标董事会规模的调整不能提高公司研发创新意愿。模型（4-7）中变量 BSAdjDis^{above} 与研发创新意愿呈不显著的正相关关系，变量 BSAdjDis^{under} 与研发创新意愿也呈不显著的正相关关系，这表明公司董事会规模由"冗余董事会"或"短缺董事会"向目标董事会规模的调整都不能提升研发创新意愿。Panel B 是董事会独立性非对称调整对研发创新意愿的影响结果，模型（4-6）中变量 BIAdjDis 与研发创新意愿呈显著的负相关关系，说明董事会独立性由次优向目标董事会独立性的调整将抑制公司研发创新意愿。模型（4-8）中变量 BIAdjDis^{above} 及 BIAdjDis^{under} 与研发创新意愿均呈负相关关系，并且它们在统计上显著，这表明董事会独立性由"短缺董事会"或"冗余董事会"向目标董事会独立性的调整都将抑制公司研发创新意愿。因此,在企业衰退阶段,公司董事会规模向目标董事会规模的调整不能提高研发创新意愿,公司董事会独立性向目标董事会独立性的调整将显著抑制公司研发创新意愿。

表 4.26　企业衰退阶段董事会结构非对称调整对公司研发创新意愿影响的检验结果

Panel A 董事会规模非对称 调整对研发创新意愿的影响			Panel B 董事会独立性非对称 调整对研发创新意愿的影响		
变量	(1)	(2)	变量	(1)	(2)
BSAdjDis	0.235 (0.53)		BIAdjDis	-168.926* (-2.34)	
BSAdjDis^{above}		0.098 (0.31)	BIAdjDis^{above}		-195.257* (-2.14)
BSAdjDis^{under}		1.016 (0.64)	BIAdjDis^{under}		-610.597* (-2.10)
FCF	-3.692 (-0.81)	-3.452 (-0.76)	FCF	-3.849 (-0.79)	-9.321 (-1.32)
Debt	1.442 (0.22)	1.419 (0.24)	Debt	-1.51 (-0.25)	-2.656 (-0.44)
Lnsize	-0.611 (-0.70)	-0.766 (-0.81)	Lnsize	0.239 (0.35)	-0.088 (-0.15)
MtB	-0.025 (-0.03)	-0.178 (-0.19)	MtB	0.675 (0.70)	-0.317 (-0.28)
Std_stkrtn	-31.301* (-2.15)	-30.207* (-2.22)	Std_stkrtn	-32.164* (-2.48)	-44.536 (-1.54)
Firmage	-0.15 (-1.48)	-0.168* (-1.69)	Firmage	-0.082 (-0.72)	-0.003 (-0.01)
Concentr1	-2.514 (-0.62)	-2.757 (-0.67)	Concentr1	-2.723 (-0.77)	0.476 (0.09)
Constant	-1.001 (-0.06)	2.511 (0.12)	Constant	-20.605 (-1.47)	-7.688 (-0.50)
N	92	92	N	92	92
Pseudo R^2	0.791	0.793	Pseudo R^2	0.813	0.854

注:***表示在 1% 的水平上显著,**表示在 5% 的水平上显著,*表示在 10% 的水平上显著。

表 4.27 汇总了企业衰退阶段董事会结构非对称调整对研发创新投入影响的检验结果。其中，Panel A 是董事会规模非对称调整对研发创新投入的影响结果，模型（4-6）中变量 BSAdjDis 与研发创新投入呈不显著负相关关系，这表明董事会规模由次优向目标董事会规模的调整不能促进公司研发创新投入。模型（4-7）中变量 BSAdjDis^{above} 与研发创新投入呈不显著负相关关系，同时，变量 BSAdjDis^{under} 与研发创新投入也呈不显著的负相关关系，这表明公司董事会规模由"冗余董事会"或"短缺董事会"向目标董事会规模的调整都不能促进研发创新投入。Panel B 是董事会独立性非对称调整对研发创新投入的影响结果，模型（4-6）中变量 BIAdjDis 与研发创新投入呈不显著负相关关系，说明董事会独立性由次优向目标董事会独立性的调整不能促进公司研发创新投入。模型（4-8）中变量 BIAdjDis^{above} 和 BIAdjDis^{under} 分别与研发创新投入呈负相关关系和正相关关系，并且它们在统计上都不显著，这表明董事会独立性向目标董事会独立性的调整不能促进公司研发创新投入。因此，在企业衰退阶段，公司董事会规模向目标董事会规模的调整不能促进公司研发创新投入，公司董事会独立性向目标董事会独立性的调整也不能促进公司研发创新投入。

表 4.27　企业衰退阶段董事会结构非对称调整对公司研发创新投入影响的检验结果

Panel A 董事会规模非对称调整对研发创新投入的影响			Panel B 董事会独立性非对称调整对研发创新投入的影响		
变量	(1)	(2)	变量	(1)	(2)
BSAdjDis	-0.006 (-1.47)		BIAdjDis	-0.201 (-0.75)	
BSAdjDis^{above}		-0.005 (-1.64)	BIAdjDis^{above}		-0.233 (-0.83)
BSAdjDis^{under}		-0.006 (-0.90)	BIAdjDis^{under}		0.141 (0.26)
FCF	0.055 (1.09)	0.057 (1.13)	FCF	0.049 (1.03)	0.049 (1.04)

（续表）

Panel A 董事会规模非对称调整对研发创新投入的影响			Panel B 董事会独立性非对称调整对研发创新投入的影响		
变量	（1）	（2）	变量	（1）	（2）
Debt	0.013 （0.55）	0.012 （0.51）	Debt	0.015 （0.62）	0.013 （0.55）
Lnsize	0.003 （0.73）	0.004 （0.75）	Lnsize	0.002 （0.54）	0.002 （0.53）
MtB	0.02 （1.60）	0.02 （1.59）	MtB	0.02 （1.55）	0.02 （1.52）
Std_stkrtn	−0.096 （−1.54）	−0.097 （−1.51）	Std_stkrtn	−0.117* （−1.85）	−0.116* （−1.81）
Firmage	−0.003*** （−3.22）	−0.003*** （−3.28）	Firmage	−0.004*** （−3.31）	−0.003*** （−3.22）
Concentr1	−0.017 （−0.72）	−0.02 （−0.83）	Concentr1	−0.013 （−0.56）	−0.011 （−0.48）
Constant	−0.038 （−0.35）	−0.082 （−0.70）	Constant	−0.058 （−0.51）	−0.061 （−0.55）
N	95	95	N	95	95
Adj R^2	0.443	0.438	Adj R^2	0.431	0.426

注：＊＊＊表示在 1% 的水平上显著，＊＊表示在 5% 的水平上显著，＊表示在 10% 的水平上显著。

　　表 4.28 汇总了企业衰退阶段董事会结构非对称调整对创新—发明专利影响的检验结果。其中，Panel A 是董事会规模的非对称调整对创新—发明专利的影响结果，模型（4-6）中变量 BSAdjDis 与创新—发明专利呈不显著的负相关关系，这表明董事会规模由次优向目标董事会规模的调整不能促进公司创新—发明专利。模型（4-7）中变量 BSAdjDis^{above} 与创新—发明专利呈不显著的正相关关系，同时，变量 BSAdjDis^{under} 与创新—发明专利呈不显著负相关关系，这表明公司董事会规模由"冗余董事会"或"短缺董事会"向目标董事会规模的调整都不能促进创新—发明专利。Panel B 是董事会独立性的非对称调整对创

新—发明专利的影响结果,模型(4-6)中变量 BIAdjDis 与创新—发明专利呈不显著负相关关系,说明董事会独立性由次优向目标董事会独立性的调整不能促进公司创新—发明专利。模型(4-8)中变量 BIAdjDis^{above} 和 BIAdjDis^{under} 分别与创新—发明专利呈负相关关系和正相关关系,并且它们在统计上都不显著,这表明董事会独立性由"冗余董事会"或"短缺董事会"向目标董事会独立性的调整都不能促进公司创新—发明专利。因此,在企业衰退阶段,公司董事会规模向目标董事会规模的调整不能促进创新—发明专利,公司董事会独立性向目标董事会独立性的调整也不能促进公司创新—发明专利。

表 4.28　企业衰退阶段董事会结构非对称调整对公司创新—发明专利影响的检验结果

Panel A 董事会规模非对称调整对创新—发明专利的影响			Panel B 董事会独立性非对称调整对创新—发明专利的影响		
变量	(1)	(2)	变量	(1)	(2)
BSAdjDis	−0.001 (−0.02)		BIAdjDis	−5.067 (−0.87)	
BSAdjDis^{above}		0.048 (0.68)	BIAdjDis^{above}		−6.325 (−1.02)
BSAdjDis^{under}		−0.245 (−1.64)	BIAdjDis^{under}		9.646 (1.12)
FCF	−0.259 (−0.42)	−0.414 (−0.69)	FCF	−0.265 (−0.42)	−0.231 (−0.36)
Debt	0.019 (0.04)	0.047 (0.10)	Debt	0.104 (0.22)	0.038 (0.08)
Lnsize	0.324*** (4.59)	0.315*** (4.46)	Lnsize	0.320*** (4.38)	0.319*** (4.52)
MtB	0.116 (1.16)	0.111 (1.12)	MtB	0.136 (1.28)	0.137 (1.30)
Std_stkrtn	−1.911* (−1.78)	−1.800* (−1.83)	Std_stkrtn	−1.877* (−1.91)	−1.845* (−1.90)

（续表）

Panel A 董事会规模非对称调整对创新—发明专利的影响			Panel B 董事会独立性非对称调整对创新—发明专利的影响		
变量	(1)	(2)	变量	(1)	(2)
Firmage	−0.041** (−2.25)	−0.035* (−1.94)	Firmage	−0.041** (−2.28)	−0.040** (−2.16)
Concentr1	0.517 (1.04)	0.731 (1.50)	Concentr1	0.64 (1.21)	0.722 (1.41)
R&D	−0.932 (−0.61)	−0.657 (−0.43)	R&D	−1.023 (−0.65)	−1.245 (−0.84)
Constant	−6.82*** (−4.74)	−5.909*** (−4.09)	Constant	−6.881*** (−4.57)	−6.888*** (−4.74)
N	94	94	N	94	94
Adj R²	0.352	0.383	Adj R²	0.358	0.371

注：＊＊＊表示在1%的水平上显著，＊＊表示在5%的水平上显著，＊表示在10%的水平上显著。

　　表4.29汇总了企业衰退阶段董事会结构非对称调整对公司研发创新—总专利影响的检验结果。其中，Panel A是董事会规模的非对称调整对研发创新—总专利的影响结果，模型（4-6）中变量 BSAdjDis 与研发创新—总专利呈不显著负相关关系，这表明董事会规模由次优向目标董事会规模的调整不能促进公司研发创新—总专利。模型（4-7）中变量 BSAdjDis^{above} 与研发创新—总专利呈不显著正相关关系，同时，变量 BSAdjDis^{under} 与研发创新—总专利呈不显著负相关关系，这表明公司董事会规模由"冗余董事会"或"短缺董事会"向目标董事会规模的调整都不能促进研发创新—总专利。Panel B是董事会独立性非对称调整对研发创新—总专利的影响结果，模型（4-6）中变量 BIAdjDis 与研发创新—总专利呈不显著负相关关系，说明董事会独立性由次优向目标董事会独立性的调整不能促进公司研发创新—总专利。模型（4-8）中变量 BIAdjDis^{above} 与研发创新—总专利呈不显著负相关关系，但是，变量 BIAdjDis^{under} 与研发创新—总专利呈显著正相关关系，这表明董事会独

立性由"短缺董事会"向目标董事会独立性的调整能够促进公司研发创新——总专利。因此,在企业衰退阶段,公司董事会规模向目标董事会规模的调整不能促进研发创新——总专利,董事会独立性由"短缺董事会"向目标董事会独立性的调整能够促进公司研发创新——总专利。

表 4.29　企业衰退阶段董事会结构非对称调整对公司研发创新——总专利影响的检验结果

Panel A 董事会规模非对称调整 对研发创新——总专利的影响			Panel B 董事会独立性非对称调整 对研发创新——总专利的影响		
变量	(1)	(2)	变量	(1)	(2)
BSAdjDis	−0.019 (−0.19)		BIAdjDis	−7.853 (−1.11)	
BSAdjDis^{above}		0.049 (0.57)	BIAdjDis^{above}		−9.95 (−1.36)
BSAdjDis^{under}		−0.341** (−2.16)	BIAdjDis^{under}		17.049** (2.06)
FCF	−0.116 (−0.16)	−0.314 (−0.44)	FCF	−0.146 (−0.18)	−0.087 (−0.11)
Debt	0.314 (0.59)	0.35 (0.67)	Debt	0.442 (0.82)	0.331 (0.65)
Lnsize	0.337*** (4.41)	0.325*** (4.13)	Lnsize	0.329*** (4.01)	0.326*** (4.13)
MtB	0.184* (1.68)	0.178* (1.66)	MtB	0.212* (1.79)	0.214* (1.85)
Std_stkrtn	−2.404* (−1.72)	−2.263* (−1.82)	Std_stkrtn	−2.406* (−1.81)	−2.352** (−2.01)
Firmage	−0.058*** (−2.84)	−0.05*** (−2.58)	Firmage	−0.059*** (−2.97)	−0.057*** (−2.88)
Concentr1	0.741 (1.22)	1.014* (1.72)	Concentr1	0.929 (1.51)	1.069* (1.82)
R&D	−1.423 (−0.79)	−1.073 (−0.60)	R&D	−1.491 (−0.79)	−1.867 (−1.12)

（续表）

Panel A 董事会规模非对称调整 对研发创新—总专利的影响			Panel B 董事会独立性非对称调整 对研发创新—总专利的影响		
变量	（1）	（2）	变量	（1）	（2）
Constant	− 6.864*** （− 4.53）	− 6.235*** （− 3.98）	Constant	− 6.947*** （− 4.08）	− 6.957*** （− 4.20）
N	94	94	N	94	94
Adj R²	0.409	0.445	Adj R²	0.418	0.454

注：＊＊＊表示在 1％的水平上显著，＊＊表示在 5％的水平上显著，＊表示在 10％的水平上显著。

4.2.3.2 稳健型检验

本章所得结果主要在两方面存在稳健型问题。首先，董事会治理结构的内生性问题，即董事会治理结构各变量之间可能相互影响，这是在前述研究中尚未考虑的问题；其次，采用新方法所构建的划分企业生命周期的指标也值得进行进一步的测试。

本章检验了企业生命周期阶段划分的敏感性。对企业生命周期阶段的划分目前尚不存在一致公认的客观标准，本研究根据赵蒲和孙爱英（2004）、曹裕等（2010）研究中采用的考虑行业因素的产业经济学分类方法划分企业生命周期阶段。这里需要指出的是，产业经济学划分方法需要研究区间连续的公司样本，为此本研究对 2002—2007 年沪深 A 股上市公司进行筛选后得到 270 家连续样本公司，用该样本对企业生命周期与董事会治理结构之间的关系进行检验，检验结果与本研究结果高度一致（见表 4.30），这表明基于本研究构建的企业生命周期阶段划分方法所得出的研究结论是稳健的。

4.3 小　结

本章以战略性新兴产业上市公司为样本，从公司内部决策结构调整

表 4.30 企业生命周期稳健性检验

变量	董事会规模				董事会独立性				董事会领导结构			
	(1)	(2)	(3)	(4)	(5)	(6)	(7)	(8)	(9)	(10)	(11)	(12)
Growth	0.278 (2.447)**				-0.002 (-0.573)				0.256 (1.985)**			
Maturity		-0.034 (-0.292)				0.002 (0.731)				0.215 (1.368)		
Decline			-0.254 (-2.196)**				-0.0004 (-0.150)				-0.559 (6.981)***	
Lifecycle				-0.177 (-2.677)***				0.0004 (0.247)				-0.259 (5.447)***
Constant	9.514 (33.381)***	9.602 (33.406)***	9.682 (33.793)***	9.960 (31.607)***	0.240 (33.532)***	0.239 (33.203)***	0.240 (33.324)***	0.239 (30.149)***	-1.766 (20.879)***	-1.774 (20.760)***	-1.512 (15.174)***	-1.163 (6.928)***
行业	控制	控制	控制	控制	控制	控制	控制	控制	控制	控制	控制	控制
年度	控制	控制	控制	控制	控制	控制	控制	控制	控制	控制	控制	控制
Adj-R²	0.066	0.063	0.065	0.067	0.368	0.368	0.367	0.367	0.045	0.045	0.048	0.047
F	5.530***	5.277***	5.481***	5.582***	38.492***	38.505***	38.473***	38.475***	2.892***	2.860***	3.097***	3.036***

注：***表示在1%的水平上显著，**表示在5%的水平上显著，*表示在10%的水平上显著。

出发,分析并考察了收益成本权衡下的公司董事会目标结构及其动态调整,并进一步考察了公司董事会结构非对称调整及其对公司研发创新的影响。研究结果表明,我国战略性新兴产业上市公司董事会结构存在频繁的变化,在每两年间隔的样本区间内,董事会规模或独立性经历调整的公司占样本公司的比例为 25%～38%,董事会结构向目标结构调整主要受公司特征变量及治理变量等因素的影响。研究结果还表明,在每两年的间隔期间内,公司董事会规模向目标董事会规模调整的速度为0.366,董事会独立性向目标董事会独立性调整的速度为 0.573。公司董事会结构向目标董事会结构的调整是非对称的,其中,董事会规模由"冗余董事会"向目标董事会规模调整的速度为 0.179,由"短缺董事会"向目标董事会规模调整的速度为 0.421;公司董事会独立性由"冗余董事会"向目标董事会独立性调整的速度为 0.580,而由"短缺董事会"向目标董事会独立性调整的速度为 0.642。研究结果还发现,公司董事会结构由"冗余董事会"向目标董事会规模的调整能够提升公司研发创新意愿,而向目标董事会独立性的调整并不能有效提升公司研发创新意愿。公司董事会结构由次优向目标董事会规模的调整并不能促进公司研发创新投入,向目标董事会独立性的非对称调整也不能促进公司研发创新投入。公司董事会结构由"冗余董事会"向目标董事会规模的调整能够促进公司创新—发明专利,由"短缺董事会"向目标董事会独立性的非对称调整能够促进公司创新—发明专利。公司董事会结构由"冗余董事会"向目标董事会规模的调整能够促进公司研发创新—总专利,由"短缺董事会"向目标董事会独立性的非对称调整能够促进公司研发创新—总专利。

通过纳入企业生命周期变量,考察了企业生命周期对公司董事会结构调整的影响,以及不同生命周期阶段公司董事会结构调整对企业资本配置效率的作用。研究结果表明,董事会治理结构在企业不同生命周期阶段存在显著差异。在成长阶段,公司董事会结构向目标董事会规模调整的速度为 0.297,向目标董事会独立性调整的速度为 0.453。在成熟阶段,公司董事会结构向目标董事会规模调整的速度为 0.464,向目标董事会独立性调整的速度为 0.711。在衰退阶段,公司董事会结构向目标董事会规模调整的速度为 0.354,向目标董事会独立性调整的速度为 0.637。

公司董事会结构向目标董事会结构的调整是非对称的。在成长阶段,董事会规模由"冗余董事会"向目标董事会规模调整的速度为 0.073,由"短缺董事会"向目标董事会规模调整的速度为 0.402;公司董事会独立性由"冗余董事会"向目标董事会独立性调整速度为 0.394,由"短缺董事会"向目标董事会独立性调整的速度为 0.893。在成熟阶段,董事会规模由"冗余董事会"向目标董事会规模调整的速度为 0.179,由"短缺董事会"向目标董事会规模调整的速度为 0.421;公司董事会独立性由"冗余董事会"向目标董事会独立性调整的速度为 0.570,由"短缺董事会"向目标董事会独立性调整的速度为 0.522。在衰退阶段,董事会规模由"冗余董事会"向目标董事会规模调整的速度为 0.053,由"短缺董事会"向目标董事会规模调整的速度为 0.553;公司董事会独立性由"冗余董事会"向目标董事会独立性调整的速度为 0.722,由"短缺董事会"向目标董事会独立性调整的速度为 0.662。

研究结果还发现,在成长阶段,公司董事会规模向目标董事会规模的调整,主要是由"冗余董事会"向目标董事会规模的调整将提升公司研发创新意愿;公司董事会独立性向目标董事会独立性的调整不能有效提升公司研发创新意愿。公司董事会规模向目标董事会规模的调整不能促进公司研发创新投入;公司董事会独立性向目标董事会独立性的调整也不能有效促进公司研发创新投入。公司董事会规模由"冗余董事会"或"短缺董事会"向目标董事会规模的调整都将提升公司创新—发明专利与研发创新—总专利;公司董事会独立性向目标董事会独立性的调整不能提升公司创新—发明专利与研发创新—总专利。在成熟阶段,公司董事会规模由"短缺董事会"向目标董事会规模的调整不能提高公司研发创新意愿与研发创新投入,公司董事会独立性向目标董事会独立性的调整也不能提高公司研发创新意愿与研发创新投入。公司董事会规模由"短缺董事会"向目标董事会规模的调整不能促进创新—发明专利;

但是公司董事会独立性由"短缺董事会"向目标董事会独立性的调整将有助于提升公司创新—发明专利。公司董事会规模由"短缺董事会"向目标董事会规模的调整不能提高研发创新—总专利;公司董事会独立性向目标董事会独立性的调整也不能提升公司研发创新—总专利。在企业衰退阶段,公司董事会规模由"短缺董事会"向目标董事会规模的调整不能提高研发创新意愿;公司董事会独立性向目标董事会独立性的调整将显著抑制公司研发创新意愿。公司董事会规模向目标董事会规模的调整不能促进研发创新投入与创新—发明专利;公司董事会独立性向目标董事会独立性的调整也不能促进公司研发创新投入与创新—发明专利。公司董事会规模向目标董事会规模的调整不能促进研发创新—总专利;董事会独立性由"短缺董事会"向目标董事会独立性的调整能够促进公司研发创新—总专利。

第 5 章　动态公司高管薪酬治理与战略性新兴产业企业研发创新

5.1　公司高管薪酬结构调整与战略性新兴产业企业研发创新

促进战略性新兴产业创新发展是加快我国经济向创新驱动方向转型的重要战略支点。当前关于如何促进战略性新兴产业发展的文献主要关注创新环境的营造与政策支持(吕铁和余剑,2012;贺俊和吕铁,2012;肖兴志和姜晓婧,2013;陆国庆等,2014),而对决定产业内微观企业创新资源配置的内部治理机制的研究还存在较大提升空间。从高管薪酬激励角度看,现有关于高管激励的研究大多关注高管薪酬对企业经营绩效或财务决策的影响(Jensen and Murphy,1990),但是,企业创新是一项周期较长、探索性强、不确定性较大的高风险活动,以企业绩效为目标设定的最优薪酬契约不能有效激励企业创新(Manso,2011;Ederer and Manso,2013)。原因是,尽管从长期看,企业创新活动有利于建立与提升企业竞争力,但是创新活动会影响企业短期绩效。在公司高管薪酬与业绩关联的考核下,企业高管将不愿意推进公司创新活动(Gibbons and Murphy,1990;Cheng,2004)。即使在长期考核下,创新的极大不确定性也将为高管带来较大的职业风险(Manso,2011),因此,如何调动高管的积极性,将直接影响企业创新。

现代公司所有权与经营权分离导致公司股东与经理之间可能发生利益冲突,从而产生代理问题。在代理视角下,提高高管薪酬将可能激励企业高管采取有利于股东价值的行为。但是,过高的薪酬激励效益边际递减,从而将损害股东利益。关于最优高管薪酬问题,很多研究将其与公司业绩联系起来,如 Ryan 和 Wiggins(2002)发现业绩敏感型薪酬能够增加公司当期的研发投资。Coles 等(2006)发现管理层的报酬与公司股价关联度越高,高管与股东的利益就越一致,高管的风险厌恶程度就越低,就越倾向于进行研发投资。陈修德等(2015)发现公司高管薪酬和企业创新呈正相关关系。李春涛和宋敏(2010)发现高管激励促进了企业创新。但是,江伟等(2015)则发现高管报酬总额与创新之间存在不确定的关系。Bergstresser 和 Philippon(2006)发现,业绩敏感型薪酬契约可能会对公司创新产生抑制作用。现有文献不一致的研究结论使得就如何优化公司高管薪酬进而促进企业创新具有很大的深入探讨空间。究竟如何通过调整与优化高管薪酬更好地促进企业研发创新?我们发现现有文献通过静态截面数据得出的结论只是表明通过提高或者降低高管薪酬可以促进公司创新。但是,高管薪酬持续不断地提高或者降低显然都不合逻辑,而现有文献既没有澄清高管薪酬调整目标在哪里,也没有说明高管薪酬应该进行多大程度的调整才能促进公司创新。

本章以战略性新兴产业上市公司为研究对象,考察公司高管薪酬动态调整及其对公司研发创新的作用。首先,考察了公司高管薪酬调整及最优高管薪酬,估计并检验公司目标薪酬水平;其次,用动态偏调整模型检验新兴产业公司高管薪酬向目标薪酬水平的动态调整;最后,考察新兴产业公司高管薪酬向目标高管薪酬的非对称动态调整对公司研发创新的影响。

研究结果表明,我国战略性新兴产业上市公司高管薪酬存在频繁的变化,在每年间隔的样本区间内,高管薪酬额或高管薪酬差距经历调整的公司占样本公司的比例在 90% 左右,高管薪酬向目标薪酬调整主要受公司特征变量及治理变量等因素的影响。研究结果还表明,在每两年的间隔期间内,公司高管薪酬向目标薪酬额调整的速度为 0.883,其向目标高管薪酬差距调整的速度为 0.528。进一步的,公司高管薪酬向目标薪酬的调整是非对称的,其中,公司高管薪酬由"过度薪酬"向目标薪酬调整的速度为－0.102,而由"不足薪酬"向目标薪酬调整的速度为0.694。公司高管薪酬差距由"过度薪酬"向目标薪酬差距调整的系数为0.293,而由"不足薪酬"向目标薪酬差距调整的速度为0.252。这表明公司高管薪酬不仅是部分调整,也是非对称调整。研究还发现,公司高管薪酬由"过度"向目标高管薪酬的调整能够发挥提升公司研发创新意愿的作用,而向目标高管薪酬差距的调整并不能有效提升公司研发创新意愿。公司高管薪酬由"过度"向目标高管薪的调整能够发挥提升公司研发创新投入的作用,而向目标高管薪酬差距的调整并不能有效提升公司研发创新投入。公司高管薪酬由"过度"向目标高管薪酬的调整能够发挥提升公司创新—发明专利的作用,由"不足"向目标高管薪酬差距的调整能有效提升公司创新—发明专利。公司高管薪酬由"过度"向目标高管薪酬的调整能够发挥提升公司研发创新—总专利的作用,由"不足"向目标高管薪酬差距的调整能有效提升公司研发创新—总专利。

本研究的主要贡献如下:

第一,分析并检验了高管薪酬高低带来的成本与收益权衡下的目标高管薪酬水平及其动态调整。现有关于高管薪酬的研究主要关注高管薪酬的影响因素(Finkelstein and Hambrick,1989;Rajagopalan and Prescott,1990;Carpenter and Sanders,2002;Miller,1995;Tosi and Greckhamer,2004;Veliyath et al.,1994;Baysinger and Hoskisson,1990;Hermalin and Weisbach,2003;Boyd,1994;Tosi and Gomez-Mejia,1994),这些文献一方面多层面验证了高管薪酬的影响因素,另一方面也反映了公司目标高管薪酬存在的可能性,但是没有进一步分析并检验公司目标高管薪酬及动态调整。而本研究基于现有文献,深入分析了我国公司高管薪酬形成时收益与成本权衡下的目标最优结构,考察并估计了我国新兴产业公司目标高管薪酬及动态调整速度。

第二,揭示并检验了我国新兴产业公司高管薪酬的调整是动态非对称调整。国内外关于高管薪酬动态调整的文献还很少见,且已有相关文献主要探讨高管薪酬业绩敏感性随时间及公司个体而变化(Gabaix,Sadzik,and Sannikov,2012),也有研究探讨高管薪酬业绩敏感性受外部冲击或环境影响而调整与变化（Berrone and Gomez-Mejia，2009；Taylor，2013）。Baixauli-Soler 和 Sanchez-Marin（2011）研究了西班牙上市公司高管薪酬水平决定与调整问题，但是，他们考察的是发达国家环境下的高管薪酬变化调整，并且没有区分从目标高管薪酬两侧调整的非对称性。本研究不仅用动态偏调整模型估计了我国新兴产业公司高管薪酬向目标高管薪酬调整的速度与幅度，还进一步检验了公司从两侧向目标高管薪酬非对称动态调整的速度，深化了公司高管薪酬的动态研究。

第三，分析与检验了高管薪酬的非对称调整对新兴产业公司研发创新的影响。国内外现有关于公司高管薪酬对公司创新影响的研究大多利用截面数据静态考察高管薪酬与公司研发创新之间的关系，并得到了不一致甚至相反的结论。本研究通过考察公司高管薪酬对最优薪酬的两侧偏离，检验了从上下两侧对最优薪酬的偏离对公司研发创新的影响，开拓了高管薪酬作用于公司研发创新的动态研究范畴。

5.1.1　公司高管薪酬与战略性新兴企业研发创新理论分析及研究假设

创新是提升企业核心竞争力，实现经济可持续增长的不竭动力。由于企业创新活动具有投入高、回报周期长、不确定性大等特点，常常会导致企业短期运营业绩下滑。企业业绩下滑可能引起高管薪酬的下降以及未来经营业绩波动带来的职业风险，从而可能引致公司高管利益与股东利益的不一致，进而产生代理问题（Core et al.，1999）。薪酬激励作为缓解高管代理问题的重要手段，可以降低高管与股东之间的利益冲突，能够为公司高管带来利益补偿，提高其尽力为公司创造价值的积极性。薪酬结构中的长期激励工具能够在一定程度上捆绑公司高管利益与公司股东利益，从而激励高管为公司长期利益考虑，这将有助于促使高管积极推动企业创新活动。现有关于高管薪酬与企业创新之间关系的研究主要集中在分析与检验高管薪酬是否促进了企业创新，并得到了不一致的结论。如陈修德等(2015)研究发现公司高管薪酬和企业创新呈正相关关系。李春涛和宋敏(2010)发现高管激励促进了企业创新。但是,江伟等(2015)则发现高管薪酬总额与创新之间存在不确定的关系。也有研究关注不同薪酬工具与创新之间的关系,如有研究者发现含股权激励的薪酬结构使得高管更加注重公司长远发展目标,因此促进创新(Tian et al.,2014);Ederer 等(2013)通过实证研究发现,经过设计的高管薪酬对于激励企业创新是有作用的。上述文献加深了我们对高管薪酬对企业创新的影响的认识。但是没有回答如何设定或者调整高管薪酬更能促进企业创新。

关于高管薪酬的设定,高管薪酬合约理论指出,企业高管薪酬取决于高管的能力、风险偏好以及所面临的经营风险,薪酬可能是对高管能力提高与面临风险上升的补偿(Kaplan and Minton,2006)。大量对高管激励的研究认为将高管薪酬与公司业绩相关联,即制定业绩敏感型薪酬契约,能够有效激励高管在实现个人利益的同时提升公司价值。Morck 等(1988)研究发现,那些实施业绩敏感型薪酬契约的公司通常具有较高的托宾 Q 值。但是,由于企业创新活动具有巨大不确定性等特点,常常会导致企业短期运营业绩下滑。企业业绩下滑可能引起高管薪酬的下降以及职业风险,因此业绩敏感型薪酬契约也可能对公司创新产生抑制作用(Bergstresser and Philippon,2006)。国内较早关于高管薪酬的研究并没有发现高管薪酬与公司绩效显著相关,相反,高管的薪酬更多地由公司规模以及所在地区决定(李增泉,2000;魏刚,2000)。张俊瑞等(2003)选取 2001 年上市公司高管薪酬信息,杜胜利和翟艳玲(2005)截取 2002 年的数据,杜兴强和王丽华(2007)选择 1999—2003年共 5 年的数据所进行的研究均发现,上市公司高管的薪酬与绩效显著正相关。杜胜利和翟艳玲(2005)的研究也指出,公司规模是影响高管薪酬的重要因素,一般而言,公司规模与高管报酬呈正相关关系。公司多元化增加了公司高管工作的复杂性,因此多元化与高管报酬之间也存在正相关关系。此外,多元化影响报酬的另一个原因在于多元化会增加公司的规模,而后者会对经营者报酬产生影响(Cordeiro and Vehiloth,

2003）。公司治理机制也是影响高管薪酬的重要因素，从所有权来看，公司内部所有权比例的提高可能代表着高管权利的增强，从而自设薪酬问题严重，因此，高管薪酬将提高（Sanders，2011）。公司内部所有权占比提高将增强公司高管的主人翁精神，因此高管薪酬可能降低。公司董事会的监督作用也将影响公司高管薪酬，一般而言，董事会的监督力越强，公司高管的高额薪酬出现的概率越低。行业对公司高管的薪酬有着显著影响，不同行业高管薪酬的差距巨大（Gomez-Mejia and Wiseman，1997）。我国国有企业与民营企业在高管薪酬管制方面存在很大不同（陈冬华等，2005），高管业绩不仅以经济绩效来衡量，也会兼顾其他目标的实现（薛云奎等，2008）。此外，我国不同区域发展水平差别较大，这直接导致了不同区域之间的高管薪酬水平存在较大差异，因此，地域也是影响高管薪酬的重要因素（Firth et al.，2006；辛清泉、林斌、王彦超，2007）。上述研究探讨了公司高管薪酬的决定因素，但是并没有直接检验目标高管薪酬，也没有考察高管薪酬的变化。

关于最优薪酬契约问题，很早就有学者进行了探讨。Bebchuk 和 Fried（2004）指出弱公司治理环境下公司高管将不在意市场压力与股东价值从而自己设定薪酬；而 Gabaix 和 Landier（2008）则认为高管薪酬由竞争性的劳动力市场决定，因此，高管自我设定薪酬的权力有限。Gao（2010）在委托代理框架内理论分析并实证检验了公司高管最优薪酬契约受高管风险对冲成本影响，即高管薪酬业绩敏感性随着高管对冲成本的提高而降低。Cao 和 Wang（2013）通过把代理问题融入搜寻理论模型研究发现，即使高管风险中性，市场均衡的薪酬业绩敏感性也小于 1，市场均衡的高管薪酬业绩敏感性与公司特质风险正相关，与系统风险负相关。

随后有文献开始从动态视角探讨高管薪酬的变化问题。如方军雄（2009）在研究我国高管薪酬黏性时发现，在公司业绩上升时高管薪酬的增加幅度显著大于公司业绩下降时高管薪酬的减少幅度，即存在黏性特征。进一步的，有文献考察了高管薪酬的动态调整问题。相关研究指出董事会在为公司高管设定薪酬时，不仅需要考虑公司股东的利益，还要考虑经济社会环境方面的因素（Berrone and Gomez-Mejia，2009）。Baixauli-Soler 和 Sanchez-Marin（2011）从制度理论出发，基于强制同构、模仿性同构及规制同构等机制，利用西班牙公司数据研究发现：所有权与董事会结构在高管薪酬随经济环境变化而调整的过程中起显著的缓冲作用。Taylor（2013）研究指出高管薪酬是动态的，即高管薪酬对关于高管能力的好消息与坏消息的反应是不对称的。Alex 等（2012）通过在动态框架下对公司高管最优薪酬的研究发现，高管薪酬业绩敏感性随时间及企业个体不同而发生变化。因此，本研究将以我国战略性新兴产业上市公司为对象，考察公司高管薪酬的动态调整及其对公司研发创新的影响。

5.1.1.1　高管薪酬的设定与调整

公司治理理论指出，现代公司两权分离，在信息不对称情况下，管理者将可能损害所有者的利益。公司可以通过为高管设定合适的薪酬，从而缓解高管代理问题，激励高管更好地为公司股东创造价值（Jensen and Meckling，1976）。那么，公司应该为高管设定多少薪酬才能更好发挥激励作用？Kaplan 和 Minton（2006）指出公司高管薪酬应该与其贡献及承担的风险相匹配。随后，很多研究把高管薪酬与公司业绩联系起来，即公司高管业绩敏感性吸引了大量学者从理论与实证方面进行推导与检验，并发现公司高管薪酬对业绩的敏感性有助于激励高管为股东创造价值（Coles et al.，2006）。但在高管控制的企业里，高管可以为自己设定薪酬，此时，天价高管薪酬问题将可能损害公司股东的利益（方军雄，2009）。管理大公司比管理小公司须投入更多精力，同时管理大公司需要更强的能力，因此公司规模是影响高管薪酬的重要因素，一般而言，公司规模与高管报酬呈正相关关系（杜胜利、翟艳玲，2005）。公司多元化增加了公司高管工作的复杂性，因此多元化与高管报酬之间也存在正相关关系。公司治理机制也是影响高管薪酬的重要因素，从所有权来看，公司内部所有权比例的提高可能代表着高管权力的增强。公司内部所有权占比提高将增强公司高管的主人翁精神，因此高管薪酬可能降低。公司董事会的监督作用也会影响公司高管薪酬,一般而言,董事会监督力强的情况下,公司高管的高额薪酬出现的概率较低。我国国有企业与民营企业在高管薪酬管制方面存在很大不同(陈冬华等,2005),高管业绩不仅以经济绩效来衡量,也将兼顾其他目标的实现(薛云奎等,2008)。上述公司特征与公司治理因素的变化将可能导致企业高管薪酬的变化,因此,提出如下假设:

假设5-1:公司高管薪酬的调整由其影响因素的变化决定。

薪酬影响因素的变化导致的公司对目标薪酬的偏离都将造成高额成本,从而损害公司价值。因此,正常情况下,追求效率的公司将从次优高管薪酬向目标高管薪酬动态调整。为此,提出如下假设:

假设5-2:公司高管薪酬将由次优高管薪酬水平向目标薪酬水平快速调整。

5.1.1.2 高管薪酬非对称调整

尽管理论上高管薪酬可以依据公司业绩等影响因素的变化进行调整,但是,现实中由于战略性新兴产业公司高管薪酬调整成本的存在,高管薪酬可能处于次优状态。根据高管薪酬对目标薪酬水平的偏离方向,可分为超过目标薪酬水平的"过度薪酬"与低于目标薪酬水平的"不足薪酬"两类。"过度薪酬"表现为向公司高管支付超过正常薪酬水平的过高薪酬,这样高管分走更多的利益,从而损害公司股东价值;而"不足薪酬"表现为向公司高管支付低于正常薪酬水平的薪酬,这样高管激励不足,可能引发代理问题,从而也将损害股东价值。国外有文献发现高管薪酬存在黏性的特征(Jackson et al.,2008),即高管薪酬在公司业绩上升时的边际增加量大于业绩下降时的边际减少量。国内学者方军雄(2009)研究也发现在公司业绩上升时我国高管薪酬的增加幅度显著大于公司业绩下降时薪酬的减少幅度,即存在黏性或者不对称性。这是因为从个人效用的角度出发,货币薪酬属于管理学家赫兹伯格所谓的"保健"因素——得到满足时不会产生显著激励作用,但得不到满足时却会对个人产生显著负面影响。因此,公司管理人员通常不愿降低自身的薪酬(孙铮、刘浩,2004)。此外,薪酬的下降通常意味着个人实际地位的下降、社会影响力的削弱,这会给高管市场传递负面信号导致其市场价值下降。因此,出于个人声誉和未来职业生涯的考虑,高管更加不愿意接受薪酬的下降(Jensen and Murphy,1990)。比较这两类次优状态的薪酬结构,"不足薪酬"向目标薪酬的调整能够带来激励作用,进而为公司带来代理问题的缓解,而"过度薪酬"向目标薪酬的调整意味着减薪,这将给高管带来较大的负面影响,可能导致更大的抵制成本。公司的这两类状态都是非效率状态,都将可能向目标效率状态调整,但我们预期公司高管薪酬水平由"不足薪酬"向目标薪酬调整的成本小于由"过度薪酬"向目标薪酬的调整成本,因此,由"不足薪酬"向目标高管薪酬调整的速度将快于由"过度薪酬"向目标高管薪酬调整的速度。为此,提出如下假设:

假设5-3:公司高管薪酬由"不足薪酬"向目标高管薪酬调整的速度快于由"过度薪酬"向目标高管薪酬调整的速度。

5.1.1.3 高管薪酬非对称调整对企业创新的影响

战略性新兴产业发展不确定性高,由此而引致的企业内外信息不对称程度以及管理层机会主义行为而带来的代理问题较突出,这将制约公司研发创新活动。高管薪酬作为激励高管促进企业长期发展的重要机制,其不断向目标薪酬优化与调整将有助于缓解代理问题、降低高管不当激励引起的无效成本,进而对公司无效创新行为产生治理作用。高管薪酬由次优向目标薪酬的调整一方面能够降低高管从事创新活动带来的高风险与较高投入成本,另一方面也有助于激励高管从事创新活动,实现个人价值与公司价值共同提升,从而可能促进公司创新。具体而言,高管薪酬由"过度薪酬"向目标薪酬的调整意味着高管承担风险成本的增加与高管激励的提升,从而可能促进公司研发创新;高管薪酬由"不足薪酬"向目标薪酬的调整也意味着高管薪酬与其所承担风险的匹配,以及高管内部薪酬级差的合理回归,激发更多公司高管成员从事创新,从而促进公司研发创新。

假设 5 - 4a：高管薪酬由"不足薪酬"向目标薪酬的调整将促进公司研发创新。

假设 5 - 4b：高管薪酬由"过度薪酬"向目标薪酬的调整将促进公司研发创新。

5.1.2　公司高管薪酬结构调整与企业研发创新研究设计

5.1.2.1　研究模型

为了深入考察公司高管薪酬的动态调整，除了在描述性统计中呈现公司动态调整趋势，还将采用动态部分调整模型深入揭示高管薪酬的调整速度。高管薪酬动态部分调整模型的具体设定如下：

$$X_{i,t} - X_{i,t-1} = \delta(X_{i,t}^* - X_{i,t-1}) + \varepsilon_{i,t} \qquad (5-1)$$

其中，$X_{i,t}$ 表示企业 i 在 t 年末的公司高管薪酬，$X_{i,t-1}$ 表示企业 i 在 t 年初的公司高管薪酬。$X_{i,t}^*$ 表示企业 i 在 t 年（或调整周期）的目标高管薪酬，δ 代表公司高管薪酬在间隔时期内向目标薪酬调整的平均速度，$\varepsilon_{i,t}$ 为公司扰动项。该模型中公司高管薪酬调整的起点是 t 年末公司预期的目标高管薪酬，所以，模型（5 - 1）右边反映的是为了向目标高管薪酬调整所需要的公司高管薪酬的变化。目标公司高管薪酬由企业特征变量决定，其估计模型可以设定如下：

$$X_{i,t}^* = \alpha + \beta \mathbf{Z}_{i,t-1} + v_i \qquad (5-2)$$

其中，$X_{i,t}^*$ 表示企业 i 在 t 年（或调整周期）的目标高管薪酬，向量组 $\mathbf{Z}_{i,t-1}$ 为目标高管薪酬的决定因素，依照现有文献，主要包括公司绩效、公司规模/公司业务单元、公司成长性、无形资产占比、第一大股东持股比例、公司董事会规模、董事会独立性、董事会领导结构、公司所在区域等；v_i 为公司特殊的不可观测效应。将式（5 - 2）带入式（5 - 1）得到

$$X_{i,t} = (1-\delta)X_{i,t-1} + \delta\beta \mathbf{Z}_{i,t-1} + v_i + \varepsilon_{i,t} \qquad (5-3)$$

其中，δ 为模型估计得到的样本公司每间隔期限平均的公司高管薪酬调整速度。

模型（5-1）中高管薪酬部分调整是假定公司高管薪酬拥有相同的调整速度，没有考虑公司高管薪酬在"不足薪酬"及"过度薪酬"状态下所面对的高管薪酬调整时交易成本带来的影响。这里，我们允许模型（5-1）中高管薪酬从"不足薪酬"及"过度薪酬"向目标薪酬调整时的速度不一样，为此设定公司高管薪酬非对称调整模型如下：

$$\Delta \mathrm{MC}_{i,t} = \alpha + \delta_1 \mathrm{TMCD} \times \mathrm{MC}_{i,t}^{above} + \delta_2 \mathrm{TMCD} \times \mathrm{MC}_{i,t}^{under} + \mu_{i,t}$$
$$(5-4)$$

$$\Delta \mathrm{MCg}_{i,t} = \alpha + \delta_1 \mathrm{TMCgD} \times \mathrm{MCg}_{i,t}^{above} + \delta_2 \mathrm{TMCgD} \times \mathrm{MCg}_{i,t}^{under} + \mu_{i,t}$$
$$(5-5)$$

式（5-4）中，$\Delta \mathrm{MC}_{i,t} = X_{i,t} - X_{i,t-1}$，$\mathrm{TMCD} = X_{i,t}^* - X_{i,t-1}$；$\mathrm{MC}_{i,t}^{above}$ 是虚拟变量，在高管薪酬从"过度薪酬"向目标薪酬调整时，取值 1，否则取值 0；$\mathrm{MC}_{i,t}^{under}$ 也是虚拟变量，在高管薪酬从"不足薪酬"向目标薪酬调整时，取值 1，否则取值 0；δ_1 与 δ_2 分别代表由"过度薪酬"与"不足薪酬"向目标薪酬调整的速度，其值在 0～1 之间。式（5-5）中，$\Delta \mathrm{MCg}_{i,t} = X_{i,t} - X_{i,t-1}$，$\mathrm{TMCgD} = X_{i,t}^* - X_{i,t-1}$；$\mathrm{MCg}_{i,t}^{above}$ 是虚拟变量，在高管薪酬从"过度薪酬"向目标薪酬差距调整时，取值 1，否则取值 0；$\mathrm{MCg}_{i,t}^{under}$ 也是虚拟变量，在高管薪酬从"不足薪酬"向目标薪酬差距调整时，取值 1，否则取值 0；δ_1 与 δ_2 分别代表由"过度薪酬"与"不足薪酬"向目标薪酬差距的调整速度，其值在 0～1 之间。

在上述基础上，检验高管薪酬非对称调整对公司研发创新的影响，为此，设定 $\mathrm{MCAdjDis}_{i,t} = |\delta_1 \mathrm{TMCD}|$ 表示高管薪酬的调整量，$\mathrm{MCgAdjDis}_{i,t} = |\delta_1 \mathrm{TMCgD}|$ 表示高管薪酬差距的调整量；$\mathrm{MCAdjDis}_{i,t}^{above} = |\delta_1 \mathrm{TMCD} \times \mathrm{MC}_{i,t}^{above}|$ 代表高管薪酬在调整速度为 δ_1 时由"过度薪酬"向目标薪酬的调整量，$\mathrm{MCAdjDis}_{i,t}^{under} = |\delta_2 \mathrm{TMCD} \times \mathrm{MC}_{i,t}^{under}|$ 代表高管薪酬在调整速度为 δ_2 时由"不足薪酬"向目标高管薪

酬的调整量。类似的，设定 $\text{MCgAdjDis}_{i,t}^{\text{above}}=|\delta_1\text{TMCgD}\times\text{MCg}_{i,t}^{\text{above}}|$ 代表高管薪酬在调整速度为 δ_1 时由"过度薪酬"向目标薪酬差距的调整量，$\text{MCgAdjDis}_{i,t}^{\text{under}}=|\delta_2\text{TMCgD}\times\text{MCg}_{i,t}^{\text{under}}|$ 代表高管薪酬在调整速度为 δ_2 时由"不足薪酬"向目标薪酬差距的调整量。据此，首先设定模型检验高管薪酬调整对公司研发创新的影响，接着设定如下模型检验高管薪酬非对称调整对公司研发创新的影响：

$$\text{CorpInnov}_{i,t}=\alpha+\gamma_1\text{MCAdjDis}_{i,t}\ \text{或}\ \text{MCgAdjDis}_{i,t}+\eta\text{Controls}_{i,t}+\pi_{i,t}$$
$$(5-6)$$

$$\text{CorpInnov}_{i,t}=\alpha+\gamma_1\text{MCAdjDis}_{i,t}^{\text{above}}+\gamma_2\text{MCAdjDis}_{i,t}^{\text{under}}+$$
$$\eta\text{Controls}_{i,t}+\pi_{i,t} \qquad (5-7)$$

$$\text{CorpInnov}_{i,t}=\alpha+\gamma_1\text{MCgAdjDis}_{i,t}^{\text{above}}+\gamma_2\text{MCgAdjDis}_{i,t}^{\text{under}}+$$
$$\eta\text{Controls}_{i,t}+\pi_{i,t} \qquad (5-8)$$

其中，$\text{Controls}_{i,t}$ 代表控制变量，主要包括公司绩效、公司规模/公司业务单元、公司成长性、无形资产占比、第一大股东持股比例、公司董事会规模、董事会独立性、董事会领导结构、公司所在区域等；$\pi_{i,t}$ 是扰动项，其他变量与上述一致。

5.1.2.2 变量选择

1）研发创新

关于企业研发创新变量的度量，与前述关于该变量的度量方法保持一致，即对创新过程进行全面刻画。首先，采用企业是否有研发投资支出虚拟变量来反映公司研发创新意愿；其次，采用公司研发支出比例来反映公司研发创新强度；最后，采用企业获得的授权专利数量，包括发明专利与三类专利（发明专利、实用新型及外观设计）作为企业研发创新变量来刻画创新效果。同样值得说明的是，考虑到研究中董事会结构调整选取的间隔期间为两年，这里采用董事会结构变化期间两年内的专利累积数度量研发创新效果。而研究股权结构及高管薪酬时，则采用间隔一年的数据,创新研发投入与产出专利变量也相应地用一年的变量。此外,由于专利原始数据在各企业之间存在较大差异,为了降低在实证检验模型中使用专利数据原值出现的偏误,我们对专利创新数据值进行了取常用对数的处理。

2）高管薪酬

高管薪酬主要包括货币薪酬和股权激励两部分,但由于我国实行股权激励计划较晚,高管持股比例低、零持股的现象较为普遍,并且根据公开数据很难区分高管持有的股票是来自公司的奖励还是自购（方军雄,2009）,因此,本书借鉴辛清泉等（2007）、王克敏和王志超（2007）、方军雄（2009）以及黎文靖等（2012）的方法,用上市公司"薪酬最高的前3位高管薪酬"的平均数衡量高管薪酬,并取其常用对数作为模型的因变量。此外,用前3位高管薪酬额占管理层总薪酬的比重来刻画企业高管薪酬结构或高管薪酬差距。在稳健性检验中,本书选取总经理的薪酬以及"薪酬最高的前3名董事的薪酬"平均数作为替代性指标进行了测试。

3）控制变量

本书参考相关文献（唐松、孙铮,2014；Firth et al.，2006；）,在研究目标高管薪酬及其对企业研发创新的影响时,控制了目标高管薪酬或高管薪酬对企业创新影响的变量。这些变量主要包括公司特征变量、公司治理变量、行业及区域变量等。

就公司治理变量来看,我们用董事会成员数量来度量公司董事会规模,用外部独立董事数量占董事会成员的比例来度量董事会的独立性。本研究还控制了董事长与总经理兼任,如果董事长与总经理兼任则取值1,否则取值0。大股东持股用第一大股东持股占公司所有股权的比例度量,管理层持股采用管理层持股占总股本比例表示,外部机构持股则用外部机构持股占总股数的比例表示。

就公司特征变量来看,本研究中公司业绩用资本回报率（ROA）度量;公司规模用期末总资产的自然对数表示,公司业务单元用公司主营业务数目度量;公司无形资产占比用公司年末的无形资产总额占公司年末总资产的比例表示;公司成长性用市账比度量,市账目比 =（流通股

市值＋非流通股价值＋负债的账面价值）÷账面总资产价值；公司风险
用过去 12 个月股票收益的标准差度量；公司年龄则指公司自 IPO 以来
的年限；公司自由现金流＝（息前税后利润＋折旧与摊销－营运资本增
加－资本支出）÷总资产；公司负债比率采用期末债务与资产总额的比
率表示。公司性质用虚拟变量表示，如果公司终极控制人是国有股东，
则取值 1，否则取值 0。

　　除上述变量外，本书还考虑行业与时间因素的影响。行业特征用行
业虚拟变量来表示，时间差异用年度虚拟变量来表示。表 5.1 对本研究
所用到的主要变量进行了描述与定义。

表 5.1　主要变量及定义

变量名	变量符号	变量定义
研发创新	RDor	研发意愿，如果公司有研发投入取值 1；否则取值 0
	R&D	公司研发投入占营业收入的比重
	Lgapp_inven	近两年技术发明专利数目加 1 后取常用对数
	Lgapp_allinven	近两年技术发明、实用新型及外观专利数目总和加 1 后取常用对数
高管薪酬	LgCompsn	公司前 3 位高管薪酬平均数的常用对数
高管薪酬差距	Ratio_Compsn	公司前 3 位高管薪酬额占高管薪酬总额的比重
董事会规模	Lndsize	董事会成员人数的自然对数
董事会独立性	Indpd	独立董事占董事会成员的比重
董事长与总经理兼任	Dual	若为两职合一取 1，否则取 0
公司规模	Lnsize	期末总资产的自然对数
公司业务单元	Segments	公司主营业务单元数量
公司无形资产	IntanAsset	公司年末无形资产占上年末总资产的比重

（续表）

变量名	变量符号	变量定义
市账比	MtB	（流通股市值＋非流通股价值＋负债的账面价值）÷账面总资产价值
公司区域属性	Regions	按照国家统计局的划分，我国省域或省域级别行政区可划分为东、中、西三个区域，这里分别设置为虚拟变量
股权集中度	Concentr1	第一大股东持股占公司所有股权的比例
公司负债比率	Leverage	期末债务与资产总额的比率
公司自由现金流	FCF	（息前税后利润＋折旧与摊销－营运资本增加－资本支出）÷总资产
公司属性	State	当企业为国有或国家及地方政府控股时取值1，否则取值0
行业变量	Industry	某一行业取值1，同时其他行业取值0
年度变量	Year	某一年份取值1，同时其他年份取值0

5.1.2.3　研究样本及数据来源

本章所用研究样本与前述研究样本一致。经过剔除与筛选，最后得到 2007 年、2008 年、2009 年、2010 年、2011 年、2012 年及 2013 年共 4 176 个观测样本。

表 5.2　研究样本的行业与年度分布

年份	高端装备制造	节能环保	生物产业	新材料	新能源	新能源汽车	新一代信息技术	合计
2007	60	53	61	43	70	29	94	410
2008	61	56	65	44	72	30	102	430
2009	70	60	74	50	77	31	123	485
2010	93	88	91	63	91	39	173	638

（续表）

年份	高端装备制造	节能环保	生物产业	新材料	新能源	新能源汽车	新一代信息技术	合计
2011	103	102	106	80	101	42	190	724
2012	106	106	108	89	105	41	198	753
2013	106	104	105	85	105	40	191	736

5.1.3　公司高管薪酬结构调整与企业研发创新实证结果与分析

5.1.3.1　描述性统计结果

表 5.3 汇总了全样本主要变量的描述性统计结果。其中 RDor 变量均值为 0.57，表明 57% 的样本公司有研发投入。公司 R&D 均值为 0.033，最大值为 1，说明新兴产业上市公司之间的研发投入存在一定差异。发明专利申请的常用对数均值为 0.546，最大值达 3.763；发明专利授权的常用对数均值为 0.371，最大值达 3.555；公司专利总申请数的常用对数均值为 0.759，最大值为 3.801；公司专利总授权数的常用对数均值为 0.672，最大值为 3.606；这说明新兴产业样本公司创新存在较大差异，但是其专利数取对数后，数据的异常波动大幅下降，这为后续进行实证检验奠定了基础。

表 5.3 中样本公司前 3 位高管薪酬平均数的常用对数均值为 13.939，而最大值为 16.689，最小值为 0；样本公司前 3 位高管薪酬占所有高管总薪酬的比重为 0.417，而最大值为 1，最小值为 0；说明我国不同上市公司之间高管薪酬存在较大差别。

董事会结构方面，样本公司董事会规模对数均值为 2.164，最大值为 2.890，最小值为 0，说明我国不同上市公司之间董事会规模存在一定差别；样本公司外部董事比例的均值为 0.367，标准差为 0.063，说明我国新兴产业上市公司外部董事比例稳定在一定水平，高于我国上市公司条例要求的公司外部董事比例不低于三分之一的标准。董事会两职合一的变量均值为 0.272,表明有 27.2% 的公司董事长总经理是兼任的。

表中其他变量,公司规模的对数值均值为 21.649,这说明新兴产业样本公司总体规模不太大;公司 ROA 的均值为 0.050,说明新兴产业公司资本回报率并不高;公司有形资产均值为 0.207,公司成长性均值为 2.409,说明新兴产业上市公司具有较高的成长性;第一大股东持股比例平均高达 35.2%,说明我国上市公司的股权过度集中,可能存在大股东与管理层合谋等问题。样本公司自由现金流均值为 0.025,样本公司负债率为 0.399,说明公司负债率较高。国有公司占样本的比例为 0.439,东部公司占 69.4%,中部公司占 16.9%。

表 5.3　主要变量描述性统计

变　量	观测样本	均值	最大值	最小值	中值	标准差
RDor	4 176	0.570	1.000	0.000	1.000	0.495
R&D	4 176	0.033	1.000	0.000	0.013	0.059
Lgapp_inven	4 176	0.546	3.763	0.000	0.477	0.585
Lggrantinven	4 176	0.371	3.555	0.000	0.301	0.480
Lgapp_allinven	4 176	0.759	3.801	0.000	0.699	0.696
Lggrantallinven	4 176	0.672	3.606	0.000	0.602	0.658
LgCompsn	4 176	13.939	16.689	0.000	13.963	0.829
Ratio_Compsn	4 176	0.417	1.000	0.000	0.398	0.129
Lndsize	4 176	2.164	2.890	0.000	2.197	0.270
Indpd	4 176	0.367	0.714	0.000	0.333	0.063
Dual	4 176	0.272	1.000	0.000	0.000	0.445
Lnsize	4 176	21.649	26.999	0.000	21.496	1.186
ROA	4 176	0.050	2.569	-1.128	0.046	0.077
IntanAsset	4 176	0.207	3.171	0.000	0.147	0.256
MtB	4 176	2.409	33.270	0.000	1.874	2.009

（续表）

变　量	观测样本	均值	最大值	最小值	中值	标准差
Concentr1	4 176	0. 352	0. 865	0. 036	0. 333	0. 147
FCF	4 176	0. 025	2. 134	− 2. 138	0. 056	0. 208
Leverage	4 176	0. 399	3. 331	0. 000	0. 400	0. 220
State	4 176	0. 439	1. 000	0. 000	0. 000	0. 496
Region_east	4 176	0. 694	1. 000	0. 000	1. 000	0. 461
Region_central	4 176	0. 169	1. 000	0. 000	0. 000	0. 375

表 5.4 给出了新兴产业上市公司薪酬（包括薪酬总额、薪酬差距）在 2007—2013 年之间每间隔一年的变化情况。2007—2008 年,高管薪酬增加的有 267 家公司,高管薪酬降低的有 112 家公司,高管薪酬发生变化的共有 379 家公司,分别占样本公司的比重为 65.8%、27.6% 和 93.4%;高管薪酬差距加大的有 177 家公司,占比 43.6%,薪酬差距缩小的有 218 家公司,占比为 53.7%。2008—2009 年,高管薪酬增加的有 273 家公司,高管薪酬降低的有 126 家公司,高管薪酬发生变化的共有 399 家公司,分别占样本公司的比重为 63.8%、29.4% 和 92.2%;高管薪酬差距加大的有 188 家公司,占比 43.9%,薪酬差距缩小的有 234 家公司,占比为 54.7%。2009—2010 年,高管薪酬增加的有 362 家公司,高管薪酬降低的有 98 家公司,高管薪酬发生变化的共有 460 家公司,分别占样本公司的比重为 74.9%、20.3% 和 95.2%;高管薪酬差距加大的有 218 家公司,占比 45.1%,薪酬差距缩小的有 256 家公司,占比为 53%。2010—2011 年间,高管薪酬增加的有 428 家公司,高管薪酬降低的有 171 家公司,高管薪酬发生变化的共有 599 家公司,分别占样本公司的比重为 67.5%、27.0% 和 90.2%;高管薪酬差距加大的有 245 家公司,占比 38.6%,薪酬差距缩小的有 383 家公司,占比为 60.4%。2011—2012 年间,高管薪酬增加的有 444 家公司,高管薪酬降低的有 235 家公司,高管薪酬发生变化的共有 679 家公司,分别占样本

公司的比重为 61.4%、32.6% 和 94%;高管薪酬差距加大的有 280 家公司,占比 38.9%,薪酬差距缩小的有 432 家公司,占比为 60%。2012—2013 年,高管薪酬增加的有 460 家公司,高管薪酬降低的有 233 家公司,高管薪酬发生变化的共有 693 家公司,分别占样本公司的比重为 62.8%、31.8% 和 94.6%;高管薪酬差距加大的有 341 家公司,占比 46.6%,薪酬差距下降的有 382 家公司,占比为 52.2%。上述结果表明我国新兴产业上市公司高管薪酬在不断调整,在每年间隔的时期内,经历调整的公司占样本公司的比例为 90% 以上,这说明合适的高管薪酬对新兴产业上市公司来说比较重要,且它们会积极地调整薪酬结构。

表 5.4 公司高管薪酬升降变化情况

年份	薪酬增加	占比(%)	薪酬降低	占比(%)	薪酬差距加大	占比(%)	薪酬差距缩小	占比(%)
2008	267	65.8	112	27.6	177	43.6	218	53.7
2009	273	63.8	126	29.4	188	43.9	234	54.7
2010	362	74.9	98	20.3	218	45.1	256	53.0
2011	428	67.5	171	27.0	245	38.6	383	60.4
2012	444	61.7	235	32.6	280	38.9	432	60.0
2013	460	62.8	233	31.8	341	46.6	382	52.2

5.1.3.2 检验结果与解释

1) 高管薪酬的目标结构以及向目标结构的动态调整

目标高管薪酬可以通过影响高管薪酬设置的公司特征变量预测,而由于公司治理机制之间可能存在的内生性以及我国国有企业的特殊性,因此我们控制了相关治理变量与公司性质变量。表 5.5 汇总了公司高管薪酬影响因素的回归结果,与预期一致,公司高管薪酬和高管薪酬差距与大部分变量存在显著相关关系。其中,高管薪酬与公司规模、公司业绩、公司成长性、董事会规模、董事长兼任以及东部区域公司存在显著正相关关系，而与公司有形资产及公司股权集中度呈显著负相关关系。高管薪酬差距与股权集中度、董事会独立性、董事长兼任、东部区域公司、中部区域公司等呈显著正相关关系，而与公司规模、公司业绩以及公司董事会规模等呈显著负相关关系。以上结果为用部分调整估计公司高管薪酬调整提供了有力支持。

表 5.5　公司高管薪酬影响因素

变　量	高管薪酬	高管薪酬差距
Lnsize	0.243*** (20.550)	−0.012*** (−5.920)
ROA	1.453*** (8.160)	−0.055* (−1.750)
IntanAsset	−0.019 (−0.380)	0.011 (1.250)
MtB	0.029*** (3.880)	0.001 (0.470)
Concentr1	−0.328*** (−3.880)	0.097*** (6.500)
Lndsize	0.154*** (3.480)	−0.040*** (−5.160)
Indpd	−0.265 (−1.350)	0.164*** (4.760)
Dual	0.116*** (4.020)	0.036*** (7.020)
Region_east	0.305*** (8.490)	0.028*** (4.410)
Region_central	−0.015 (−0.340)	0.025*** (3.250)
Constant	7.959*** (29.870)	0.672*** (14.320)
Obs.	3 403	3 403
Adj R^2	0.237 7	0.081 4

注：***表示在1%的水平上显著，**表示在5%的水平上显著，*表示在10%的水平上显著。

那么,高管薪酬将如何向目标高管薪酬调整呢? 我们通过估计动态部分调整模型,考察了公司高管薪酬的调整。值得强调的是,为了规避在估计动态面板时普通最小二乘法以及固定效应模型可能带来的偏差,我们采用系统 GMM 进行估计,估计结果如表 5.6 所示。从高管薪酬结果来看,高管薪酬滞后项前面的系数为 0.117,这说明在每年间隔期限内公司高管薪酬向目标薪酬调整的速度是 0.883(1 - 0.117),并将以该速度填补期初的高管薪酬与目标高管薪酬之间 0.117 的缺口。就高管薪酬差距结果来看,高管薪酬差距滞后项前面的系数为 0.472,这说明在每年间隔的期限内公司高管薪酬差距向目标高管薪酬差距调整的速度是 0.528(1 - 0.472),并将以该速度填补期初的高管薪酬差距与目标高管薪酬差距之间 0.472 的缺口。该结果既通过了 Sargen 检验,也通过了 Hansen 检验。

表 5.6 公司高管薪酬动态调整速度

变量	高管薪酬	变量	高管薪酬差距
L. LgCompsn	0.117** (2.220)	L_Ratio_Compsn	0.472*** (9.230)
Lnsize	0.226*** (6.430)	Lnsize	-0.004 (-0.890)
ROA	1.079 (1.230)	ROA	-0.006 (-0.200)
IntanAsset	-0.008 (-0.050)	IntanAsset	-0.008 (-0.570)
MtB	0.004 (0.350)	MtB	0.002 (1.280)
Concentr1	-0.382* (-1.860)	Concentr1	0.073** (2.270)
Lndsize	0.084 (0.970)	Lndsize	-0.015 (-1.510)
Indpd	-0.243 (-0.780)	Indpd	0.096* (1.880)

（续表）

变量	高管薪酬	变量	高管薪酬差距
Dual	0.096 (1.440)	Dual	0.026*** (3.380)
Region_east	0.260*** (2.410)	Region_east	0.003 (0.250)
Region_central	−0.073 (−0.570)	Region_central	0.017 (1.270)
Constant	−97.599*** (−4.400)	Constant	5.672*** (2.630)
Hansen	0.109	Hansen	0.635
Sargan	0.103	Sargan	0.480

注：＊＊＊表示在 1％的水平上显著，＊＊表示在 5％的水平上显著，＊表示在 10％的水平上显著。

2）高管薪酬的非对称调整

上述对公司高管薪酬动态调整的估计是假设公司高管薪酬的调整是对称的，即公司高管薪酬从"不足薪酬"与"过度薪酬"两侧向目标薪酬的调整是同步的，而现实中由于高管薪酬黏性及调整成本的存在，将直接导致公司高管薪酬发生非对称调整。因此，我们把高管薪酬向目标薪酬的调整分为从"不足薪酬"与"过度薪酬"两侧向目标高管薪酬的调整，并假定两者的调整速度是不同的。这里的目标高管薪酬是基于上述表 5.6 的估计结果，即用混合截面数据回归的拟合值来代替，对高管薪酬非对称调整的检验结果见表 5.7。其中，Panel A 是高管薪酬的非对称调整结果，模型（5-1）假定高管薪酬的上下调整是对称的，其前面的调整系数为 0.491，说明公司高管薪酬向其目标薪酬调整的速度是0.491，高管薪酬将以该速度填补期初的薪酬与目标薪酬之间的缺口。模型（5-4）允许公司高管薪酬非对称调整，从"不足薪酬"向目标高管薪酬调整的系数为 0.694，从"过度薪酬"向目标高管薪酬调整的系数为−0.102，这说明公司高管薪酬由"过度薪酬"向目标薪酬调整的速度

为 - 0.102,而由"不足薪酬"向目标薪酬的调整速度为 0.694,即高管薪酬将以 0.694 的速度从"不足薪酬"填补期初的高管薪酬与目标薪酬之间的缺口,而将以 - 0.102 的速度从"过度薪酬"填补期初的高管薪酬与目标薪酬之间的缺口。该结果说明公司在其高管薪酬过高时,可能会进一步偏离最优水平,并不降低;而当薪酬不足时,将以较快的速度向目标薪酬调整。Panel B 是高管薪酬差距的非对称调整结果,模型(5-1)假定高管薪酬差距的上下调整是对称的,其前面的调整系数为 0.278,说明公司高管薪酬差距向目标薪酬差距调整的速度是 0.278。模型(5-5)允许公司高管薪酬差距非对称调整,从"不足薪酬"向目标薪酬差距调整的系数为 0.252,从"过度薪酬"向目标薪酬差距调整的系数为0.293,这说明公司高管薪酬差距由"过度薪酬"向目标薪酬差距调整的速度为 0.293,而由"不足薪酬"向目标薪酬差距调整的速度为 0.252。该结果表明公司在其高管薪酬差距过大时向目标薪酬差距的调整比较及时。以上结果验证了公司高管薪酬不仅是部分调整,也是非对称调整。

表 5.7　高管薪酬非对称调整

Panel A 高管薪酬非对称调整			Panel B 高管薪酬差距非对称调整		
变量	(1)	(2)	变量	(1)	(2)
TMCD	0.491*** (36.920)		TMCgD	0.278*** (25.090)	
MC^{above} * TMCD		- 0.102*** (- 3.160)	MCg^{above} * TMCgD		0.293*** (16.750)
MC^{under} * TMCD		0.694*** (42.960)	MCg^{under} * TMCgD		0.252*** (9.800)
Constant	0.060*** (5.920)	- 0.103*** (- 8.180)	Constant	- 0.006*** (- 4.000)	- 0.004* (- 1.660)
Obs.	3 403	3 403	Obs.	3 403	3 403
Adj R^2	0.286	0.361	Adj R^2	0.156	0.156
F	1 363.090	869.780	F	629.400	315.370

注:*** 表示在 1% 的水平上显著,** 表示在 5% 的水平上显著,* 表示在 10% 的水平上显著。

3）高管薪酬非对称调整与公司研发创新检验结果

我们把公司研发创新分为研发意愿、研发投入与研发产出三个类别组分别考察，表5.8汇总了公司高管薪酬的非对称调整对公司研发创新意愿影响的检验结果。Panel A 是高管薪酬非对称调整对公司研发创新意愿的影响结果，模型（5-6）中变量 MCAdjDis 与创新意愿呈正相关关系，但是在统计上不显著，这表明高管薪酬由次优向目标高管薪酬的调整不能显著提升公司研发意愿。模型（5-7）中变量 MCAdjDis^{above} 与研发创新意愿呈显著正相关关系，但是，变量 MCAdjDis^{under} 与研发创新意愿呈不显著的正相关关系，这表明公司高管薪酬由"过度薪酬"向目标高管薪酬的调整将提升公司研发创新意愿，而由"不足薪酬"向目标高管薪酬的调整则不能有效提升公司研发创新意愿。Panel B 是高管薪酬差距非对称调整对公司研发创新意愿的影响结果，模型（5-6）中变量 MCgAdjDis 与创新意愿呈不显著的负相关关系，说明高管薪酬差距由次优向目标高管薪酬差距的调整不能提升公司研发创新意愿。模型（5-8）中变量 MCgAdjDis^{under} 及 MCgAdjDis^{above} 与公司研发创新意愿呈负相关关系，但它们在统计上均不显著，表明高管薪酬差距向目标高管薪酬差距的调整不能改善公司研发创新意愿。因此，公司高管薪酬额由"过度"向目标高管薪酬额的调整能够发挥提升公司研发创新意愿的作用，而向目标高管薪酬差距的调整并不能有效提升公司研发创新意愿。

表5.8　高管薪酬非对称调整对公司研发创新意愿的影响

Panel A 高管薪酬非对称调整与公司研发创新意愿			Panel B 高管薪酬差距非对称调整与公司研发创新意愿		
变量	（1）	（2）	变量	（1）	（2）
MCAdjDis	-0.025 (-0.26)		MCgAdjDis	-1.251 (-0.88)	
MCAdjDis^{under}		-0.171 (-0.97)	MCgAdjDis^{under}		-0.053 (-0.01)
MCAdjDis^{above}		7.274** (2.68)	MCgAdjDis^{above}		-0.754 (-1.02)

（续表）

Panel A 高管薪酬非对称调整与公司研发创新意愿			Panel B 高管薪酬差距非对称调整与公司研发创新意愿		
变量	（1）	（2）	变量	（1）	（2）
Lndsize	0.146 (0.61)	0.17 (0.71)	Lndsize	0.129 (0.54)	0.132 (0.55)
Indpd	−1.678 (−1.54)	−1.66 (−1.49)	Indpd	−1.616 (−1.48)	−1.652 (−1.51)
Dual	0.401* (2.49)	0.391* (2.42)	Dual	0.402* (2.50)	0.402* (2.50)
Concentr1	1.420** (2.66)	1.526** (2.84)	Concentr1	1.458** (2.72)	1.449** (2.71)
State	−1.167*** (−6.79)	−1.225*** (−7.15)	State	−1.162*** (−6.77)	−1.149*** (−6.63)
Leverage	−0.111 (−0.42)	−0.12 (−0.45)	Leverage	−0.112 (−0.43)	−0.114 (−0.44)
FCF	−1.061** (−2.93)	−1.078** (−2.94)	FCF	−1.064** (−2.93)	−1.053** (−2.92)
Lnsize	−0.461*** (−5.40)	−0.482*** (−5.56)	Lnsize	−0.458*** (−5.37)	−0.463*** (−5.42)
ROA	1.781 (0.81)	1.173 (0.56)	ROA	(1.811) (−0.82)	(1.80) (0.82)
IntanAsset	−0.961*** (−4.15)	−0.936*** (−4.10)	IntanAsset	−0.958*** (−4.14)	−0.962*** (−4.16)
Tobin's Q	0.128* (2.12)	0.131* (2.12)	Tobin's Q	0.127* (2.13)	0.127* (2.13)
Constant	9.197*** (4.97)	9.460*** (5.09)	Constant	9.184*** (4.95)	9.284*** (5.00)
N	3 403	3 403	N	3 403	3 403
Pseudo R^2	0.369	0.375	Pseudo R^2	0.369	0.369

注：＊＊＊表示在1％的水平上显著，＊＊表示在5％的水平上显著，＊表示在10％的水平上显著。

表 5.9 汇总了公司高管薪酬的非对称调整对公司研发创新投入影响的检验结果。其中，Panel A 是高管薪酬非对称调整对公司研发创新投入影响的影响结果，模型(5-6)中变量 MCAdjDis 与研发创新投入呈显著负相关关系，这表明高管薪酬由次优向目标高管薪酬的调整不能显著提升公司研发创新投入。模型(5-7)中变量 MCAdjDis^{above} 与研发创新投入呈显著正相关关系，但是变量 MCAdjDis^{under} 与研发创新投入呈不显著的正相关关系，这表明公司高管薪酬由"过度薪酬"向目标高管薪酬的调整将提升公司研发创新投入，而由"不足薪酬"向目标高管薪酬的调整则不能有效提升公司研发创新投入。Panel B 是高管薪酬差距非对称调整对公司研发创新投入的影响结果，模型(5-6)中变量 MCgAdjDis 与研发创新投入呈不显著负相关关系，说明高管薪酬差距由次优向目标高管薪酬差距的调整不能提升公司研发创新投入。模型(5-8)中变量 MCgAdjDis^{under} 及 MCgAdjDis^{above} 与公司研发创新投入呈不显著相关关系，这表明高管薪酬差距向目标高管薪酬差距的调整以及其由"不足薪酬"向目标高管薪酬差距的调整都不能改善公司研发创新投入。因此，公司高管薪酬额由"过度"向目标高管薪酬额的调整能够发挥促进公司研发创新投入的作用，而高管薪酬差距向目标高管薪酬差距的调整并不能有效促进公司研发创新投入。

表 5.9　高管薪酬非对称调整对公司研发创新投入的影响

Panel A 高管薪酬非对称调整与公司研发创新投入			Panel B 高管薪酬差距非对称调整与公司研发创新投入		
变量	(1)	(2)	变量	(1)	(2)
MCAdjDis	-0.003^{**} (-2.05)		MCgAdjDis	-0.016 (-0.66)	
MCAdjDis^{under}		-0.006^{***} (-2.72)	MCgAdjDis^{under}		0.034 (0.48)
MCAdjDis^{above}		0.086^{*} (1.90)	MCgAdjDis^{above}		-0.011 (-0.97)

（续表）

Panel A 高管薪酬非对称调整与公司研发创新投入			Panel B 高管薪酬差距非对称调整与公司研发创新投入		
变量	(1)	(2)	变量	(1)	(2)
Lndsize	0.004 (0.83)	0.004 (0.88)	Lndsize	0.004 (0.79)	0.004 (0.80)
Indpd	−0.025 (−1.33)	−0.025 (−1.34)	Indpd	−0.024 (−1.27)	−0.025 (−1.30)
Dual	0.004 (1.25)	0.004 (1.23)	Dual	0.004 (1.26)	0.004 (1.25)
Concentr1	−0.021** (−2.25)	−0.019** (−2.13)	Concentr1	−0.02** (−2.17)	−0.02** (−2.22)
State	−0.012*** (−4.37)	−0.013*** (−4.63)	State	−0.012*** (−4.30)	−0.012*** (−4.18)
Leverage	−0.004 (−0.97)	−0.004 (−1.01)	Leverage	−0.004 (−0.96)	−0.004 (−0.98)
FCF	−0.003 (−0.69)	−0.003 (−0.73)	FCF	−0.003 (−0.72)	−0.003 (−0.67)
Lnsize	−0.005*** (−3.23)	−0.005*** (−3.40)	Lnsize	−0.005*** (−3.28)	−0.005*** (−3.41)
ROA	0.008 (0.40)	0.002 (0.09)	ROA	0.009 (0.43)	0.008 (0.38)
IntanAsset	0.002 (0.48)	0.003 (0.56)	IntanAsset	0.002 (0.49)	0.002 (0.46)
Tobin's Q	0.005*** (4.79)	0.005*** (4.74)	Tobin's Q	0.005*** (4.72)	0.005*** (4.72)
Constant	0.116*** (3.16)	0.12*** (3.30)	Constant	0.116*** (3.17)	0.118*** (3.27)
N	3 403	3 403	N	3 403	3 403
Adj R^2	0.217	0.22	Adj R^2	0.216	0.216
F	21.5	21.3	F	21.5	20.6

注：***表示在1%的水平上显著，**表示在5%的水平上显著，*表示在10%的水平上显著。

表 5.10 汇总了公司高管薪酬的非对称调整对公司创新—发明专利影响的检验结果。其中,Panel A 是高管薪酬非对称调整对公司创新—发明专利影响的影响结果,模型(5－6)中变量 MCAdjDis 与创新—发明专利呈显著负相关关系,这表明高管薪酬由次优向目标高管薪酬的调整不能显著促进公司创新—发明专利。模型(5－7)中变量 MCAdjDis^{above} 与创新—发明专利呈显著正相关关系,但是变量 MCAdjDis^{under} 与创新—发明专利呈显著负相关关系,这表明公司高管薪酬由“过度薪酬”向目标高管薪酬的调整将促进公司创薪—发明专利,而由“不足薪酬”向目标高管薪酬调整的量越大,则越不利于促进公司创新—发明专利。Panel B 是高管薪酬差距的非对称调整对公司创新—发明专利的影响结果,模型(5－6)中变量 MCgAdjDis 与创新—发明专利呈不显著的负相关关系,说明高管薪酬差距由次优向目标高管薪酬差距的调整不能促进公司创新—发明专利。模型(5－8)中变量 MCgAdjDis^{under} 及 MCgAdjDis^{above} 分别与公司创新—发明专利呈显著的正相关关系和负相关关系,这表明高管薪酬差距向目标高管薪酬差距的调整不能促进公司创新—发明专利;而由“不足薪酬”向目标高管薪酬差距的调整将促进公司创新—发明专利。因此,公司高管薪酬额由“过度”向目标高管薪酬额的调整能够发挥促进公司创新—发明专利的作用,高管薪酬差距由“不足”向目标高管薪酬差距的调整能有效促进公司创新—发明专利。

表 5.10　高管薪酬非对称调整对公司创新—发明专利的影响

Panel A 高管薪酬非对称调整与公司创新—发明专利			Panel B 高管薪酬差距非对称调整与公司创新—发明专利		
变量	(1)	(2)	变量	(1)	(2)
MCAdjDis	－0.048** (－2.07)		MCgAdjDis	－0.336 (－0.80)	
MCAdjDis^{under}		－0.103*** (－2.83)	MCgAdjDis^{under}		2.013* (1.91)
MCAdjDis^{above}		1.759*** (2.96)	MCgAdjDis^{above}		－0.325 (－1.60)

（续表）

Panel A 高管薪酬非对称调整与公司创新—发明专利			Panel B 高管薪酬差距非对称调整与公司创新—发明专利		
变量	(1)	(2)	变量	(1)	(2)
Lndsize	-0.025 (-0.36)	-0.02 (-0.30)	Lndsize	-0.029 (-0.42)	-0.027 (-0.41)
Indpd	-0.284 (-1.02)	-0.287 (-1.06)	Indpd	-0.261 (-0.94)	-0.301 (-1.10)
Dual	0.132*** (3.26)	0.131*** (3.26)	Dual	0.132*** (3.27)	0.131*** (3.28)
Concentr1	-0.221 (-1.48)	-0.195 (-1.33)	Concentr1	-0.21 (-1.39)	-0.225 (-1.50)
State	-0.041 (-0.93)	-0.054 (-1.23)	State	-0.038 (-0.86)	-0.026 (-0.58)
Leverage	0.043 (0.68)	0.038 (0.61)	Leverage	0.043 (0.68)	0.04 (0.63)
FCF	-0.084 (-1.53)	-0.088* (-1.64)	FCF	-0.087 (-1.58)	-0.076 (-1.38)
Lnsize	0.149*** (4.55)	0.143*** (4.54)	Lnsize	0.149*** (4.59)	0.145*** (4.58)
ROA	0.406 (1.36)	0.285 (1.03)	ROA	0.416 (1.40)	0.379 (1.23)
IntanAsset	-0.133** (-2.16)	-0.126** (-2.03)	IntanAsset	-0.132** (-2.13)	-0.137** (-2.18)
Tobin's Q	0.02* (1.79)	0.02* (1.72)	Tobin's Q	0.019* (1.68)	0.019* (1.73)
R&D	1.626 (3.52)	1.53*** (3.40)	R&D	1.638*** (3.52)	1.612*** (3.52)
Constant	-2.562*** (-3.51)	-2.464*** (-3.50)	Constant	-2.567*** (-3.54)	-2.491*** (-3.53)
N	3 403	3 403	N	3 403	3 403
Adj R²	0.12	0.134	Adj R²	0.118	0.127
F	8.64	8.67	F	8.34	8.41

注：***表示在1%的水平上显著，**表示在5%的水平上显著，*表示在10%的水平上显著。

表5.11 汇总了公司高管薪酬的非对称调整对公司研发创新—总专利影响的检验结果。其中,Panel A 是高管薪酬非对称调整对公司研发创新—总专利的影响结果,模型(5-6)中变量 MCAdjDis 与研发创新—总专利呈显著负相关关系,这表明高管薪酬由次优向目标高管薪酬的调整不能显著促进公司研发创新—总专利。模型(5-2)中变量 $MCAdjDis^{above}$ 与研发创新—总专利呈显著正相关关系,但是变量 $MCAdjDis^{under}$ 与研发创新—总专利呈显著负相关关系,这表明公司高管薪酬由"过度薪酬"向目标高管薪酬的调整将促进公司研发创新—总专利,而由"不足薪酬"向目标高管薪酬调整的量越大,越不利于促进公司研发创新—总专利。Panel B 是高管薪酬差距非对称调整对公司研发创新—总专利的影响结果,模型(5-6)中变量 MCgAdjDis 与研发创新—总专利呈不显著负相关关系,说明高管薪酬差距由次优向目标高管薪酬差距的调整不能促进公司研发创新—总专利。模型(5-8)中变量 $MCgAdjDis^{under}$ 及 $MCgAdjDis^{above}$ 分别与公司研发创新—总专利呈显著的正相关关系和负相关关系,这表明高管薪酬差距由"过度薪酬"向目标高管薪酬差距的调整不能促进公司研发创新—总专利,而由"不足薪酬"向目标高管薪酬差距的调整能够促进公司研发创新—总专利。因此,公司高管薪酬额由"过度"向目标高管薪酬额的调整能够发挥促进公司研发创新—总专利的作用,高管薪酬差距由"不足"向目标高管薪酬差距的调整能有效促进公司研发创新—总专利。

表 5.11　高管薪酬非对称调整对公司研发创新—总专利的影响

Panel A 高管薪酬非对称调整 与公司研发创新—总专利			Panel B 高管薪酬差距非对称调整 与公司研发创新—总专利		
变量	(1)	(2)	变量	(1)	(2)
MCAdjDis	-0.064** (-2.20)		MCgAdjDis	-0.497 (-1.00)	
$MCAdjDis^{under}$		-0.123*** (-2.82)	$MCgAdjDis^{under}$		2.417*** (1.97)
$MCAdjDis^{above}$		1.649** (2.37)	$MCgAdjDis^{above}$		-0.445* (-1.84)

（续表）

Panel A 高管薪酬非对称调整 与公司研发创新—总专利			Panel B 高管薪酬差距非对称调整 与公司研发创新—总专利		
变量	（1）	（2）	变量	（1）	（2）
Lndsize	−0.059 （−0.71）	−0.055 （−0.66）	Lndsize	−0.066 （−0.79）	−0.064 （−0.78）
Indpd	−0.416 （−1.23）	−0.42 （−1.26）	Indpd	−0.385 （−1.13）	−0.435 （−1.31）
Dual	0.163*** （3.38）	0.162*** （3.37）	Dual	0.163*** （3.38）	0.162*** （3.39）
Concentr1	−0.221 （−1.26）	−0.195 （−1.13）	Concentr1	−0.205 （−1.16）	−0.224 （−1.27）
State	−0.144*** （−2.70）	−0.157*** （−2.96）	State	−0.14*** （−2.63）	−0.124** （−2.33）
Leverage	0.08 （1.05）	0.075 （0.99）	Leverage	0.08 （1.05）	0.076 （1.00）
FCF	−0.097 （−1.44）	−0.101 （−1.53）	FCF	−0.1 （−1.49）	−0.087 （−1.28）
Lnsize	0.147*** （3.96）	0.141*** （3.93）	Lnsize	0.147*** （4.00）	0.142*** （3.94）
ROA	0.398 （1.14）	0.274 （0.83）	ROA	0.411 （1.18）	0.364 （1.00）
IntanAsset	−0.213*** （−2.97）	−0.205*** （−2.86）	IntanAsset	−0.211*** （−2.93）	−0.217*** （−2.97）
Tobin's Q	0.014 （1.04）	0.013 （0.98）	Tobin's Q	0.012 （0.90）	0.013 （0.96）
R&D	1.328*** （2.70）	1.23*** （2.57）	R&D	1.343*** （2.71）	1.311*** （2.69）
Constant	−2.13*** （−2.58）	−2.032** （−2.54）	Constant	−2.14*** （−2.60）	−2.044** （−2.55）
N	3 403	3 403	N	3 403	3 403
Adj R²	0.114	0.124	Adj R²	0.112	0.122
F	9.75	9.64	F	9.34	9.4

注：***表示在1%的水平上显著，**表示在5%的水平上显著，*表示在10%的水平上显著。

5.2　企业生命周期、高管薪酬调整与企业研发创新

现有关于公司高管薪酬的研究主要集中在以下两个方面。一是基于公司治理理论,将高管薪酬机制设计看作公司治理的重要组成部分(Jensen and Meckling,1976)。这是因为,在现代公司所有权与控制权分离的背景下,所有者与管理者之间的利益冲突将造成公司价值损失,如何激励管理者更好地为企业创造价值是公司高管薪酬设定的重要参照依据。随后,一些研究认为高额薪酬能够更好地激励高管(魏刚,2000;辛清泉等,2007),而同时,也有研究指出过高的高管薪酬激励效果有限(陈冬华等,2005;刘胜强、刘星,2010),薪酬的向下调整会挫伤高管的积极性(方军雄,2009),为企业带来更大的损失。最优薪酬合约理论指出,高管薪酬取决于高管的能力、风险偏好以及所面临的经营风险(Kaplan and Minton,2006),但是,在弱公司治理环境下公司高管将不在意市场压力与股东价值从而自己设定薪酬(Bebchuk and Fried,2004)。二是国内外很多学者对高管薪酬决定因素进行考察后发现,公司业绩是决定高管薪酬的重要因素,那些实施业绩敏感型薪酬契约的公司通常具有较高的托宾 Q 值(Morck et al.,1988)。公司规模以及所在地区也是高管薪酬的重要影响因素(李增泉,2000;魏刚,2000;杜胜利、翟艳玲,2005)。公司治理机制是影响高管薪酬的重要因素(Sanders,2001;Cordeiro and Vehiloth,2003)。此外,公司高管薪酬还受到行业、区域以及公司性质的影响(Gomez-Mejia and Wiseman,1997;陈冬华等,2005;Firth,2006;辛清泉等,2007)。

高管薪酬的设定与影响因素目前已经得到比较深入和广泛的探讨,但是这些文献大多是从静态层面研究与检验高管薪酬与企业特征、行业、地域以及高管自身特征的关系,而忽略了高管薪酬设定随企业发展进程的变化与调整问题。这促使我们探索企业成长如何影响公司高管薪酬的问题,以及企业生命周期影响下的高管薪酬调整对企业研发创新

的影响,为高管薪酬设计的改进与调整提供新的依据。本章拟以企业发展过程中的生命周期阶段为切入点,利用新构建的企业生命周期划分指标,深入考察我国战略性新兴产业上市公司的高管薪酬随企业生命周期的演变规律,并检验企业成长对高管薪酬调整速度的影响及其对公司研发创新的作用,以期从企业成长的动态角度呈现高管薪酬的变化及调整概况,揭示不同生命周期阶段企业高管薪酬的调整对战略性新兴产业公司研发创新的影响。

5.2.1 企业生命周期、高管薪酬调整与企业研发创新理论分析与假设

与本研究直接相关的公司高管薪酬方面的文献主要探讨了公司高管薪酬的决定因素。有研究认为高管特征是高管薪酬的重要影响因素,如 Kaplan 和 Minton(2006)研究指出高管薪酬取决于企业高管的能力、风险偏好以及所面临的经营风险。有研究指出公司绩效会影响公司高管薪酬设定,高管的业绩敏感型薪酬契约能够有效激励高管在实现个人利益的同时提升公司价值,如 Morck 等(1988)研究发现,那些实施业绩敏感型薪酬契约的公司通常具有较高的托宾 Q 值。国内最早关于高管薪酬的研究并没有发现高管薪酬与公司绩效显著相关;相反,高管的薪酬更多地由公司规模以及所在地区决定(李增泉,2000;魏刚,2000)。张俊瑞等(2003)选取 2001 年上市公司高管薪酬信息,杜胜利和翟艳玲(2005)截取 2002 年数据,杜兴强和王丽华(2007)选择 1999—2003 年的数据所进行的研究均发现,上市公司高管的薪酬与绩效显著正相关。还有研究发现公司特征会显著影响高管薪酬,如杜胜利和翟艳玲(2005)研究指出,公司规模是影响高管薪酬的重要因素,一般而言,公司规模与高管报酬呈正相关关系。公司多元化增加了公司高管工作的复杂性,因此多元化与高管薪酬之间存在正相关关系;多元化影响报酬的另一个原因在于多元化会增加公司的规模,而后者会对经营者报酬产生影响(Cordeiro and Vehiloth,2003)。也有研究发现公司治理机制会

影响高管薪酬设定,公司内部所有权比例的提高,可能代表着高管权力的增强,从而自设薪酬问题严重,因此高管薪酬将提高(Sanders,2001)。公司内部所有权占比提高也将增强公司高管的主人翁精神,因此高管薪酬可能会降低(Cordeiro and Vehiloth,2003)。董事会监督力强的情况下,公司高管的高额薪酬出现的概率较低。此外,行业和地区对公司高管薪酬也有着显著影响,不同行业的高管薪酬差距显著。我国国有企业与民营企业在高管薪酬管制方面存在很大不同,高管业绩不仅以经济绩效来衡量,也要兼顾其他目标的实现。我国不同区域发展水平差别大,这直接导致了不同区域之间的高管薪酬水平存在较大差异,因此,地域因素也是影响高管薪酬的重要因素。

上述文献对公司高管薪酬的影响因素进行了多角度的研究,但均从静态层面考察高管薪酬的驱动因素,而近来已有文献开始从动态视角探讨高管薪酬的变化问题。如 Taylor(2013)研究指出高管薪酬是动态的,即高管薪酬对关于高管能力的好消息与坏消息的反应是不对称的。Gabaix,Sadzik 和 Sannikov(2012)通过在动态框架下对公司高管最优薪酬的研究发现,高管薪酬业绩敏感性随时间及企业个体的不同而发生变化。显然该研究已经突破过去的静态思路,但只是停留在企业发展中高管薪酬随不同时间或个体的变化问题,而忽视了企业生命周期这个重要因素,没有考虑企业生命周期对高管薪酬的影响,更没有在企业生命周期下高管薪酬调整对战略性新兴产业公司研发创新的影响。

5.2.1.1　企业生命周期与高管薪酬调整

随着企业所有权与控制权分离,以及现代企业组织制度所呈现出的公司股权分散化趋势不断发展,企业中管理者与所有者之间的代理问题使得股东利益受到前所未有的威胁。如何做好管理层激励是缓解代理问题的重要选择,管理层薪酬作为激励高管的直接货币化工具,适当设定并适时调整将直接关系到公司对管理层的激励效果。大量对高管激励的研究认为将高管薪酬与公司业绩(或市场价值)相关联,即制定业绩敏感型薪酬契约,能够有效激励高管在实现个人利益的同时提升公司价值。上市公司高管的薪酬与绩效显著正相关,公司规模与高管薪酬也呈正相关关系。Gao(2010)在委托代理框架内理论分析并实证检验了公司高管最优薪酬契约受高管风险对冲成本影响,即高管薪酬业绩敏感性随着高管对冲成本提高而降低。这些现有研究表明,公司高管薪酬一方面取决于公司代理问题的严重程度,另一方面取决于公司特征决定的高管在运营企业期间所承担的风险。

处于不同生命周期阶段的企业所具备的企业发展特征不尽相同。企业生命周期理论指出,企业的形成和发展与其他组织一样具有生命体的部分形态(Adizes,1989;Drazin and Kazanjian,1990;James,1973;Mille and Friesen,1984),不同阶段的生产经营、组织特征及管理层结构等各有不同。高管薪酬设置需要根据企业发展特征而适应性地进行调整。这是因为在不同生命周期阶段,战略性新兴产业企业面临的代理问题及发展风险的严重程度不同。从代理问题来看,在初期阶段,企业规模一般较小,所有者与CEO常常合二为一,委托代理问题不明显,此时对薪酬激励作用的需求较低;在成长时期,企业组织制度逐渐走向控制权与所有权分离,因而委托代理问题随之开始出现,此时企业对高管薪酬激励作用的需求提高;在成熟时期,公司两权分离进一步深化,代理问题变得严重,企业对薪酬激励作用的需求进一步提高;处于衰退期的企业,管理层本位主义严重,管理者可能会为了维持既得利益而进一步扩大企业规模,这时也需要对管理层实施较高激励,但由于企业业绩下滑,可能力不从心。从公司高管的贡献与风险承担来看,在初期阶段,企业面临打开市场、融资约束、竞争劣势以及企业制度构建等多种不确定性因素,此时公司高管面临的风险较高,因此需要对高管给予较高的薪酬补偿;在成长时期,企业发展获得了一定市场认可,尽管对外部资源的高需求带来较高的不确定性,但相比起步阶段风险在下降,随着规模的扩大,高管承担的风险也在加大,此时高管需要较高的薪酬补偿;在成熟时期,企业发展比较稳定,盈利也较稳定,发展风险较低,尽管公司规模较大,但市场比较成熟,高管承担的风险较低,此时高管需要的补偿较低;在衰退时期,企业发展的不确定性再次升高,高管需要投入较多精力考虑公司的转型与再创业,因此需要较多的薪酬补偿。

公司代理问题及高管承担的风险随着企业生命周期的变化而变化,此时,战略性新兴产业公司高管薪酬也将发生变化,因此,高管薪酬在不同生命周期阶段将存在差异。随着企业不断成长,战略性新兴产业公司代理问题与高管所承担风险的变化将导致公司高管薪酬动态调整。公司特征变化以及调整成本等导致的公司高管薪酬对目标高管薪酬的偏离都将造成经济上的无效率,因此,正常情况下,追求经济效率的公司将从次优高管薪酬向目标高管薪酬动态调整。不同生命周期中由于企业高管薪酬调整成本与收益存在差异,所以,高管薪酬由次优向目标薪酬的调整将不尽相同。为此,我们提出如下假设:

假设 5－5:高管薪酬在企业生命周期不同阶段差异显著。

假设 5－6:企业生命周期将影响高管薪酬向目标高管薪酬的调整速度。

5.2.1.2 企业生命周期与高管薪酬非对称调整

理论上,公司高管薪酬将匹配高管对企业的贡献及风险承担,同时能够激励高管降低代理成本,而过高的薪酬将导致企业承担高额的支付成本,过低的薪酬将可能引致公司承担高额的代理成本,这都会给企业带来价值损失,因此,公司在为高管设定薪酬时需要较好衡量并反映高管贡献与风险承担,并在此基础上权衡高管薪酬可能带来的支付成本与代理成本。实践中,由于战略性新兴产业公司代理问题与高管承担风险的不确定性以及调整成本的存在,公司高管薪酬常常在一段时间内处于次优状态。根据该次优状态对目标高管薪酬的偏离方向,可分为超过目标薪酬的"过度薪酬"与未达目标薪酬的"不足薪酬"两类,"过度薪酬"主要表现为支付给高管的薪酬超过高管风险承担与贡献应得的水平,这种情况下高管的风险承担将得到薪酬补偿,同时又能较好激励高管,降低代理成本,但是过高的支付成本将损害公司利益。与此相对应,"不足薪酬"主要表现为支付给高管的薪酬低于高管风险承担与贡献应得的水平,这种情况下高管的风险承担未得到薪酬补偿,更不能激励高管,因此,代理成本将上升,过高的代理成本将损害公司利益。

在企业生命周期不同阶段,战略性新兴产业公司高管所面临的风险及公司代理问题不同,因此,对高管薪酬激励的需求及调整方向也将不同。在成长阶段,企业成长性较高,虽然逐步步入正轨,但市场不确定性仍较高,此时高管承担的风险较大,因此需要较高的薪酬补偿。同时,成长期企业股权较集中,由创始人团队管理,代理问题不突出,因此,对薪酬的激励作用需求较低。公司由"不足薪酬"向目标薪酬的调整主要为公司带来代理问题缓解的收益,而"过度薪酬"向目标薪酬的调整为公司带来的是降低过高支付成本的好处。尽管公司的这两类状态都是非效率状态,也都将向目标效率状态调整,但由于在此阶段代理问题不突出,因此,我们预计公司为削减过高成本而实施的调整所带来的收益要高于为缓解代理成本而实施的调整所带来的收益,因此,成长阶段由"不足薪酬"向目标薪酬调整的速度慢于由"过度薪酬"向目标薪酬调整的速度。

在成熟阶段,公司两权分离进一步深化,代理问题变得严重,此时对薪酬激励作用的需求变大。与此同时,企业发展比较稳定,盈利也较稳定,发展风险较低,高管承担的风险也较低,高管需要的补偿较低。因此,由"不足薪酬"向目标薪酬的调整将为公司带来代理成本的极大缓解,而由"过度薪酬"向目标薪酬的调整为公司带来的支付成本的削减收益却较低。比较这两类收益,我们预计由"不足薪酬"向目标薪酬的调整将为公司带来代理成本的极大缓解,而由"过度薪酬"向目标薪酬的调整为公司带来的支付成本的削减收益将较低。因此,成熟阶段由"不足薪酬"向目标薪酬调整的速度快于由"过度薪酬"向目标薪酬调整的速度。

在衰退阶段,企业发展的不确定性再次升高,高管需要投入较多精力考虑公司的转型与再创业,因此需要较多的薪酬补偿。同时,衰退期的企业,管理层本位主义严重,管理者为了维持既得利益会进一步扩大企业规模,由此也需要对管理层实施较高激励。因此,由"不足薪酬"向目标薪酬的调整将为公司带来代理成本的极大缓解,而由"过度薪酬"

向目标薪酬的调整为公司带来的支付成本的削减收益却较低。比较这两类收益,我们预计由"不足薪酬"向目标薪酬的调整将为公司带来代理成本的极大缓解,而由"过度薪酬"向目标薪酬的调整为公司带来的支付成本的削减收益将较低。因此,衰退阶段由"不足薪酬"向目标薪酬调整的速度快于由"过度薪酬"向目标薪酬调整的速度。

　　假设 5 - 7a:在企业成长阶段,公司高管薪酬由"不足薪酬"向目标薪酬调整的速度慢于由"过度薪酬"向目标薪酬调整的速度。

　　假设 5 - 7b:在企业成熟及衰退阶段,公司高管薪酬由"不足薪酬"向目标薪酬调整的速度快于由"过度薪酬"向目标薪酬调整的速度。

5.2.1.3　企业生命周期、高管薪酬非对称调整与公司研发创新

　　管理层薪酬作为激励高管的重要工具,其不断向最优薪酬的调整有助于补偿高管的风险承担,降低代理问题,进而对公司研发创新的无效行为产生治理作用。

　　从代理理论视角看,高管薪酬由次优向目标薪酬的调整将缓解代理问题,激励公司高管更好地为公司创造价值的同时,实现自身价值,从而提升公司研发创新。具体而言,高管薪酬由"不足薪酬"向目标薪酬的调整将降低代理成本,从而改善公司研发创新;由"过度薪酬"向目标薪酬的调整将降低公司过高的支付成本,从而促进公司研发创新。就高管薪酬差距而言,高管薪酬差距由次优向目标薪酬差距的调整将有助于提高公司内薪酬分配的公平性与激励性,从而促进公司研发创新。具体而言,高管薪酬差距由"不足薪酬"向目标薪酬差距的调整意味公司高管之间薪酬差距加大,将更好地发挥激励作用,从而促进公司研发创新;由"过度薪酬"向目标薪酬差距的调整也将提升管理团队的整体积极性,从而促进公司研发创新。从风险承担与薪酬匹配的视角看,高管薪酬由次优向目标薪酬的调整将优化风险承担与薪酬匹配,提升公司分配的公平性,从而可能促进公司研发创新。具体而言,高管薪酬由"不足薪酬"向目标薪酬的调整意味着对高管承担风险补偿额的提高,这将促进公司研发创新;高管薪酬由"过度薪酬"向目标薪酬的调整意味着对高管

承担风险的补偿向公平性调整,这也将促进公司研发创新。就高管薪酬差距的调整而言,高管薪酬差距由次优向目标薪酬差距的调整有助于提高薪酬分配的公平性与激励性,从而促进公司研发创新。具体而言,高管薪酬差距由"不足薪酬"向目标薪酬差距的调整意味着公司高管之间薪酬差距加大,将更好地发挥激励作用,从而促进公司研发创新;由"过度薪酬"向目标薪酬差距的调整将提升管理团队的整理积极性,从而促进企业创新。

在不同生命周期阶段,战略性新兴产业企业所面对的代理问题的严重程度及高管所承担的风险不尽相同,而过高支付成本和代理成本的降低都有助于促进公司研发创新。企业高管薪酬由次优状态向目标薪酬的调整既有助于缓解代理问题,也有助于降低过高的支付成本,从而提升企业效率。因此,我们预计在企业生命周期的三个阶段,公司高管薪酬由次优向目标薪酬的调整都将促进公司研发创新。基于上述分析,提出如下假设:

假设 5-8a:在企业生命周期的三个阶段,高管薪酬由"不足薪酬"向目标薪酬的调整有助于促进公司研发创新。

假设 5-8b:在企业生命周期的三个阶段,高管薪酬由"过度薪酬"向目标薪酬的调整有助于促进公司研发创新。

假设 5-9a:在企业生命周期的三个阶段,高管薪酬差距由"不足薪酬"向目标高管薪酬差距的调整有助于促进公司研发创新。

假设 5-9b:在企业生命周期的三个阶段,高管薪酬差距由"过度薪酬"向目标高管薪酬差距的调整有助于促进公司研发创新。

5.2.2　企业生命周期、高管薪酬调整与研发创新研究设计

5.2.2.1　研究变量

1)高管薪酬

关于高管薪酬变量的度量,与本章前述保持一致,即借鉴现有文献

的做法（辛清泉等，2007；王克敏和王志超，2007；方军雄，2009；黎文靖等，2012），以上市公司薪酬最高的前 3 位高管的薪酬的平均数衡量高管薪酬，并取其自然对数作为模型的因变量。同时，用前 3 位高管薪酬占管理层总薪酬的比重来刻画企业内高管薪酬结构，称之为高管薪酬差距。在稳健性检验中，选取总经理的薪酬以及薪酬最高的前 3 位董事的薪酬平均数作为替代性指标进行测试。

2）企业生命周期变量

在已有关于企业生命周期度量方法的文献基础上（Miller and Friesen，1984；Anthony and Ramesh，1992；DeAngelo and Stulz，2006；Anthony and Ramesh，1992；Hribar and Yehuda，2007；Bens，Nagar and Wong，2002；De Angelo and Stulz，2006；Sian，2009），结合打分法与产业经济学方法的优点，选用销售收入增长率、留存收益率、资本支出率及企业年龄四个指标（见表 5.12）来划分企业发展阶段。在具体操作时，考虑到产业之间差异的因素，根据四个指标的总得分将总样本分行业进行由大到小的排序，其中每一个行业样本都按照总得分等分成三部分，得分最高的部分为成长期企业，得分最低的部分为衰退期企业，中间部分为成熟期企业①。最后，把各行业的分类结果汇总，即得到所有上市公司企业生命周期的样本分类结果。

表 5.12　企业生命周期阶段的划分标准

变量	销售收入增长率		留存收益率		资本支出率		企业年龄	
发展阶段	特征	赋值	特征	赋值	特征	赋值	特征	赋值
成长阶段	高	3	低	3	高	3	低	3
成熟阶段	中	2	中	2	中	2	中	2
衰退阶段	低	1	高	1	低	1	高	1

---

① 为了尽量降低企业生命周期不同阶段的划分偏差，在进行划分时，采用的样本为剔除指标不健全公司后的全部上市公司，而后分别按行业进行打分排序，同时大致等分为成长期、成熟期与衰退期三个阶段。

3）研发创新

关于企业研发创新变量的度量,与前述关于该变量的度量方法保持一致,即对创新过程进行全面刻画。首先,采用企业是否有研发投资支出虚拟变量来反映公司研发创新意愿;其次,采用公司研发支出比例来反映公司研发创新强度;最后,采用企业获得的授权专利数量,包括发明专利与三类专利(发明专利、实用新型及外观设计)作为企业研发创新变量来刻画创新效果。同样值得说明的是,考虑到研究中董事会结构调整选取的间隔期间为两年,这里采用董事会结构变化期间两年内的专利累积数度量研发创新效果。而研究股权结构及高管薪酬时,则采用间隔一年的数据,创新研发投入与产出专利变量也相应地用一年的变量。此外,由于专利原始数据在各企业之间存在较大差异,为了降低在实证检验模型中使用专利数据原值出现的偏误,我们对专利创新数据值进行了取常用对数的处理。

5.2.2.2　研究样本

本部分同样选用我们收集的战略性新兴产业公司样本,筛选条件如上一章所述。样本选取时间始于 2007 年,研究区间为 2007—2013 年,经过挑选,得到 879 家新兴产业上市公司。研究中使用的公司创新、公司治理以及公司特征等相关数据全部来自 CSMAR 数据库与 CCER 数据库,并剔除了金融类公司、估计投资效率变量指标不健全的公司、公司治理变量指标及财务指标不全的上市公司。经过剔除与筛选,最后得到 2007 年、2008 年、2009 年、2010 年、2011 年、2012 年及 2013 年共 4 176 个观测样本。

5.2.2.3　实证方法

检验企业生命周期内公司高管薪酬的差异性及演变规律。使用独立样本 T 检验及非参数 Z 检验考察不同生命周期阶段高管薪酬的差异性;使用 OLS 方法回归方程(5-9)考察企业生命周期变量对公司高管薪酬各变量(高管薪酬额及薪酬差距)的影响。

$$\mathrm{MC}_{i,t} \text{ 或 } \mathrm{MCg}_{i,t} = \gamma_0 + \gamma_1 \mathrm{Lifecycle}_{i,t} + \gamma_2 \mathrm{Controls}_{i,t} + \varepsilon_{i,t}$$

$$(5-9)$$

其中,生命周期变量包括企业生命周期的三个阶段变量,即成长期、成熟期及衰退期,以及对企业生命周期三个阶段按序数(1,2,3)编码后的一个整体变量,控制变量包括行业变量与年度变量。在回归的过程中将逐个考察每个变量对公司高管薪酬的影响。

为了深入考察企业生命周期下公司高管薪酬结构的动态调整,除了在描述性统计中呈现公司动态调整的趋势,还将考察企业生命周期影响下高管薪酬的调整,并采用实证模型式(5-1)~式(5-8)分别考察与检验不同企业生命周期阶段下高管薪酬结构的调整及其对企业创新的影响。

5.2.3　企业生命周期、高管薪酬调整与研发创新实证结果及解释

5.2.3.1　高管薪酬与企业生命周期关系的检验结果

表 5.13 汇总了全样本主要变量的描述性统计结果。从全样本来看,样本公司高管薪酬额的对数均值为 13.939,最大值为 16.689,最小值为 0,标准差达到 0.829,说明我国不同上市公司之间高管薪酬存在差别;样本公司前 3 位高管薪酬的均值为 0.417,标准差为 0.129,说明我国上市公司高管薪酬差距也不相同。

而后,把样本分成成长期、成熟期与衰退期 3 个子样本。成长阶段样本结果显示,样本公司高管薪酬额的对数均值为 13.949,最大值为 16.571,最小值为 0,标准差达到 0.847,说明我国不同上市公司之间高管薪酬存在较差别;样本公司前 3 位高管薪酬的均值为 0.414,标准差为 0.128,说明我国上市公司高管薪酬差距存在不同。

成熟阶段样本结果显示,样本公司高管薪酬额的对数均值为 13.966,最大值为 16.581,最小值为 0,标准差达到 0.790,说明我国不同上市公司之间高管薪酬存在较大差别;样本公司前 3 位高管薪酬的均

值为0.413,标准差为0.127,说明我国上市公司高管薪酬差距存在不同。

衰退阶段样本结果显示,样本公司高管薪酬额的对数均值为13.881,最大值为16.689,最小值为0,标准差达到0.860,说明我国不同上市公司之间高管薪酬存在较大差别;样本公司前3位高管薪酬的均值为0.426,标准差为0.135,说明我国上市公司高管薪酬差距存在不同。从3个阶段结果来看,公司高管薪酬在企业生命周期不同阶段存在一定差异。

表5.13 主要变量描述性统计

	变量	观测样本	均值	最大值	最小值	标准差
全样本	LgCompsn	4 176	13.939	16.689	0	0.829
	Ratio_Compsn	4 176	0.417	1.000	0	0.129
成长阶段	LgCompsn	1 466	13.949	16.571	0	0.847
	Ratio_Compsn	1 466	0.414	1.000	0	0.128
成熟阶段	LgCompsn	1 661	13.966	16.581	0	0.790
	Ratio_Compsn	1 661	0.413	1.000	0	0.127
衰退阶段	LgCompsn	1 049	13.881	16.689	0	0.860
	Ratio_Compsn	1 049	0.426	1.000	0	0.135

5.2.3.2 企业生命周期、高管薪酬结构调整与企业研发创新的检验结果

1) 企业生命周期与高管薪酬结构调整速度

企业生命周期究竟如何影响高管薪酬的调整速度?我们通过估计动态部分调整模型,考察了不同生命周期阶段公司高管薪酬的动态调整。值得强调的是,为了规避在估计动态面板时普通最小二乘法以及固定效应模型可能带来的偏差,我们采用系统GMM进行估计,估计结果如表5.14所示。

表 5.14　不同成长阶段高管薪酬的调整速度

变量	成长阶段		成熟阶段		衰退阶段	
	高管薪酬额	高管薪酬差距	高管薪酬额	高管薪酬差距	高管薪酬额	高管薪酬差距
L. LgCompsn	−0.022 (−0.430)		0.572*** (6.390)		0.604*** (4.220)	
L. Ratio-Compsn		0.609*** (5.030)		0.357*** (5.520)		0.421*** (3.030)
Lnsize	0.206*** (4.530)	−0.003 (−0.440)	0.128*** (4.980)	0.000 (−0.060)	0.098 (1.550)	−0.015 (−1.300)
ROA	2.036** (2.220)	0.040 (0.380)	1.212** (2.040)	−0.080 (−0.750)	0.309 (1.080)	−0.027 (−0.410)
IntanAsset	−0.122 (−1.070)	−0.006 (−0.320)	0.018 (0.150)	−0.032 (−1.060)	−0.112 (−0.970)	0.002 (0.060)
Tobin's Q	−0.028 (−1.390)	0.002 (0.450)	−0.009 (−0.690)	0.002 (0.600)	−0.036 (−1.070)	−0.004 (−0.580)
Concentr1	−0.081 (−0.230)	0.019 (0.570)	−0.181 (−1.480)	0.017 (0.480)	−0.352 (−1.460)	0.074 (1.490)
Lndsize	0.257* (1.760)	−0.007 (−0.350)	0.078 (1.380)	−0.037** (−2.330)	−0.008 (−0.060)	−0.025 (−0.470)
Indpd	−0.096 (−0.110)	0.019 (0.240)	0.039 (0.110)	0.186* (1.760)	0.150 (0.230)	0.067 (0.430)
Dual	0.231* (1.830)	0.018 (1.330)	−0.039 (−0.890)	0.018 (1.470)	0.030 (0.290)	0.012 (0.720)
Region-east	0.304** (2.220)	0.021 (1.230)	0.043 (0.630)	0.023* (1.840)	0.261 (1.610)	0.008 (0.280)
Region-central	−0.007 (−0.050)	0.013 (0.490)	−0.111 (−1.600)	0.008 (0.500)	−0.017 (−0.120)	0.010 (0.360)
Constant	−177.974*** (−3.440)	1.512 (0.270)	−30.105 (−1.500)	2.895 (0.580)	−74.402* (−1.790)	1.292 (0.160)
Hansen	0.919	0.369	0.225	0.359	0.372	0.402
Sargan	0.000	0.000	0.046	0.023	0.313	0.018

注：*** 表示在 1% 的水平上显著，** 表示在 5% 的水平上显著，* 表示在 10% 的水平上显著。

从成长阶段结果来看,高管薪酬额滞后项前面的系数为 -0.022,这说明在每年间隔期限内公司高管薪酬向目标高管薪酬额调整的速度是 $1.022(1+0.022)$,这表明成长阶段公司高管薪酬向目标薪酬的调整非常及时,若出现偏离,立即进行调整。就高管薪酬差距结果来看,高管薪酬差距滞后项前面的系数为 0.609,这说明在每年间隔期限内公司高管薪酬差距向目标薪酬差距调整的速度是 $0.391(1-0.609)$,并将以该速度填补期初的高管薪酬差距与目标高管薪酬差距之间 0.609 的缺口。

从成熟阶段结果来看,高管薪酬额滞后项前面的系数为 0.572,这反映在年度间隔期限内公司高管薪酬向目标薪酬调整的速度是 0.428 $(1-0.572)$,并将以该速度填补期初的高管薪酬与目标薪酬之间 0.572 的缺口。就高管薪酬差距来看,高管薪酬差距滞后项前面的系数为 0.357,这说明在每年间隔期限内公司高管薪酬差距向目标薪酬差距调整的速度是 $0.643(1-0.357)$,并将以该速度填补期初的高管薪酬差距与目标高管薪酬差距之间 0.357 的缺口。

从衰退阶段结果来看,高管薪酬额滞后项前面的系数为 0.646,这说明在年度间隔期限内高管薪酬向目标高管薪酬调整的速度是 0.396 $(1-0.604)$,并将以该速度填补期初的高管薪酬与目标薪酬之间 0.604 的缺口。就高管薪酬差距来看,高管薪酬差距滞后项前面的系数为 0.421,这说明在年度间隔期限内公司高管薪酬差距向目标薪酬差距调整的速度是 $0.579(1-0.421)$,并将以该速度填补期初的高管薪酬差距与目标薪酬差距之间 0.579 的缺口。

上述结果既通过了 Sargen 检验,也通过了 Hansen 检验。

2) 企业生命周期与高管薪酬结构非对称调整

接下来检验企业生命周期不同阶段高管薪酬结构的非对称调整。上述对公司高管薪酬动态调整的估计是假设公司高管薪酬的调整是对称的,即公司高管薪酬从"不足"与"过度"两侧向目标高管薪酬结构的调整是同步的,而现实中由于高管薪酬的提高或降低带来的成本不同,将直接导致公司高管薪酬发生非对称调整。因此,我们把高管薪酬向目标高管薪酬的调整分为从"过度"与"不足"两侧向目标高管薪酬结构的调整,并假定两者调整速度不同。这里的目标高管薪酬结构基于表5.14 的估计结果,即用混合截面数据回归的拟合值来代替。

表 5.15 汇总了企业成长阶段高管薪酬结构非对称调整的检验结果。其中,Panel A 是高管薪酬额的非对称调整结果,模型(5-1)假定高管薪酬的上下调整是对称的,其前面的调整系数为 0.706,说明公司高管薪酬额向目标高管薪酬额调整的速度是 0.706,高管薪酬额将以该速度填补期初的高管薪酬额与目标高管薪酬额之间的缺口。模型(5-4)允许公司高管薪酬额非对称调整,从"过度薪酬"向目标高管薪酬额调整的系数为 -0.173,从"不足薪酬"向目标高管薪酬额调整的系数为0.877,这说明企业成长期公司高管薪酬额一般不会高于目标薪酬额,而由"不足薪酬"向目标高管薪酬额调整的速度为 0.877。该结果表明成长阶段公司高管薪酬额一般不会高于目标薪酬额;而当薪酬不足时,将以较快的速度向目标薪酬额调整。Panel B 是高管薪酬差距的非对称调整结果,模型(5-1)假定高管薪酬差距的上下调整是对称的,其前面的调整系数为 0.316,说明公司高管薪酬差距向其目标薪酬差距调整的速度是 0.316。模型(5-5)允许公司高管薪酬差距非对称调整,从"过度薪酬"向目标高管薪酬差距调整的系数为 0.305,从"不足薪酬"向目标高管薪酬差距调整的系数为 0.334,这说明公司高管薪酬差距由"过度薪酬"向目标高管薪酬差距调整的速度为 0.305。而由"不足薪酬"向目标高管薪酬差距调整的速度为 0.334。该结果说明公司高管薪酬差距"过度"时的调整慢于高管薪酬差距"不足"时的调整。

表 5.15　企业成长阶段高管薪酬额非对称调整

Panel A 高管薪酬额非对称调整			Panel B 高管薪酬差距非对称调整		
变量	(1)	(2)	变量	(1)	(2)
TMCD	0.706*** (30.450)		TMCgD	0.316*** (16.980)	
MC^{above*} TMCD		-0.173*** (-2.460)	MCg^{above*} TMCgD		0.305*** (10.680)

（续表）

Panel A 高管薪酬额非对称调整			Panel B 高管薪酬差距非对称调整		
变量	(1)	(2)	变量	(1)	(2)
MC^{under*} TMCD		0.877*** (34.670)	MCg^{under*} TMCgD		0.334*** (7.870)
Constant	0.058*** (2.790)	-0.139*** (-5.640)	Constant	-0.009*** (-3.930)	-0.011*** (-2.910)
Obs.	1 200	1 200	Obs.	1 200	1 200
Adj R^2	0.436	0.506	Adj R^2	0.193	0.193
F	927.380	616.110	F	288.490	144.260

注：$***$表示在1%的水平上显著，$**$表示在5%的水平上显著，$*$表示在10%的水平上显著。

表5.16汇总了企业成熟阶段高管薪酬结构非对称调整的检验结果。其中，Panel A是高管薪酬额的非对称调整结果，模型(5-1)假定高管薪酬的上下调整是对称的，其前面的调整系数为0.388，说明公司高管薪酬额向目标薪酬额调整的速度是0.078，说明高管薪酬额将以该速度填补期初的高管薪酬额与目标薪酬额之间的缺口。模型(5-4)允许高管薪酬非对称调整，从"过度薪酬"向目标高管薪酬额调整的系数为0.152，从"不足薪酬"向目标薪酬额调整的系数为0.023，这说明公司高管薪酬额由"过度薪酬"向目标薪酬额调整的速度为0.152，而由"不足薪酬"向目标高管薪酬额调整的速度为0.023。该结果表明成熟阶段公司高管薪酬额由"过度薪酬"降薪的速度快于由"不足薪酬"提薪的速度。Panel B是高管薪酬差距的非对称调整结果，模型(5-1)假定高管薪酬差距的上下调整是对称的，其前面的调整系数为0.255，说明公司高管薪酬差距向目标薪酬差距调整的速度是0.255。模型(5-5)允许公司高管薪酬差距非对称调整，从"过度薪酬"向目标薪酬差距调整的系数为0.272，从"不足薪酬"向目标薪酬差距调整的系数为0.229，这说明公司高管薪酬差距由"过度薪酬"向目标薪酬差距的调整速度快于由"不足薪酬"向目标薪酬差距调整的速度。

表 5.16　企业成熟阶段高管薪酬结构非对称调整

Panel A 高管薪酬额非对称调整			Panel B 高管薪酬差距非对称调整		
变量	(1)	(2)	变量	(1)	(2)
TMCD	0.078*** (3.860)		TMCgD	0.255*** (14.270)	
MC^{above*} TMCD		0.152*** (3.690)	MCg^{above*} TMCgD		0.272*** (9.250)
MC^{under*} TMCD		0.023 (0.680)	MCg^{under*} TMCgD		0.229*** (5.500)
Constant	0.098*** (8.070)	0.127*** (6.890)	Constant	−0.008*** (−3.530)	−0.006 (−1.610)
Obs.	1 362	1 362	Obs.	1 362	1 362
Adj R²	0.01	0.012	Adj R²	0.13	0.129
F	14.870	9.570	F	203.550	101.980

注：*** 表示在 1% 的水平上显著，** 表示在 5% 的水平上显著，* 表示在 10% 的水平上显著。

　　表 5.17 汇总了企业衰退阶段高管薪酬结构非对称调整的检验结果。其中，Panel A 是高管薪酬额的非对称调整结果，模型(5-1)假定高管薪酬额的上下调整是对称的，其前面的调整系数为 0.472，说明公司高管薪酬向目标薪酬额调整的速度是 0.472。模型(5-4)允许公司高管薪酬额非对称调整，从"过度薪酬"向目标高管薪酬额调整的系数为 −0.012，从"不足薪酬"向目标高管薪酬额调整的系数为 0.650，这说明衰退阶段公司高管薪酬额一般不会高于目标薪酬额；而当薪酬低于目标薪酬额时，将会以较快的速度向目标薪酬额调整。Panel B 是高管薪酬差距的非对称调整结果，模型(5-1)假定高管薪酬差距的上下调整是对称的，其调整系数为 0.260，说明公司高管薪酬差距向目标薪酬差距调整的速度是 0.206。模型(5-5)允许公司高管薪酬差距非对称调整，从"过度薪酬"向目标高管薪酬差距调整的系数为 0.314，从"不足薪酬"向目标高管薪酬差距调整的系数为 0.165，这说明公司高管薪酬差距由"过度"向目标薪酬差距调整的速度为 0.722，而由"不足"向目标薪酬差

距调整的速度为 0.662，前者的调整速度快于后者。

表 5.17 企业衰退阶段高管薪酬结构非对称调整

Panel A 高管薪酬额非对称调整			Panel B 高管薪酬差距非对称调整		
变量	(1)	(2)	变量	(1)	(2)
TMCD	0.472*** (24.850)		TMCgD	0.260*** (12.060)	
MC^{above} * TMCD		−0.012 (−0.270)	MCg^{above} * TMCgD		0.314*** (9.290)
MC^{under} * TMCD		0.650*** (28.360)	MCg^{under} * TMCgD		0.165*** (3.240)
Constant	0.032*** (24.850)	−0.110*** (−6.110)	Constant	0.003 (1.010)	0.010*** (2.230)
Obs.	841	841	Obs.	841	841
Adj R^2	0.423	0.508	Adj R^2	0.147	0.15
F	617.640	434.660	F	145.380	75.090

注：***表示在 1% 的水平上显著，**表示在 5% 的水平上显著，*表示在 10% 的水平上显著。

3）企业生命周期、高管薪酬结构非对称调整与公司研发创新

（1）在成长阶段高管薪酬结构非对称调整与公司研发创新。我们把公司研发创新分为研发创新意愿、研发创新投入与研发创新产出等组别进行考察。表 5.18 汇总了企业成长阶段高管薪酬结构非对称调整对公司研发创新意愿的检验结果。其中，Panel A 是高管薪酬额非对称调整对研发创新意愿的影响结果，模型（5-6）中变量 MCAdjDis 与研发创新意愿呈正相关关系，且其在 10% 的统计水平上显著，这表明高管薪酬额由次优向目标薪酬额的调整能显著提升公司研发创新意愿。模型（5-7）中变量 $MCAdjDis^{above}$ 与研发创新意愿呈显著正相关关系，但是变量 $MCAdjDis^{under}$ 与研发创新意愿呈不显著的正相关关系，这表明高管薪酬额由"过度薪酬"向目标高管薪酬额的调整将提升公司研发创新意愿，而由"不足薪酬"向目标高管薪酬额的调整则不能提升公司研发创

新意愿。Panel B 是高管薪酬差距非对称调整对研发创新意愿的影响结果,模型(5-6)中变量 MCgAdjDis 与研发创新意愿呈不显著的正相关关系,说明高管薪酬差距由次优向目标高管薪酬差距的调整不能提升公司研发创新意愿。模型(5-8)中变量 MCgAdjDis^{above} 及 MCgAdjDis^{under} 与研发创新意愿分别呈正相关和负相关关系,但它们在统计上均不显著,这表明高管薪酬差距向目标高管薪酬差距的调整不能提升公司研发创新意愿。因此,公司高管薪酬额向目标高管薪酬额的调整,主要是由"过度薪酬"向目标高管薪酬额的调整将提升公司研发创新意愿,而公司高管薪酬差距向目标高管薪酬差距的调整不能有效提升公司研发创新意愿。

表 5.18　企业成长阶段高管薪酬结构非对称调整与公司研发创新意愿回归结果

Panel A 高管薪酬额非对称调整与公司研发创新意愿			Panel B 高管薪酬差距非对称调整与公司研发创新意愿		
变量	(1)	(2)	变量	(1)	(2)
MCAdjDis	0.078 (0.76)		MCgAdjDis	−1.066 (−0.46)	
MCAdjDis^{under}		0.037 (0.36)	MCgAdjDis^{under}		0.535 (0.10)
MCAdjDis^{above}		10.630** (3.16)	MCgAdjDis^{above}		−0.752 (−0.59)
Lndsize	−0.108 (−0.36)	−0.057 (−0.18)	Lndsize	−0.129 (−0.43)	−0.128 (−0.42)
Indpd	−1.064 (−0.70)	−1.021 (−0.62)	Indpd	−1.054 (−0.70)	−1.162 (−0.76)
Dual	0.353 (1.52)	0.313 (1.32)	Dual	0.347 (1.48)	0.344 (1.47)
Concentr1	1.092 (1.49)	1.156 (1.57)	Concentr1	1.137 (1.53)	1.162 (1.56)
State	−1.113*** (−4.77)	−1.175*** (−5.00)	State	−1.112*** (−4.76)	−1.102*** (−4.65)

（续表）

Panel A 高管薪酬额非对称调整与公司研发创新意愿			Panel B 高管薪酬差距非对称调整与公司研发创新意愿		
变量	(1)	(2)	变量	(1)	(2)
Leverage	-0.366 (-0.82)	-0.433 (-0.96)	Leverage	-0.379 (-0.85)	-0.384 (-0.86)
FCF	-0.28 (-0.36)	-0.343 (-0.43)	FCF	-0.276 (-0.36)	-0.25 (-0.33)
Lnsize	-0.662^{***} (-4.75)	-0.701^{***} (-4.77)	Lnsize	-0.654^{***} (-4.71)	-0.662^{***} (-4.68)
ROA	2.327 (1.16)	1.616 (0.78)	ROA	2.333 (1.16)	2.278 (1.14)
IntanAsset	-0.867^{**} (-3.26)	-0.824^{**} (-3.13)	IntanAsset	-0.868^{**} (-3.29)	-0.874^{***} (-3.30)
Tobin's Q	0.03 (0.37)	0.032 (0.39)	Tobin's Q	0.035 (0.43)	0.033 (0.41)
Constant	13.976^{***} (4.580)	14.606^{***} (4.550)	Constant	13.938^{***} (4.500)	14.102^{***} (4.470)
N	1 200	1 200	N	1 200	1 200
Pseudo R^2	0.346	0.356	Pseudo R^2	0.346	0.347

注：$***$表示在1%的水平上显著，$**$表示在5%的水平上显著，$*$表示在10%的水平上显著。

表5.19汇总了企业成长阶段公司高管薪酬结构非对称调整对公司研发创新投入的检验结果。其中，Panel A是高管薪酬额非对称调整对研发创新投入的影响结果，模型（5-6）中变量 MCAdjDis 与研发创新投入呈显著负相关关系，这表明高管薪酬额由次优向目标高管薪酬额的调整将抑制公司研发创新投入。模型（5-7）中变量 MCAdjDis^{above} 与研发创新投入呈不显著正相关关系，而 MCAdjDis^{under} 与研发创新投入呈显著负相关关系，这表明公司高管薪酬额由"过度薪酬"向目标薪酬额的调整不能提升公司研发创新投入，由"不足薪酬"向目标薪酬额的调整将抑制公司研发创新投入。Panel B是高管薪酬差距非对称调整对研发

创新投入的影响结果,模型(5-6)中变量 MCgAdjDis 与研发创新投入呈不显著负相关关系,说明高管薪酬差距由次优向目标高管薪酬差距的调整不能促进公司研发创新投入。模型(5-8)中变量 MCgAdjDis^{above} 与研发创新投入呈显著负相关关系,而 MCgAdjDis^{under} 与研发创新投入呈不显著负相关关系,这表明公司高管薪酬差距由"过度薪酬"向目标薪酬差距的调整将抑制公司研发创新投入。因此,公司高管薪酬额由"不足薪酬"向目标薪酬额的调整将抑制公司研发创新投入,公司高管薪酬差距由"过度薪酬"向目标薪酬差距的调整也将抑制公司研发创新投入,而高管薪酬降低与薪酬差距加大将促进研发创新投入。

表 5.19　企业成长阶段高管薪酬结构非对称调整与公司研发创新投入的回归结果

Panel A 高管薪酬额非对称调整与公司研发创新投入			Panel B 高管薪酬差距非对称调整与公司研发创新投入		
变量	(1)	(2)	变量	(1)	(2)
MCAdjDis	−0.003* (−1.82)		MCgAdjDis	−0.054 (−1.50)	
MCAdjDis^{under}		−0.005** (−2.15)	MCgAdjDis^{under}		−0.034 (−0.31)
MCAdjDis^{above}		0.084 (1.43)	MCgAdjDis^{above}		−0.03* (−1.76)
Lndsize	0.002 (0.34)	0.002 (0.35)	Lndsize	0.001 (0.13)	0.001 (0.14)
Indpd	−0.03 (−1.28)	−0.029 (−1.19)	Indpd	−0.027 (−1.13)	−0.028 (−1.20)
Dual	0.004 (1.05)	0.004 (0.96)	Dual	0.004 (1.10)	0.004 (1.10)
Concentr1	−0.027** (−2.27)	−0.027** (−2.25)	Concentr1	−0.026** (−2.17)	−0.026** (−2.12)
State	−0.009** (−2.35)	−0.01** (−2.50)	State	−0.009** (−2.30)	−0.009** (−2.23)

（续表）

Panel A 高管薪酬额非对称调整与公司研发创新投入			Panel B 高管薪酬差距非对称调整与公司研发创新投入		
变量	（1）	（2）	变量	（1）	（2）
Leverage	−0.006 （−1.06）	−0.007 （−1.17）	Leverage	−0.006 （−1.05）	−0.006 （−1.08）
FCF	0.004 （0.48）	0.004 （0.49）	FCF	0.004 （0.43）	0.004 （0.48）
Lnsize	−0.006*** （−3.48）	−0.006*** （−3.65）	Lnsize	−0.006*** （−3.46）	−0.006*** （−3.50）
ROA	−0.053 （−0.82）	−0.059 （−0.91）	ROA	−0.053 （−0.82）	−0.054 （−0.85）
IntanAsset	0.014* （1.77）	0.014* （1.81）	IntanAsset	0.014* （1.79）	0.014* （1.77）
Tobin's Q	0.006*** （3.27）	0.006*** （3.32）	Tobin's Q	0.006*** （3.28）	0.006*** （3.26）
Constant	0.15*** （3.77）	0.152*** （3.86）	Constant	0.147*** （3.71）	0.148*** （3.72）
N	1 200	1 200	N	1 200	1 200
Adj R²	0.221	0.223	Adj R²	0.221	0.221
F	8.07	7.89	F	8.03	8.34

注：＊＊＊表示在 1% 的水平上显著，＊＊表示在 5% 的水平上显著，＊表示在 10% 的水平上显著。

表 5.20 汇总了企业成长阶段公司高管薪酬非对称调整对公司创新—发明专利的检验结果。其中，Panel A 是高管薪酬额非对称调整对创新—发明专利的影响结果，模型（5-6）中变量 MCAdjDis 与创新—发明专利呈显著负相关关系，这表明高管薪酬额由次优向目标薪酬额的调整将抑制公司创新—发明专利。模型（5-7）中变量 MCAdjDis[above] 与创新—发明专利呈显著正相关关系，变量 MCAdjDis[under] 与创新—发明专利呈显著负相关关系，这表明公司高管薪酬额由"过度薪酬"向目标高管

薪酬额的调整将提升公司创新—发明专利,而由"不足薪酬"向目标高管薪酬额的调整将抑制公司创新—发明专利。Panel B 是高管薪酬差距非对称调整对创新—发明专利的影响结果,模型(5-6)中变量 MCgAdjDis 与创新—发明专利呈不显著负相关关系,说明高管薪酬差距由次优向目标高管薪酬差距调整不能促进公司创新—发明专利。模型(5-8)中变量 $MCgAdjDis^{above}$ 与创新—发明专利呈负相关关系,而 $MCgAdjDis^{under}$ 与创新—发明专利呈不显著正相关关系,这表明高管薪酬差距向目标高管薪酬差距的调整不能促进创新—发明专利。因此,公司高管薪酬额由"过度"向目标薪酬额的调整将促进公司创新—发明专利,而由"不足"向目标薪酬额的调整将抑制公司创新—发明专利;公司高管薪酬差距向目标薪酬差距的调整将抑制公司创新—发明专利。

表 5.20　企业成长阶段高管薪酬结构非对称调整与公司创新—发明专利的回归结果

Panel A 高管薪酬额非对称调整与公司创新—发明专利			Panel B 高管薪酬差距非对称调整与公司创新—发明专利		
变量	(1)	(2)	变量	(1)	(2)
MCAdjDis	−0.072*** (−3.08)		MCgAdjDis	−1.031 (−1.63)	
$MCAdjDis^{under}$		−0.115*** (−3.02)	$MCgAdjDis^{under}$		0.715 (0.47)
$MCAdjDis^{above}$		2.321*** (2.69)	$MCgAdjDis^{above}$		−0.659** (−2.25)
Lndsize	0.086 (1.02)	0.088 (1.05)	Lndsize	0.062 (0.73)	0.064 (0.75)
Indpd	−0.488 (−1.20)	−0.446 (−1.15)	Indpd	−0.411 (−1.01)	−0.479 (−1.20)
Dual	0.177*** (3.18)	0.167*** (3.04)	Dual	0.181*** (3.26)	0.18*** (3.27)
Concentr1	−0.105 (−0.48)	−0.091 (−0.42)	Concentr1	−0.083 (−0.38)	−0.066 (−0.30)

（续表）

Panel A 高管薪酬额非对称调整与公司创新—发明专利			Panel B 高管薪酬差距非对称调整与公司创新—发明专利		
变量	（1）	（2）	变量	（1）	（2）
State	−0.116* （−1.81）	−0.128** （−2.00）	State	−0.112* （−1.74）	−0.104 （−1.63）
Leverage	−0.061 （−0.66）	−0.079 （−0.86）	Leverage	−0.059 （−0.63）	−0.064 （−0.69）
FCF	−0.11 （−1.04）	−0.113 （−1.10）	FCF	−0.122 （−1.16）	−0.105 （−1.00）
Lnsize	0.154*** （3.33）	0.149*** （3.30）	Lnsize	0.158*** （3.58）	0.155*** （3.64）
ROA	1.037*** （2.65）	0.869** （2.28）	ROA	1.032*** （2.63）	0.973** （2.50）
IntanAsset	0.005 （0.06）	0.013 （0.15）	IntanAsset	0.007 （0.09）	0.004 （0.04）
Tobin's Q	0.034* （1.89）	0.036** （1.97）	Tobin's Q	0.035* （1.91）	0.034* （1.89）
R&D	1.169 （1.19）	1.059 （1.16）	R&D	1.164 （1.17）	1.136 （1.17）
Constant	−2.756*** （−2.71）	−2.68*** （−2.72）	Constant	−2.808*** （−2.86）	−2.755*** （−2.92）
N	1 200	1 200	N	1 200	1 200
Adj R²	0.12	0.14	Adj R²	0.12	0.127
F	4.09	4.49	F	3.85	3.94

注：***表示在1%的水平上显著，**表示在5%的水平上显著，*表示在10%的水平上显著。

表5.21汇总了成长阶段公司高管薪酬结构非对称调整对公司研发创新—总专利的检验结果。其中，Panel A 是高管薪酬额非对称调整对研发创新—总专利的影响结果，模型（5−6）中变量 MCAdjDis 与研发创新—总专利呈显著负相关关系，这表明高管薪酬额由次优向目标薪酬额

的调整将抑制公司研发创新——总专利。模型(5-7)中变量 MCAdjDis^{above}
与研发创新——总专利呈显著正相关关系,变量 MCAdjDis^{under} 与研发创
新——总专利呈显著负相关关系,这表明公司高管薪酬额由"过度薪酬"向
目标高管薪酬额的调整将提升公司研发创新——总专利,而由"不足薪酬"
向目标高管薪酬额的调整将抑制公司研发创新——总专利。Panel B 是高
管薪酬差距非对称调整对研发创新——总专利的影响结果,模型(5-6)中
变量 BIAdjDis 与研发创新——总专利呈不显著正相关关系,说明高管薪
酬差距由次优向目标薪酬差距的调整不能促进公司研发创新——总专利。
模型(5-8)中变量 MCgAdjDis^{above} 与研发创新——总专利呈负相关关系,
而 MCgAdjDis^{under} 与研发创新——总专利呈不显著的正相关关系,这表明
高管薪酬差距向目标高管薪酬差距的调整不能促进研发创新——总专利。
因此,公司高管薪酬额由"过度"向目标高管薪酬额的调整将促进公司
研发创新——总专利,而由"不足"向目标高管薪酬额的调整将抑制公司研
发创新——总专利;公司高管薪酬差距向目标薪酬差距的调整也将抑制公
司研发创新——总专利。

表 5.21　企业成长阶段高管薪酬结构非对称调整与公司研发创新——总专利的回归结果

Panel A 高管薪酬额非对称调整 与公司研发创新——总专利			Panel B 高管薪酬差距非对称调整 与公司研发创新——总专利		
变量	(1)	(2)	变量	(1)	(2)
MCAdjDis	-0.089*** (-3.43)		MCgAdjDis	-0.955 (-1.34)	
MCAdjDis^{under}		-0.134*** (-3.36)	MCgAdjDis^{under}		1.492 (0.86)
MCAdjDis^{above}		2.074** (2.23)	MCgAdjDis^{above}		-0.666** (-2.02)
Lndsize	0.097 (0.95)	0.099 (0.97)	Lndsize	0.074 (0.72)	0.077 (0.74)
Indpd	-0.782 (-1.63)	-0.74 (-1.59)	Indpd	-0.7 (-1.45)	-0.785* (-1.65)

（续表）

Panel A 高管薪酬额非对称调整 与公司研发创新—总专利			Panel B 高管薪酬差距非对称调整 与公司研发创新—总专利		
变量	（1）	（2）	变量	（1）	（2）
Dual	0.216*** （3.31）	0.207*** （3.19）	Dual	0.221*** （3.37）	0.22*** （3.39）
Concentr1	−0.067 （−0.26）	−0.054 （−0.22）	Concentr1	−0.049 （−0.19）	−0.027 （−0.11）
State	−0.236*** （−3.08）	−0.247*** （−3.24）	State	−0.231*** （−3.00）	−0.222*** （−2.91）
Leverage	−0.035 （−0.32）	−0.052 （−0.48）	Leverage	−0.031 （−0.28）	−0.037 （−0.34）
FCF	−0.045 （−0.35）	−0.047 （−0.38）	FCF	−0.058 （−0.46）	−0.036 （−0.29）
Lnsize	0.142*** （2.82）	0.136*** （2.78）	Lnsize	0.145*** （2.97）	0.14*** （2.99）
ROA	1.091** （2.28）	0.929** （1.96）	ROA	1.088** （2.25）	1.014** （2.12）
IntanAsset	−0.05 （−0.54）	−0.042 （−0.45）	IntanAsset	−0.048 （−0.53）	−0.053 （−0.56）
Tobin's Q	0.032 （1.51）	0.033 （1.58）	Tobin's Q	0.031 （1.48）	0.031 （1.47）
R&D	0.928 （0.89）	0.822 （0.84）	R&D	0.936 （0.88）	0.901 （0.87）
Constant	−2.135* （−1.93）	−2.062* （−1.91）	Constant	−2.179** （−2.01）	−2.113** （−2.03）
N	1 200	1 200	N	1 200	1 200
Adj R²	0.11	0.123	Adj R²	0.106	0.115
F	4.66	4.94	F	3.99	4.15

注：＊＊＊表示在1%的水平上显著，＊＊表示在5%的水平上显著，＊表示在10%的水平上显著。

（2）在成熟阶段高管薪酬结构非对称调整与公司研发创新。表5.22 汇总了企业成熟阶段公司高管薪酬结构非对称调整对公司研发创新意愿影响的检验结果。其中，Panel A 是高管薪酬额非对称调整对研发创新意愿的影响结果，模型（5-6）中变量 MCAdjDis 与研发创新意愿呈统计上不显著的负相关关系，这表明高管薪酬额由次优向目标薪酬额的调整不能提升公司研发创新意愿。模型（5-7）中变量 $MCAdjDis^{above}$ 与研发创新意愿呈统计上不显著正相关关系，变量 $MCAdjDis^{under}$ 与研发创新意愿呈统计上不显著的负相关关系，这表明公司高管薪酬额由"过度"或"不足"向目标高管薪酬额的调整都不能提升公司研发创新意愿。Panel B 是高管薪酬差距非对称调整对公司研发创新意愿的影响结果，模型（5-6）中变量 BIAdjDis 与研发创新意愿呈不显著正相关关系，说明高管薪酬差距由次优向目标高管薪酬差距的调整不能提升公司研发投资意愿。模型（5-8）中变量 $MCgAdjDis^{above}$ 及 $MCgAdjDis^{under}$ 均与公司研发创新意愿呈不显著负相关关系，这表明高管薪酬差距向目标高管薪酬差距的调整不能提升公司研发创新意愿。因此，在企业成熟阶段，公司高管薪酬额向目标薪酬额的调整不能提升公司研发创新意愿，同时，高管薪酬差距向目标薪酬差距的调整也不能提升公司研发创新意愿。

表 5.22　企业成熟阶段高管薪酬结构非对称调整对公司研发创新意愿影响的检验结果

Panel A 高管薪酬额非对称调整与公司研发创新意愿			Panel B 高管薪酬差距非对称调整与公司研发创新意愿		
变量	（1）	（2）	变量	（1）	（2）
MCAdjDis	－0.22 （－0.77）		MCgAdjDis	－2.104 （－0.80）	
$MCAdjDis^{under}$		－0.551 （－1.53）	$MCgAdjDis^{under}$		－0.332 （－0.06）
$MCAdjDis^{above}$		1.843 （0.39）	$MCgAdjDis^{above}$		－1.248 （－0.91）

245

（续表）

Panel A 高管薪酬额非对称调整与 公司研发创新意愿			Panel B 高管薪酬差距非对称 调整与公司研发创新意愿		
变量	(1)	(2)	变量	(1)	(2)
Lndsize	0.328 (-0.80)	0.353 (-0.85)	Lndsize	0.294 (-0.72)	0.289 (-0.71)
Indpd	0.446 (-0.29)	0.363 (-0.24)	Indpd	0.6 (-0.39)	0.612 (-0.40)
Dual	0.337 (-1.43)	0.344 (-1.46)	Dual	0.346 (-1.46)	0.345 (-1.47)
Concentr1	1.880* (-2.56)	1.897* (-2.57)	Concentr1	1.966** (-2.68)	1.918** (-2.63)
State	-1.427*** (-6.31)	-1.493*** (-6.44)	State	-1.401*** (-6.17)	-1.376*** (-6.06)
Leverage	-0.047 (-0.12)	-0.01 (-0.02)	Leverage	-0.034 (-0.09)	-0.044 (-0.11)
FCF	-1.964*** (-4.30)	-1.953*** (-4.22)	FCF	-1.970*** (-4.29)	-1.946*** (-4.35)
Lnsize	-0.482*** (-4.02)	-0.476*** (-3.95)	Lnsize	-0.487*** (-4.05)	-0.496*** (-4.08)
ROA	4.290* (-2.13)	3.625 (-1.55)	ROA	4.555* (-2.30)	4.587* (-2.34)
IntanAsset	-1.040* (-2.32)	-1.040* (-2.36)	IntanAsset	-1.038* (-2.29)	-1.051* (-2.35)
Tobin's Q	0.204** (-2.69)	0.212** (-2.61)	Tobin's Q	0.190** (-2.62)	0.191** (-2.66)
Constant	8.474*** (-3.45)	8.312*** (-3.4)	Constant	8.553*** (-3.47)	8.719*** (-3.51)
N	1362	1362	N	1362	1362
chi2	290.582	293.675	chi2	288.348	286.833
Pseudo R²	0.447	0.449	Pseudo R²	0.447	0.447

注：***表示在1%的水平上显著，**表示在5%的水平上显著，*表示在10%的水平上显著。

表 5.23 汇总了企业成熟阶段公司高管薪酬结构非对称调整对公司研发创新投入影响的检验结果。其中,Panel A 是高管薪酬额非对称调整对研发创新投入的影响结果,模型(5-6)中变量 MCAdjDis 与研发创新投入呈统计上不显著正相关关系,这表明高管薪酬额由次优向目标高管薪酬额的调整不能促进公司研发创新投入。模型(5-7)中变量 MCAdjDis^{above} 与研发创新投入呈统计上不显著正相关关系,变量 MCAdjDis^{under} 与研发创新投入呈统计上显著的负相关关系,这表明公司高管薪酬额由"不足薪酬"向目标高管薪酬额的调整将抑制公司研发创新投入,而由"过度薪酬"向目标高管薪酬额的调整不能促进公司研发创新投入。Panel B 是高管薪酬差距非对称调整对公司研发创新投入的影响结果,模型(5-6)中变量 MCgAdjDis 与研发创新投入呈不显著正相关关系,说明高管薪酬差距由次优向目标高管薪酬差距的调整不能促进公司研发创新投入。模型(5-8)中变量 MCgAdjDis^{above} 及 MCgAdjDis^{under} 分别与公司研发创新投入呈正相关关系和负相关关系,但它们在统计上均不显著,这表明高管薪酬差距向目标高管薪酬差距的调整不能促进公司研发创新投入。因此,在企业成熟阶段,公司高管薪酬额由"不足薪酬"向目标高管薪酬额的调整将抑制公司研发创新投入,公司高管薪酬差距向目标高管薪酬差距的调整不能促进公司研发创新投入。

表 5.23　企业成熟阶段高管薪酬结构非对称调整对公司研发创新投入的检验结果

Panel A 高管薪酬额非对称调整与公司研发创新投入			Panel B 高管薪酬差距非对称调整与公司研发创新投入		
变量	(1)	(2)	变量	(1)	(2)
MCAdjDis	−0.008 (−1.58)		MCgAdjDis	0.013 (0.36)	
MCAdjDis^{under}		−0.018*** (−3.02)	MCgAdjDis^{under}		0.124 (1.04)
MCAdjDis^{above}		0.024 0.28	MCgAdjDis^{above}		−0.001 (−0.24)

（续表）

Panel A 高管薪酬额非对称调整与公司研发创新投入			Panel B 高管薪酬差距非对称调整与公司研发创新投入		
变量	(1)	(2)	变量	(1)	(2)
Lndsize	0.001 (0.19)	0.002 (0.26)	Lndsize	0.001 (0.17)	0.001 (0.19)
Indpd	0.007 (0.22)	0.004 (0.12)	Indpd	0.007 (0.21)	0.007 (0.21)
Dual	0.002 (0.33)	0.002 (0.40)	Dual	0.002 (0.32)	0.002 (0.30)
Concentr1	−0.019 (−1.41)	−0.018 (−1.38)	Concentr1	−0.018 (−1.31)	−0.019 (−1.42)
State	−0.012*** (−2.89)	−0.014*** (−3.12)	State	−0.012*** (−2.76)	−0.011*** (−2.58)
Leverage	−0.006 (−0.84)	−0.005 (−0.78)	Leverage	−0.006 (−0.86)	−0.006 (−0.89)
FCF	−0.007 (−1.11)	−0.007 (−1.15)	FCF	−0.007 (−1.12)	−0.006 (−1.04)
Lnsize	−0.004 (−1.32)	−0.004 (−1.33)	Lnsize	−0.004 (−1.46)	−0.004 (−1.57)
ROA	0.051 (1.27)	0.035 (0.87)	ROA	0.056 (1.38)	0.057 (1.42)
IntanAsset	0.001 (0.21)	0.001 (0.22)	IntanAsset	0.001 (0.21)	0.001 (0.18)
Tobin's Q	0.006*** (4.05)	0.006*** (4.06)	Tobin's Q	0.006*** (3.79)	0.006*** (3.82)
Constant	0.08 (1.23)	0.081 (1.26)	Constant	0.083 (1.28)	0.085 (1.36)
N	1362	1362	N	1362	1362
Adj R^2	0.203	0.206	Adj R^2	0.201	0.202
F	14.1	13.8	F	14	13.4

注：***表示在1%的水平上显著，**表示在5%的水平上显著，*表示在10%的水平上显著。

表 5.24 汇总了成熟阶段公司高管薪酬结构非对称调整对公司创新—发明专利影响的检验结果。其中,Panel A 是高管薪酬额非对称调整对创新—发明专利的影响结果,模型(5-6)中变量 MCAdjDis 与创新—发明专利呈统计上不显著正相关关系,这表明高管薪酬额由次优向目标高管薪酬额的调整不能促进公司创新—发明专利。模型(5-7)中变量 MCAdjDis^{above} 与创新—发明专利呈统计上不显著正相关关系,变量 MCAdjDis^{under} 与创新—发明专利呈统计上显著负相关关系,这表明公司高管薪酬额由"不足薪酬"向目标高管薪酬额的调整将抑制公司创新—发明专利,而由"过度薪酬"向目标高管薪酬额的调整不能促进公司创新—发明专利。Panel B 是高管薪酬差距非对称调整对公司创新—发明专利的影响结果,模型(5-6)中变量 MCgAdjDis 与创新—发明专利呈不显著正相关关系,说明高管薪酬差距由次优向目标高管薪酬差距的调整不能促进公司创新—发明专利。模型(5-8)中变量 MCgAdjDis^{above}及 MCgAdjDis^{under} 分别与公司创新—发明专利呈正相关关系和负相关关系,但它们在统计上均不显著,这表明高管薪酬差距向目标高管薪酬差距的调整不能促进公司创新—发明专利。因此,在企业成熟阶段,公司高管薪酬额由"不足薪酬"向目标高管薪酬额的调整将抑制公司创新—发明专利,公司高管薪酬差距向目标高管薪酬差距的调整不能促进公司创新—发明专利。

表 5.24　企业成熟阶段高管薪酬结构非对称调整对公司创新—发明专利影响的检验结果

Panel A 高管薪酬额非对称调整与公司创新—发明专利			Panel B 高管薪酬差距非对称调整与公司创新—发明专利		
变量	(1)	(2)	变量	(1)	(2)
MCAdjDis	−0.036 (−0.63)		MCgAdjDis	−0.101 (−0.18)	
MCAdjDis^{under}		−0.16** (−2.21)	MCgAdjDis^{under}		2.161 (1.51)
MCAdjDis^{above}		1.121 (1.35)	MCgAdjDis^{above}		−0.209 (−0.72)

（续表）

Panel A 高管薪酬额非对称 调整与公司创新—发明专利			Panel B 高管薪酬差距非对称 调整与公司创新—发明专利		
变量	（1）	（2）	变量	（1）	（2）
Lndsize	−0.176* （−1.82）	−0.168* （−1.73）	Lndsize	−0.178* （−1.86）	−0.176* （−1.87）
Indpd	−0.077 （−0.20）	−0.133 （−0.35）	Indpd	−0.069 （−0.18）	−0.068 （−0.18）
Dual	0.073 （1.33）	0.078 （1.42）	Dual	0.073 （1.33）	0.071 （1.30）
Concentr1	−0.301* （−1.72）	−0.294* （−1.71）	Concentr1	−0.293 （−1.63）	−0.327* （−1.84）
State	−0.002 （−0.04）	−0.025 （−0.43）	State	0 （0.01）	0.016 （0.27）
Leverage	0.129 （1.42）	0.135 （1.49）	Leverage	0.129 （1.41）	0.124 （1.37）
FCF	−0.059 （−0.82）	−0.063 （−0.88）	FCF	−0.058 （−0.81）	−0.049 （−0.68）
Lnsize	0.123*** （3.13）	0.122*** （3.24）	Lnsize	0.122*** （3.11）	0.118*** （2.98）
ROA	1.165*** （2.58）	0.916** （2.04）	ROA	1.188*** （2.65）	1.213*** （2.73）
IntanAsset	−0.211*** （−3.12）	−0.21*** （−3.12）	IntanAsset	−0.21*** （−3.07）	−0.214*** （−3.11）
Tobin's Q	−0.005 （−0.36）	−0.003 （−0.23）	Tobin's Q	−0.006 （−0.49）	−0.005 （−0.38）
R&D	1.602*** （4.07）	1.532*** （3.75）	R&D	1.611*** （4.07）	1.583*** （4.11）
Constant	−1.755** （−2.09）	−1.728** （−2.13）	Constant	−1.748** （−2.08）	−1.68** （−2.00）
N	1362	1362	N	1362	1362

（续表）

Panel A 高管薪酬额非对称调整与公司创新—发明专利			Panel B 高管薪酬差距非对称调整与公司创新—发明专利		
变量	（1）	（2）	变量	（1）	（2）
Adj R^2	0.126	0.137	Adj R^2	0.126	0.132
F	5.58	5.73	F	5.46	5.57

注：＊＊＊表示在1％的水平上显著，＊＊表示在5％的水平上显著，＊表示在10％的水平上显著。

表5.25汇总了成熟阶段公司高管薪酬结构非对称调整对公司研发创新—总专利影响的检验结果。其中，Panel A是高管薪酬额非对称调整对公司研发创新—总专利的影响结果，模型（5-6）中变量 MCAdjDis 与研发创新—总专利呈统计上不显著正相关关系，这表明高管薪酬额由次优向目标高管薪酬额的调整不能促进公司研发创新—总专利。模型（5-7）中变量 MCAdjDis^{above} 与研发创新—总专利呈统计上不显著正相关关系，变量 MCAdjDis^{under} 与研发创新—总专利呈统计上显著负相关关系，这表明公司高管薪酬额由"不足薪酬"向目标高管薪酬额的调整将抑制公司研发创新—总专利，而由"过度薪酬"向目标高管薪酬额的调整不能促进公司研发创新—总专利。Panel B是高管薪酬差距非对称调整对公司研发创新—总专利的影响结果，模型（5-6）中变量 MCgAdjDis 与研发创新—总专利呈不显著正相关关系，说明高管薪酬差距由次优向目标高管薪酬差距的调整不能促进公司研发创新—总专利。模型（5-8）中变量 MCgAdjDis^{above} 及 MCgAdjDis^{under} 分别与公司研发创新—总专利呈正相关关系和负相关关系，但它们在统计上均不显著，这表明高管薪酬差距向目标高管薪酬差距的调整不能促进研发创新—总专利。因此，在企业成熟阶段，公司高管薪酬额由"不足薪酬"向目标薪酬额的调整将抑制公司研发创新—总专利，公司高管薪酬差距向目标薪酬差距的调整不能促进公司研发创新—总专利。

表 5.25　企业成熟阶段高管薪酬结构非对称调整对公司研发创新—总专利影响的检验结果

Panel A 高管薪酬额非对称调整 与公司研发创新—总专利			Panel B 高管薪酬差距非对称调整 与公司研发创新—总专利		
变量	（1）	（2）	变量	（1）	（2）
MCAdjDis	−0.071 （−1.03）		MCgAdjDis	−0.432 （−0.64）	
MCAdjDis^{under}		−0.204** （−2.34）	MCgAdjDis^{under}		2.067 （1.27）
MCAdjDis^{above}		0.815 （0.83）	MCgAdjDis^{above}		−0.400 （−1.15）
Lndsize	−0.234** （−2.08）	−0.226** （−2.00）	Lndsize	−0.242** （−2.17）	−0.239** （−2.18）
Indpd	−0.053 （−0.11）	−0.109 （−0.23）	Indpd	−0.024 （−0.05）	−0.022 （−0.05）
Dual	0.096 （1.50）	0.101 （1.58）	Dual	0.097 （1.52）	0.094 （1.48）
Concentr1	−0.333 （−1.59）	−0.325 （−1.59）	Concentr1	−0.311 （−1.46）	−0.353* （−1.67）
State	−0.093 （−1.33）	−0.116* （−1.65）	State	−0.087 （−1.25）	−0.068 （−0.96）
Leverage	0.14 （1.26）	0.145 （1.32）	Leverage	0.139 （1.26）	0.133 （1.21）
FCF	−0.114 （−1.36）	−0.119 （−1.41）	FCF	−0.113 （−1.33）	−0.101 （−1.18）
Lnsize	0.124*** （2.75）	0.124*** （2.83）	Lnsize	0.124*** （2.73）	0.118*** （2.58）
ROA	1.181** （2.33）	0.932* （1.84）	ROA	1.227** （2.45）	1.257** （2.53）
IntanAsset	−0.272*** （−3.14）	−0.271*** （−3.14）	IntanAsset	−0.269*** （−3.07）	−0.274*** （−3.13）
Tobin's Q	−0.013 （−0.89）	−0.012 （−0.78）	Tobin's Q	−0.017 （−1.12）	−0.015 （−1.01）

（续表）

Panel A 高管薪酬额非对称调整与公司研发创新—总专利			Panel B 高管薪酬差距非对称调整与公司研发创新—总专利		
变量	（1）	（2）	变量	（1）	（2）
R&D	1.256*** （3.04）	1.187*** （2.77）	R&D	1.276*** （3.06）	1.242*** （3.06）
Constant	−1.41 （−1.47）	−1.384 （−1.48）	Constant	−1.404 （−1.46）	−1.322 （−1.37）
N	1362	1362	N	1362	1362
Adj R²	0.125	0.133	Adj R²	0.125	0.131
F	6.28	6.34	F	6.01	6.17

注：***表示在1%的水平上显著，**表示在5%的水平上显著，*表示在10%的水平上显著。

（3）在衰退阶段高管薪酬结构非对称调整与公司研发创新。表5.26汇总了企业衰退阶段高管薪酬结构非对称调整对研发创新意愿影响的检验结果。其中，Panel A 是高管薪酬额非对称调整对研发创新意愿的影响结果，模型（5-6）中变量 MCAdjDis 与研发创新意愿呈统计上不显著负相关关系，这表明高管薪酬额由次优向目标薪酬额的调整不能提升公司研发创新意愿。模型（5-7）中变量 MCAdjDis^above 与研发创新意愿呈统计上不显著正相关关系，变量 MCAdjDis^under 与研发创新意愿呈统计上显著负相关关系，这表明公司高管薪酬额由"不足薪酬"向目标高管薪酬额的调整将抑制公司研发创新意愿。Panel B 是高管薪酬差距非对称调整对公司研发创新意愿的影响结果，模型（5-6）中变量 BIAdjDis 与研发创新意愿呈不显著正相关关系，说明高管薪酬差距由次优向目标高管薪酬差距的调整不能提升公司研发创新意愿。模型（5-8）中变量 MCgAdjDis^above 及 MCgAdjDis^unde 与公司研发创新意愿呈不显著的负相关和正相关关系，这表明高管薪酬差距向目标高管薪酬差距的调整不能提升公司研发创新意愿。因此，在企业衰退阶段，公司高管薪酬额由"不足薪酬"向目标薪酬额的调整将抑制公司研发创新意愿,公司高管薪酬差距向目标薪酬差距的调整不能提升公司研发创新意愿。

表 5.26 企业衰退阶段高管薪酬结构非对称调整对公司研发创新意愿影响的检验结果

Panel A 高管薪酬额非对称调整与公司研发创新意愿			Panel B 高管薪酬差距非对称调整与公司研发创新意愿		
变量	(1)	(2)	变量	(1)	(2)
MCAdjDis	-0.352 (-1.02)		MCgAdjDis	-0.137 (-0.06)	
MCAdjDis^{under}		-1.093** (-2.15)	MCgAdjDis^{under}		1.094 (0.17)
MCAdjDis^{above}		5.354 (1.44)	MCgAdjDis^{above}		-0.138 (-0.12)
Lndsize	0.033 (0.07)	0.017 (0.04)	Lndsize	0.066 (0.14)	0.069 (0.15)
Indpd	-5.274* (-2.20)	-4.912* (-2.07)	Indpd	-5.209* (-2.16)	-5.255* (-2.14)
Dual	0.525* (1.900)	0.581* (2.12)	Dual	0.480* (1.69)	0.481* (1.68)
Concentr1	0.641 (0.72)	0.965 (1.07)	Concentr1	0.632 (0.71)	0.621 (0.69)
State	-1.002*** (-3.61)	-1.035*** (-3.71)	State	-0.983*** (-3.57)	-0.978*** (-3.54)
Leverage	0.226 (0.49)	0.168 (0.35)	Leverage	0.227 (0.49)	0.23 (0.49)
FCF	-0.891 (-1.54)	-0.835 (-1.41)	FCF	-0.92 (-1.58)	-0.923 (-1.58)
Lnsize	-0.122 (-0.88)	-0.196 (-1.43)	Lnsize	-0.134 (-0.98)	-0.136 (-1.00)
ROA	-0.051 (-0.04)	-0.469 (-0.44)	ROA	-0.036 (-0.03)	-0.062 (-0.05)

（续表）

Panel A 高管薪酬额非对称调整与公司研发创新意愿			Panel B 高管薪酬差距非对称调整与公司研发创新意愿		
变量	（1）	（2）	变量	（1）	（2）
IntanAsset	-0.892^{*} (-2.16)	-0.866^{*} (-1.97)	IntanAsset	-0.864^{*} (-2.09)	-0.865^{*} (-2.09)
Tobin's Q	0.13 （1.10）	0.127 （1.02）	Tobin's Q	0.12 （1.08）	0.12 （1.08）
Constant	3.57 （1.20）	4.885^{*} （1.65）	Constant	3.573 （1.20）	3.618 （1.22）
N	841	841	N	841	841
Pseudo R^{2}	0.371	0.385	Pseudo R^{2}	0.369	0.369

注：＊＊＊表示在 1％的水平上显著，＊＊表示在 5％的水平上显著，＊表示在 10％的水平上显著。

表 5.27 汇总了企业衰退阶段高管薪酬结构非对称调整对研发创新投入影响的检验结果。其中，Panel A 是高管薪酬额非对称调整对研发创新投入的影响结果，模型（5-6）中变量 MCAdjDis 与研发创新投入呈不显著负相关关系，这表明高管薪酬额由次优向目标高管薪酬额的调整不能提高公司研发创新投入。模型（5-7）中变量 MCAdjDis^{above} 与研发创新投入呈显著正相关关系，而变量 MCAdjDis^{under} 与研发创新投入呈不显著负相关关系，这表明公司高管薪酬额由"过度薪酬"向目标高管薪酬额的调整能促进研发创新投入，但是由"不足薪酬"向目标高管薪酬额的调整不能促进研发创新投入。Panel B 是高管薪酬差距非对称调整对研发创新投入的影响结果，模型（5-6）中变量 MCgAdjDis 与研发创新投入呈不显著正相关关系，说明高管薪酬差距由次优向目标高管薪酬差距的调整不能促进公司研发创新投入。模型（5-8）中变量 MCgAdjDis^{above} 及 MCgAdjDis^{under} 均与研发创新投入呈不显著正相关关系，这表明高管薪酬差距由两侧向目标高管薪酬差距的调整都不能促进公司研发创新投入。因此，在企业衰退阶段，公司高管薪酬额由"过度

薪酬"向目标高管薪酬额的调整能够促进研发创新投入,公司高管薪酬差距向目标高管薪酬差距的调整不能促进公司研发创新投入。

表 5.27　企业衰退阶段高管薪酬结构非对称调整对公司研发创新投入影响的检验结果

Panel A 高管薪酬额非对称调整与公司研发创新投入			Panel B 高管薪酬差距非对称调整与公司研发创新投入		
变量	(1)	(2)	变量	(1)	(2)
MCAdjDis	-0.001 (-0.49)		MCgAdjDis	0.005 (0.10)	
MCAdjDis^{under}		-0.004 (-1.03)	MCgAdjDis^{under}		0.015 (0.13)
MCAdjDis^{above}		0.120^{*} (1.90)	MCgAdjDis^{above}		0.002 (0.08)
Lndsize	0.014 (1.33)	0.014 (1.39)	Lndsize	0.014 (1.34)	0.014 (1.34)
Indpd	-0.057^{*} (-1.69)	-0.053 (-1.60)	Indpd	-0.057^{*} (-1.69)	-0.057^{*} (-1.68)
Dual	0.006 (1.03)	0.006 (1.06)	Dual	0.006 (1.01)	0.006 (1.01)
Concentr1	-0.027^{*} (-1.72)	-0.023 (-1.56)	Concentr1	-0.027^{*} (-1.70)	-0.027^{*} (-1.72)
State	-0.017^{***} (-4.58)	-0.017^{***} (-4.64)	State	-0.017^{***} (-4.59)	-0.017^{***} (-4.65)
Leverage	-0.001 (-0.14)	-0.002 (-0.20)	Leverage	-0.001 (-0.15)	-0.001 (-0.15)
FCF	-0.01 (-1.02)	-0.011 (-1.03)	FCF	-0.011 (-1.02)	-0.01 (-1.02)
Lnsize	-0.004^{**} (-2.15)	-0.005^{***} (-2.59)	Lnsize	-0.004^{**} (-2.15)	-0.004^{**} (-2.11)
ROA	0.011 (0.50)	0.005 (0.26)	ROA	0.011 (0.49)	0.011 (0.49)

（续表）

Panel A 高管薪酬额非对称 调整与公司研发创新投入			Panel B 高管薪酬差距非对称 调整与公司研发创新投入		
变量	(1)	(2)	变量	(1)	(2)
IntanAsset	-0.017*** (-2.92)	-0.016*** (-2.79)	IntanAsset	-0.017*** (-2.91)	-0.017*** (-2.90)
Tobin's Q	0.003* (1.65)	0.003 (1.61)	Tobin's Q	0.003* (1.67)	0.003* (1.67)
Constant	0.106** (2.21)	0.12** (2.52)	Constant	0.106** (2.19)	0.106** (2.18)
N	841	841	N	841	841
Adj R²	0.257	0.263	Adj R²	0.257	0.256
F	6.45	6.53	F	6.47	6.19

注：＊＊＊表示在 1% 的水平上显著，＊＊表示在 5% 的水平上显著，＊表示在 10% 的水平上显著。

　　表 5.28 汇总了企业衰退阶段高管薪酬结构非对称调整对创新—发明专利影响的检验结果。其中，Panel A 是高管薪酬额非对称调整对创新—发明专利的影响结果，模型(5-6)中变量 MCAdjDis 与创新—发明专利呈不显著的正相关关系，这表明高管薪酬额由次优向目标高管薪酬额的调整不能促进公司创新—发明专利。模型(5-7)中变量 MCAdjDis^above 与创新—发明专利呈显著正相关关系，但是变量 MCAdjDis^under 与创新—发明专利呈不显著负相关关系，这表明公司高管薪酬额由"过度薪酬"向目标高管薪酬额的调整能促进创新—发明专利，但是由"不足薪酬"向目标高管薪酬额的调整不能促进创新—发明专利。Panel B 是高管薪酬差距非对称调整对创新—发明专利的影响结果，模型(5-6)中变量 BIAdjDis 与创新—发明专利呈不显著正相关关系，说明高管薪酬差距由次优向目标高管薪酬差距的调整不能促进公司创新—发明专利。模型(5-8)中变量 BIAdjDis^above 与创新—发明专利呈不显著的负相关关系，BIAdjDis^under 与创新—发明专利呈显著正相关关系，这表明高管薪酬差

距由"不足薪酬"向目标高管薪酬差距的调整能够促进公司创新—发明专利。因此,在企业衰退阶段,公司高管薪酬额由"过度薪酬"向目标高管薪酬额的调整能够促进创新—发明专利,公司高管薪酬差距由"不足薪酬"向目标高管薪酬差距的调整也能促进创新—发明专利。

表 5.28　企业衰退阶段高管薪酬结构非对称调整对公司创新—发明专利影响的检验结果

Panel A 高管薪酬额非对称调整与公司创新—发明专利			Panel B 高管薪酬差距非对称调整与公司创新—发明专利		
变量	（1）	（2）	变量	（1）	（2）
MCAdjDis	0.012 (0.38)		MCgAdjDis	0.242 (0.47)	
MCAdjDis^{under}		−0.026 (−0.45)	MCgAdjDis^{under}		3.676*** (2.71)
MCAdjDis^{above}		2.031** (2.35)	MCgAdjDis^{above}		−0.058 (−0.23)
Lndsize	−0.072 (−0.57)	−0.062 (−0.51)	Lndsize	−0.074 (−0.59)	−0.073 (−0.59)
Indpd	−0.55 (−1.37)	−0.508 (−1.28)	Indpd	−0.558 (−1.40)	−0.643* (−1.70)
Dual	0.131** (2.27)	0.134** (2.27)	Dual	0.131** (2.30)	0.132** (2.32)
Concentr1	−0.281 (−1.34)	−0.233 (−1.13)	Concentr1	−0.287 (−1.36)	−0.313 (−1.51)
State	0 (−0.01)	−0.004 (−0.07)	State	−0.001 (−0.02)	0.013 (0.22)
Leverage	0.021 (0.22)	0.012 (0.13)	Leverage	0.021 (0.23)	0.029 (0.31)
FCF	−0.111 (−0.94)	−0.114 (−1.01)	FCF	−0.109 (−0.93)	−0.10 (−0.86)
Lnsize	0.179*** (4.20)	0.166*** (3.94)	Lnsize	0.179*** (4.21)	0.174*** (4.15)

（续表）

Panel A 高管薪酬额非对称调整与公司创新—发明专利			Panel B 高管薪酬差距非对称调整与公司创新—发明专利		
变量	（1）	（2）	变量	（1）	（2）
ROA	-0.14 （-0.85）	-0.22 （-1.39）	ROA	-0.148 （-0.91）	-0.209 （-1.26）
IntanAsset	-0.208*** （-2.67）	-0.199** （-2.57）	IntanAsset	-0.209*** （-2.68）	-0.215*** （-2.78）
Tobin's Q	0.005 （0.28）	0.003 （0.18）	Tobin's Q	0.005 （0.31）	0.005 （0.33）
R&D	2.238** （2.47）	2.093** （2.40）	R&D	2.236** （2.48）	2.231** （2.42）
Constant	-2.987*** （-3.12）	-2.765*** （-2.93）	Constant	-2.977*** （-3.11）	-2.866*** （-3.06）
N	841	841	N	841	841
Adj R²	0.153	0.166	Adj R²	0.154	0.168
F	3.25	3.82	F	3.25	3.56

注：＊＊＊表示在1%的水平上显著，＊＊表示在5%的水平上显著，＊表示在10%的水平上显著。

表5.29 汇总了企业衰退阶段高管薪酬结构非对称调整对公司研发创新—总专利影响的检验结果。其中，Panel A 是高管薪酬额非对称调整对研发创新—总专利的影响结果，模型（5-6）中变量 MCAdjDis 与研发创新—总专利呈不显著正相关关系，这表明高管薪酬额由次优向目标高管薪酬额的调整不能促进公司研发创新—总专利。模型（5-7）中变量 MCAdjDis^{above} 与研发创新—总专利呈显著正相关关系，但是变量 MCAdjDis^{under} 与研发创新—总专利呈不显著负相关关系，这表明公司高管薪酬额由"过度薪酬"向目标高管薪酬额的调整能促进研发创新—总专利，但是由"不足薪酬"向目标高管薪酬额的调整不能促进研发创新—总专利。Panel B 是高管薪酬差距非对称调整对研发创新—总专利的影响结果，模型（5-6）中变量 BIAdjDis 与研发创新—总专利呈不显著负

相关关系，说明高管薪酬差距由次优向目标高管薪酬差距的调整不能促进公司研发创新—总专利。模型（5-8）中变量 $BIAdjDis^{above}$ 与研发创新—总专利呈不显著负相关关系，$BIAdjDis^{under}$ 与研发创新—总专利呈显著正相关关系，这表明高管薪酬差距由"不足薪酬"向目标高管薪酬差距的调整能够促进公司研发创新—总专利。因此，在企业衰退阶段，公司高管薪酬额由"过度薪酬"向目标高管薪酬额的调整能够促进研发创新—总专利，公司高管薪酬差距由"不足薪酬"向目标高管薪酬差距的调整也能促进公司研发创新—总专利。

表 5.29　企业衰退阶段高管薪酬结构非对称调整对公司研发创新—总专利影响的检验结果

Panel A 高管薪酬额非对称调整 与公司研发创新—总专利			Panel B 高管薪酬差距非对称调整 与公司研发创新—总专利		
变量	（1）	（2）	变量	（1）	（2）
MCAdjDis	0.012 （0.27）		MCgAdjDis	-0.027 （-0.04）	
$MCAdjDis^{under}$		-0.028 （-0.37）	$MCgAdjDis^{under}$		4.426*** （2.59）
$MCAdjDis^{above}$		2.106** （2.07）	$MCgAdjDis^{above}$		-0.252 （-0.84）
Lndsize	-0.172 （-1.14）	-0.162 （-1.09）	Lndsize	-0.174 （-1.14）	-0.172 （-1.15）
Indpd	-0.773 （-1.57）	-0.728 （-1.49）	Indpd	-0.774 （-1.57）	-0.89* （-1.91）
Dual	0.155** （2.19）	0.158** （2.17）	Dual	0.156** （2.20）	0.156** （2.23）
Concentr1	-0.324 （-1.31）	-0.274 （-1.12）	Concentr1	-0.324 （-1.31）	-0.361 （-1.48）
State	-0.111 （-1.57）	-0.115 （-1.63）	State	-0.111 （-1.58）	-0.093 （-1.34）
Leverage	0.093 （0.82）	0.084 （0.76）	Leverage	0.094 （0.83）	0.104 （0.92）

（续表）

Panel A 高管薪酬额非对称调整 与公司研发创新—总专利			Panel B 高管薪酬差距非对称调整 与公司研发创新—总专利		
变量	（1）	（2）	变量	（1）	（2）
FCF	－0.178 （－1.29）	－0.181 （－1.37）	FCF	－0.177 （－1.29）	－0.165 （－1.22）
Lnsize	0.201*** （4.04）	0.187*** （3.77）	Lnsize	0.201*** （4.06）	0.194*** （3.96）
ROA	－0.256 （－1.22）	－0.339* （－1.69）	ROA	－0.256 （－1.22）	－0.339 （－1.55）
IntanAsset	－0.356*** （－3.59）	－0.346*** （－3.53）	IntanAsset	－0.356*** （－3.60）	－0.365*** （－3.69）
Tobin's Q	0.004 （0.19）	0.002 （0.11）	Tobin's Q	0.004 （0.19）	0.005 （0.21）
R&D	1.784* （1.77）	1.632* （1.68）	R&D	1.783* （1.77）	1.776* （1.71）
Constant	－2.934*** （－2.61）	－2.703** （－2.42）	Constant	－2.933*** （－2.61）	－2.781** （－2.53）
N	841	841	N	841	841
Adj R^2	0.144	0.153	Adj R^2	0.143	0.162
F	4.02	4.41	F	4.03	4.31

注：***表示在 1%的水平上显著，**表示在 5%的水平上显著，*表示在 10%的水平上显著。

5.3　小　结

　　本章以战略性新兴产业上市公司为样本，从公司内部决策结构调整出发，分析并考察了收益成本权衡下的公司高管薪酬目标结构及其动态调整，并进一步考察了公司高管薪酬非对称调整及其对公司研发创新的影响。研究结果表明,我国战略性新兴产业上市公司高管薪酬存在频繁的变化,在每年间隔的样本区间内,高管薪酬额或高管薪酬差距经历调整的公司占样本公司的比例在90%左右,高管薪酬向目标薪酬调整主要受公司特征变量及治理变量等因素的影响。研究结果还表明,在每年的间隔期间内,公司高管薪酬额向目标薪酬额调整的速度为0.883,高管薪酬差距向目标薪酬差距调整的速度为0.528。公司高管薪酬向目标薪酬的调整是非对称的,其中,公司高管薪酬额由"过度薪酬"向目标薪酬额调整的速度为－0.102,而由"不足薪酬"向目标薪酬额调整的速度为0.694。公司高管薪酬差距由"过度薪酬"向目标薪酬差距调整的速度为0.293,而由"不足薪酬"向目标薪酬差距调整的速度为0.252。研究结果还发现,公司高管薪酬由"过度"向目标高管薪酬额的调整能够发挥提升公司研发创新意愿的作用,而向目标高管薪酬差距的调整并不能有效提升公司研发创新意愿。公司高管薪酬由"过度"向目标高管薪酬额的调整能够发挥促进公司研发创新投入的作用,而向目标高管薪酬差距的调整并不能有效促进公司研发创新投入。公司高管薪酬由"过度"向目标高管薪酬额的调整能够发挥促进公司创新—发明专利的作用,由"不足"向目标高管薪酬差距的调整能有效促进公司创新—发明专利。公司高管薪酬由"过度"向目标高管薪酬额的调整能够发挥促进公司研发创新—总专利的作用,由"不足"向目标高管薪酬差距的调整能有效促进公司研发创新—总专利。

通过纳入企业生命周期变量,考察了企业生命周期对公司高管薪酬结构调整的影响,以及不同生命周期阶段公司薪酬结构调整对战略性新兴产业企业研发创新的作用。研究结果表明,高管薪酬结构在企业不同生命周期阶段存在显著差异。在成长阶段,公司高管薪酬向目标高管薪酬额调整的速度为1.022,向目标高管薪酬差距调整的速度为0.391。在成熟阶段,公司高管薪酬向目标高管薪酬额调整的速度为0.428,向目标高管薪酬差距调整的速度为0.643。在衰退阶段,公司高管薪酬向目标高管薪酬额调整的速度为0.396,向目标高管薪酬差距调整的速度为0.579。

公司高管薪酬向目标薪酬结构的调整是非对称的。在成长阶段，从"过度薪酬"向目标高管薪酬额调整的速度为 - 0.173，从"不足薪酬"向目标高管薪酬额调整的速度为 0.877；从"过度薪酬"向目标高管薪酬差距调整的速度为 0.305，从"不足薪酬"向目标高管薪酬差距调整的速度为 0.334。在成熟阶段，公司高管薪酬额由"过度薪酬"向目标薪酬额调整的速度为 0.152，而由"不足薪酬"向目标薪酬额调整的速度为 0.023；公司高管薪酬差距由"过度薪酬"向目标薪酬差距调整的速度为 0.272，从"不足薪酬"向目标薪酬差距调整的速度为 0.229。在衰退阶段，公司高管薪酬额由"过度薪酬"向目标薪酬额调整的速度为 - 0.012，从"不足薪酬"向目标薪酬额调整的速度为 0.650；公司高管薪酬差距由"过度薪酬"向目标薪酬差距调整的速度为 0.722，而由"不足薪酬"向目标薪酬差距调整的速度为 0.662。

研究结果还发现，在成长阶段，公司高管薪酬额由"过度薪酬"向目标高管薪酬额的调整将提升公司研发创新意愿、创新—发明专利及研发创新—总专利，而由"不足薪酬"向目标高管薪酬额的调整将抑制公司创新—发明专利及研发创新—总专利；高管薪酬差距由"过度薪酬"向目标薪酬差距的调整将抑制公司研发创新投入，公司高管薪酬差距向目标薪酬差距的调整也将抑制公司创新—发明专利及研发创新—总专利。在成熟阶段，公司高管薪酬额由"不足薪酬"向目标高管薪酬额的调整将抑制公司研发创新投入、创新—发明专利及创新—总专利；公司高管薪酬差距向目标高管薪酬差距的调整不能改善公司研发创新意愿、投入、创新—发明专利及创新—总专利。在衰退阶段，公司高管薪酬额由"不足薪酬"向目标高管薪酬额的调整将抑制公司研发创新意愿，而由"过度薪酬"向目标高管薪酬额的调整能够促进研发创新投入、创新—发明专利及创新—总专利；公司高管薪酬差距向目标高管薪酬差距的调整不能提升公司研发创新意愿及投入，但是，公司高管薪酬差距由"不足薪酬"向目标高管薪酬差距的调整能促进公司创新—发明专利与创新—总专利。

第6章　促进战略性新兴产业企业研发创新的动态公司治理结构调整策略

6.1　促进战略性新兴产业企业研发创新的公司股权结构调整策略

6.1.1　促进公司研发创新的股权结构动态调整的基本策略

6.1.1.1　公司股权结构向目标股权结构的动态及非对称调整特征

我国战略性新兴产业上市公司股权结构存在频繁的变化,在每年间隔的样本区间内,股权集中度或高管持股等股权结构经历调整的公司占样本公司的比例为30％～50％,公司股权结构向目标结构调整主要受公司特征变量等因素的影响。公司股权集中度向目标股权集中度调整的速度是0.118,公司高管持股向目标高管持股调整的速度是0.528。这表明合适的股权结构对新兴产业上市公司来说非常重要,且它们在积极地调整股权结构。

公司股权结构向目标股权结构的调整是非对称的。其中,公司股权集中度由"过度股权"向目标股权集中度调整的速度为0.066,而由"不足股权"向目标股权集中度调整的速度为0.062。公司高管持股由"过度股权"向目标高管持股调整的速度为0.257,而由"不足股权"向目标高管持股调整的速度为0.208。

6.1.1.2 股权结构向目标股权结构非对称调整对公司研发创新的影响特征

公司股权结构向目标股权集中度的调整不能发挥促进公司研发创新意愿的作用,但是其由"不足股权"或者"过度股权"向目标高管持股的调整都将有效提升公司研发创新意愿。公司股权结构由"过度股权"向目标股权集中度的调整将抑制公司研发创新投入,且其向目标高管持股的调整不能有效提升公司研发创新投入。公司股权结构由"过度股权"向目标股权集中度的调整不能有效提升公司创新—发明专利与创新—总专利,且其向目标高管持股的调整不能有效提升公司创新—发明专利与创新—总专利。

6.1.1.3 促进公司研发创新的股权结构动态调整策略

结合公司股权结构非对称调整特征及其对公司研发创新作用的表现,提出促进战略性新兴产业公司研发创新的公司股权结构动态调整策略。

就股权集中度调整来看,公司股权结构由次优股权集中度向目标股权集中度的调整不能发挥提升公司研发创新意愿的作用,公司股权结构由"过度股权"向目标股权集中度的调整幅度越大越有可能抑制公司研发创新投入,公司股权结构由"过度股权"向目标股权集中度的调整不能有效提升公司创新—发明专利与创新—总专利。因此,维持或提升公司股权集中度将有助于提升公司研发创新投入、公司创新—发明专利及创新—总专利。

就公司高管持股动态调整来看,公司股权结构由"不足股权"或者"过度股权"向目标高管持股的调整幅度越大越能有效提升公司研发创新意愿。公司股权结构由次优向目标高管持股的调整不能有效提升公司研发创新投入,也不能有效提升公司创新—发明专利与创新—总专利。因此,调整高管持股使其接近最优状态将有助于激励公司提升研发创新的意愿,全面增强高管持股的激励作用也将提升公司研发创新投入及效果。

6.1.2 企业生命周期与公司股权结构动态调整策略

6.1.2.1 企业生命周期下公司股权结构向目标股权结构的动态调整及非对称调整特征

公司股权结构在企业不同生命周期阶段存在显著差异。在成长阶段,公司股权集中度向目标股权集中度调整的速度是0.111,公司高管持股向目标高管持股调整的速度是0.410。在成熟阶段,公司股权集中度向目标股权集中度调整的速度是0.225,公司高管持股向目标高管持股调整的速度是0.563。在衰退阶段,公司股权集中度向目标股权集中度调整的速度是0.352,公司高管持股向目标高管持股的调整不显著,说明在衰退阶段高管持股尽管需要调整,但公司一般不会调整。

公司股权结构向目标股权结构的调整是非对称的。在成长阶段,公司股权集中度向目标股权集中度调整的速度是0.069,由"过度股权"向目标股权集中度调整的速度为0.108,由"不足股权"向目标股权集中度的调整不显著,这说明企业成长期公司股权结构趋于分散,公司股权集中度一般不会走向集中。公司高管持股向目标高管持股调整的速度是0.575,其由"过度股权"向目标高管持股调整的速度为0.219,由"不足股权"向目标高管持股调整的速度为1.274,这说明企业成长阶段在高管持股激励不足时,会得到及时调整。在成熟阶段,公司股权集中度向目标股权集中度调整的速度是0.049,其由"过度股权"向目标股权集中度调整的速度为0.038,由"不足股权"向目标股权集中度调整的速度为0.062。公司高管持股向目标高管持股调整的速度是0.636,由"过度股权"向目标高管持股调整的速度为0.290,由"不足股权"向目标高管持股调整的速度为1.240,这说明公司在高管持股激励不足时,高管持股将及时向目标高管持股调整。在衰退阶段,公司股权集中度向目标股权集中度调整的速度是0.085,其由"过度股权"向目标股权集中度的调整不显著,由"不足股权"向目标股权集中度调整的速度为 0.131,这说明衰退阶段公司股权结构趋于分散,而当股权集中度低于目标股权集中度时,将以较快的速度向目标股权集中度调整。公司高管持股向目标高管持股调整的速度是 0.609,其由"过度股权"向目标高管持股调整的速度为 0.304,由"不足股权"向目标高管持股调整的速度为 1.006,这说明在高管持股激励不足时,高管持股将及时向目标高管持股调整。

6.1.2.2　企业生命周期、股权结构非对称调整与公司研发创新特征

在成长阶段,公司股权集中度向目标股权集中度的调整不能有效提升公司研发创新意愿、公司研发创新投入、公司创新—发明专利及创新—总专利;公司高管持股向目标高管持股的调整也不能有效提升公司研发创新意愿、公司研发创新投入、公司创新—发明专利及创新—总专利。在成熟阶段,公司股权集中度向目标股权集中度的调整,主要是由"不足股权"向目标股权集中度的调整幅度越大越有可能抑制公司研发创新意愿。公司股权集中度由次优向目标股权集中度的调整不能改善公司研发创新投入、公司创新—发明专利及创新—总专利。公司高管持股向目标高管持股的调整,主要是由"过度股权"向目标高管持股的调整幅度越大越能有效提升公司研发创新意愿。但是,公司高管持股由"不足股权"向目标高管持股的调整幅度越大越有可能抑制公司创新—总专利,而公司高管持股由次优向目标高管持股的调整不能促进公司研发创新投入与公司创新—发明专利。在衰退阶段,公司股权集中度向目标股权集中度的调整幅度越大越有可能抑制公司研发创新意愿,且由"过度股权"向目标股权集中度的调整幅度越大越有可能抑制公司研发创新投入,而公司股权集中度由次优向目标股权集中度的调整不能改善公司创新—发明专利及创新—总专利。公司高管持股向目标高管持股的调整幅度越大越能有效提升公司研发创新意愿。公司高管持股由次优向目标高管持股的调整不能改善公司研发创新投入,也不能改善公司创新—发明专利及创新—总专利。

6.1.2.3　企业生命周期下提升公司研发创新的股权结构动态调整策略

结合企业生命周期不同阶段公司股权结构非对称调整特征及其对公司研发创新作用的表现,提出促进战略性新兴产业公司研发创新的公司股权结构动态调整策略。在成长阶段,公司股权结构向目标股权结构的调整不能有效促进公司研发创新意愿、研发创新投入、公司创新—发明专利及创新—总专利。在成熟阶段,公司高管持股由"过度股权"向目标高管持股的调整幅度越大越能有效提升公司研发创新意愿,而由"不足股权"向目标高管持股的调整幅度越大越有可能抑制公司创新—总专利,且股权集中度由"不足股权"向目标股权集中度的调整幅度越大越有可能抑制公司研发创新意愿。在衰退阶段,公司高管持股向目标高管持股的调整幅度越大越能有效提升公司研发创新意愿,而公司股权集中度向目标股权集中度的调整幅度越大越有可能抑制公司研发创新意愿,且由"过度股权"向目标股权集中度的调整幅度越大越有可能抑制公司研发创新投入。

综上,企业成长阶段需要全面提升公司股权治理以促进公司研发创新。在成熟阶段,提高高管持股或股权集中度,使其趋近于公司目标股权结构,将有助于促进公司研发创新。在衰退阶段,着重优化公司股权结构,使其趋近于公司目标股权集中度,将有助于促进公司研发创新。

6.2　促进战略性新兴产业企业研发创新的董事会治理结构调整策略

6.2.1　促进公司研发创新的董事会治理结构动态调整基本策略

6.2.1.1　董事会治理结构向目标董事会结构的动态及非对称调整特征

我国战略性新兴产业上市公司董事会结构存在频繁的变化,在每两年的样本区间内,董事会规模或独立性经历调整的公司占样本公司的比例为 25%~38%,董事会结构向目标结构调整主要受公司特征变量及治理变量等因素的影响。公司董事会规模向目标董事会规模调整的速度为 0.366,董事会独立性向目标董事会独立性调整的速度为 0.573。公司董事会结构向目标董事会结构的调整是非对称的。其中,董事会规模由"冗余董事会"向目标董事会规模调整的速度为 0.179,由"短缺董事会"向目标董事会规模调整的速度为 0.421;公司董事会独立性由"冗余董事会"向目标董事会独立性调整的速度为 0.580,由"短缺董事会"向目标董事会独立性调整的速度为 0.642。

6.2.1.2　董事会治理结构向目标董事会结构非对称调整对公司研发创新的影响特征

公司董事会规模由"冗余董事会"向目标董事会规模的调整能够发挥提升公司研发创新意愿的作用,而公司董事会独立性由次优向目标董事会独立性的调整并不能有效提升公司研发创新意愿。公司董事会规模由次优向目标董事会规模的调整不能促进公司研发创新投入,公司董事会独立性由次优向目标董事会独立性的非对称调整也不能促进公司研发创新投入。公司董事会规模由"冗余董事会"向目标董事会规模的调整能够促进公司创新—发明专利,公司董事会独立性由"短缺董事会"向目标董事会独立性的非对称调整能够促进公司创新—发明专利。公司董事会规模由"冗余董事会"向目标董事会规模的调整能够促进公司创新—总专利,公司董事会独立性由"短缺董事会"向目标董事会独立性的非对称调整也能够促进公司创新—总专利。

6.2.1.3　促进公司研发创新的董事会治理结构动态调整策略

结合董事会结构非对称调整特征及其对公司研发创新作用的表现,提出促进战略性新兴产业公司研发创新的公司董事会结构动态调整策略。

从董事会规模调整来看,公司董事会规模由"冗余董事会"向目标董事会规模的调整能够发挥促进公司研发创新意愿、公司创新—发明专利及总专利的作用,但是,董事会规模由次优向目标董事会规模的调整不能促进公司研发创新投入。因此,精简冗余董事、保持公司董事会的精干性有助于促进公司研发创新。

从董事会独立性调整来看,公司董事会独立性由次优向目标董事会独立性的调整既不能有效提升公司研发创新意愿,也不能改善公司研发创新投入。公司董事会独立性由"短缺董事会"向目标董事会独立性的非对称调整既能够促进公司创新—发明专利,也能够改善公司创新—总专利。因此,提高董事会的独立性有助于改善公司研发创新效果,提高独立董事对企业决策的参与度将可能提升公司研发创新意愿与投入。

6.2.2　企业生命周期与董事会治理结构动态调整策略

6.2.2.1　企业生命周期下董事会治理结构向目标董事会结构的动态及非对称调整特征

董事会治理结构在企业不同生命周期阶段存在显著差异。在成长阶段,公司董事会规模向目标董事会规模调整的速度为 0.297,董事会独立性向目标董事会独立性调整的速度为 0.453。在成熟阶段,董事会规模向目标董事会规模调整的速度为 0.464,董事会独立性向目标董事会独立性调整的速度为 0.711。在衰退阶段,董事会规模向目标董事会规模调整的速度为 0.354,董事会独立性向目标董事会独立性调整的速度为 0.637。

公司董事会结构向目标董事会结构的调整是非对称的。在成长阶段,董事会规模由"冗余董事会"向目标董事会规模调整的速度为 0.073,由"短缺董事会"向目标董事会规模调整的速度为 0.402;公司董事会独立性由"冗余董事会"向目标董事会独立性调整的速度为 0.394,由"短缺董事会"向目标董事会独立性调整的速度为 0.893。在成熟阶段,董事会规模由"冗余董事会"向目标董事会规模调整的速度为

0.179,由"短缺董事会"向目标董事会规模调整的速度为 0.421；公司董事会独立性由"冗余董事会"向目标董事会独立性调整的速度为 0.570，而由"短缺董事会"向目标董事会独立性调整的速度为 0.522。在衰退阶段,董事会规模由"冗余董事会"向目标董事会规模调整的速度为 0.053,由"短缺董事会"向目标董事会规模调整的速度为 0.553；公司董事会独立性由"冗余董事会"向目标董事会独立性调整的速度为 0.722，而由"短缺董事会"向目标董事会独立性调整的速度为 0.662。

6.2.2.2　企业生命周期、董事会治理结构非对称调整与公司研发创新特征

在成长阶段,公司董事会规模向目标董事会规模的调整,主要是由"冗余董事会"向目标董事会规模的调整将提升公司研发创新意愿,公司董事会独立性向目标董事会独立性的调整不能有效提升公司研发创新意愿。公司董事会规模向目标董事会规模的调整不能促进公司研发创新投入,公司董事会独立性向目标董事会独立性的调整也不能有效促进公司研发创新投入。公司董事会规模由"冗余董事会"或"短缺董事会"向目标董事会规模的调整都将促进公司创新—发明专利与创新—总专利,公司董事会独立性向目标董事会独立性的调整不能促进公司创新—发明专利与创新—总专利。在成熟阶段,公司董事会规模由"短缺董事会"向目标董事会规模的调整不能提高公司研发创新意愿与研发创新投入,公司董事会独立性向目标董事会独立性的调整也不能提高公司研发创新意愿与研发创新投入。公司董事会规模由"短缺董事会"向目标董事会规模的调整不能促进创新—发明专利,但是,公司董事会独立性由"短缺董事会"向目标董事会独立性的调整将有助于促进公司创新—发明专利。公司董事会规模由"短缺董事会"向目标董事会规模的调整不能提高创新—总专利,公司董事会独立性向目标董事会独立性的调整也不能促进公司创新—总专利。在衰退阶段,公司董事会规模由"短缺董事会"向目标董事会规模的调整不能提高研发创新意愿,公司董事会独立性向目标董事会独立性的调整将显著抑制公司研发创新意

愿。公司董事会规模向目标董事会规模的调整不能促进研发创新投入与创新—发明专利,公司董事会独立性向目标董事会独立性的调整也不能促进公司研发创新投入创新—发明专利。公司董事会规模向目标董事会规模的调整不能促进创新—总专利,董事会独立性由"短缺董事会"向目标董事会独立性的调整能够促进公司创新—总专利。

6.2.2.3　企业生命周期下促进公司研发创新的董事会治理结构动态调整策略

结合企业生命周期不同阶段董事会结构非对称调整特征及其对公司研发创新作用的表现,提出促进战略性新兴产业公司研发创新的公司董事会结构动态调整策略。

从董事会规模调整来看,在成长阶段,公司董事会规模向目标董事会规模的调整,主要是由"冗余董事会"向目标董事会规模的调整将提升公司研发创新意愿。公司董事会规模向目标董事会规模的调整不能促进公司研发创新投入。公司董事会规模由"冗余董事会"或"短缺董事会"向目标董事会规模的调整都将促进公司创新—发明专利与创新—总专利。在成熟阶段,公司董事会规模由"短缺董事会"向目标董事会规模的调整既不能促进公司研发创新意愿与研发创新投入,也不能促进创新—发明专利与创新—总专利。在衰退阶段,公司董事会规模由"短缺董事会"向目标董事会规模的调整不能促进研发创新意愿、研发创新投入、创新—发明专利与创新—总专利。因此,加强企业成长阶段董事会规模的优化,能够显著促进公司研发创新;调动企业在成熟及衰退阶段董事会规模的功能与作用,也将有利于公司研发创新。

从董事会独立性调整来看,在成长阶段,公司董事会独立性向目标董事会独立性的调整既不能有效促进公司研发创新意愿与研发创新投入,也不能促进公司创新—发明专利与创新—总专利。在成熟阶段,公司董事会独立性向目标董事会独立性的调整不能促进公司研发创新意愿、研发创新投入与创新—总专利,但公司董事会独立性由"短缺董事会"向目标董事会独立性的调整将有助于促进公司创新—发明专利。在衰退阶段,公司董事会独立性向目标董事会独立性的调整将显著抑制公司研发创新意愿,且不能促进公司研发创新投入与创新—发明专利,而董事会独立性由"短缺董事会"向目标董事会独立性的调整能够促进公司创新—总专利。因此,增强独立董事在成长阶段的作用,将有利于公司研发创新,向提升董事会独立性的方向优化将有助于促进成熟阶段的发明专利创新与衰退阶段的总专利创新。

6.3 促进战略性新兴产业企业研发创新的公司高管薪酬结构调整策略

6.3.1 促进公司研发创新的高管薪酬结构动态调整基本策略

6.3.1.1 高管薪酬结构向目标高管薪酬结构的动态及非对称调整特征

我国战略性新兴产业上市公司高管薪酬存在频繁的变化,在每年间隔的样本区间内,高管薪酬额或高管薪酬差距经历调整的公司占样本公司的比例为90%左右,高管薪酬向目标薪酬调整主要受公司特征变量及治理变量等因素的影响。公司高管薪酬额向目标高管薪酬额调整的速度为0.883,高管薪酬差距向目标高管薪酬差距调整的速度为0.528。公司高管薪酬向目标薪酬的调整是非对称的。其中,公司高管薪酬额由"过度薪酬"向目标薪酬额调整的速度为-0.102,由"不足薪酬"向目标薪酬额调整的速度为0.694;公司高管薪酬差距由"过度薪酬"向目标薪酬差距调整的速度为0.293,由"不足薪酬"向目标薪酬差距调整的速度为0.252。

6.3.1.2 高管薪酬结构向目标高管薪酬结构非对称调整对公司研发创新的影响特征

公司高管薪酬额由"过度薪酬"向目标高管薪额的调整能够发挥提升公司研发创新意愿的作用,而高管薪酬差距向目标高管薪酬差距的调整并不能有效提升公司研发创新意愿。公司高管薪酬额由"过度薪酬"向目标高管薪酬额的调整能够发挥促进公司研发创新投入的作用,而高管薪酬差距向目标高管薪酬差距的调整并不能有效促进公司研发创新投入。公司高管薪酬额由"过度"向目标高管薪酬额的调整能够促进公司创新——发明专利,高管薪酬差距由"不足薪酬"向目标高管薪酬差距的调整也能有效促进公司创新——发明专利。公司高管薪酬额由"过度薪酬"向目标高管薪酬额的调整能够促进公司创新——总专利,高管薪酬差距由"不足薪酬"向目标高管薪酬差距的调整也能有效促进公司创新——总专利。

6.3.1.3 促进公司研发创新的高管薪酬结构动态调整策略

结合高管薪酬结构非对称调整特征及其对公司研发创新作用的表现,提出促进战略性新兴产业公司研发创新的公司高管薪酬结构动态调整策略。

从高管薪酬额调整来看,公司高管薪酬额由"过度薪酬"向目标高管薪酬额的调整能够促进公司研发创新意愿、研发创新投入、公司创新——发明专利以及创新——总专利。因此,降低高管的过高薪酬有助于促进公司研发创新,而调高较低的高管薪酬并不能发挥促进公司研发创新的作用。

从高管薪酬差距调整来看,公司高管薪酬差距由次优向目标高管薪酬差距的调整并不能有效促进公司研发创新意愿和研发创新投入,而公司高管薪酬差距由"不足薪酬"向目标高管薪酬差距的调整能有效促进公司创新——发明专利及创新——总专利。因此,适度扩大高管之间的薪酬差距可有效促进公司创新——发明专利及创新——总专利,但向目标薪酬差距的调整并不能有效影响公司创新意愿与投入。

6.3.2 企业生命周期与高管薪酬结构动态调整策略

6.3.2.1 企业生命周期下高管薪酬结构向目标高管薪酬结构的动态及非对称调整特征

高管薪酬结构在企业不同生命周期阶段存在显著差异。在成长阶段,公司高管薪酬额向目标高管薪酬额调整的速度为 1. 022,高管薪酬差距向目标高管薪酬差距调整的速度为 0. 391。在成熟阶段,公司高管薪酬额向目标高管薪酬额调整的速度为 0. 428,高管薪酬差距向目标高管薪酬差距调整的速度为 0. 643。在衰退阶段,公司高管薪酬额向目标高管薪酬额调整的速度为 0. 396,高管薪酬差距向目标高管薪酬差距调整的速度为 0. 579。

公司高管薪酬结构向目标薪酬结构的调整是非对称的。在成长阶段,公司高管薪酬额从"过度薪酬"向目标高管薪酬额调整的速度为 - 0. 173,从"不足薪酬"向目标高管薪酬额调整的速度为 0. 877;高管薪酬差距从"过度薪酬"向目标高管薪酬差距调整的速度为 0. 305,从"不足薪酬"向目标高管薪酬差距调整的速度为 0. 334。在成熟阶段,公司高管薪酬额由"过度薪酬"向目标高管薪酬额调整的速度为 0. 152,由"不足薪酬"向目标高管薪酬额调整的速度为 0. 023;高管薪酬差距由"过度薪酬"向目标高管薪酬差距调整的速度为 0. 272,从"不足薪酬"向目标高管薪酬差距调整的速度为 0. 229。在衰退阶段,公司高管薪酬额由"过度薪酬"向目标高管薪酬额调整的速度为 - 0. 012,从"不足薪酬"向目标高管薪酬额调整的速度为 0. 650;高管薪酬差距由"过度薪酬"向目标高管薪酬差距调整的速度为 0. 722,而由"不足薪酬"向目标高管薪酬差距调整的速度为 0. 662。

6. 3. 2. 2 企业生命周期、高管薪酬结构非对称调整与公司研发创新特征

在成长阶段,公司高管薪酬额由"过度薪酬"向目标高管薪酬额的调整将促进公司研发创新意愿、创新—发明专利及创新—总专利,而由"不足薪酬"向目标高管薪酬额的调整将抑制公司创新—发明专利及创新—总专利。高管薪酬差距由"过度薪酬"向目标高管薪酬差距的调整将抑制公司研发创新投入、公司创新—发明专利及创新—总专利。在成熟阶段,公司高管薪酬额由"不足薪酬"向目标高管薪酬额的调整将抑制公司研发创新投入、创新—发明专利及创新—总专利。公司高管薪酬

差距向目标高管薪酬差距的调整不能促进公司研发创新意愿、研发创新投入、创新—发明专利及创新—总专利。在衰退阶段,公司高管薪酬额由"不足薪酬"向目标高管薪酬额的调整将抑制公司研发创新意愿,但是由"过度薪酬"向目标高管薪酬额的调整能够促进研发创新投入、创新—发明专利及创新—总专利。公司高管薪酬差距向目标高管薪酬差距的调整不能促进公司研发创新意愿及投入,但是公司高管薪酬差距由"不足薪酬"向目标高管薪酬差距的调整能促进公司创新—发明专利与创新—总专利。

6.3.2.3 企业生命周期下促进公司研发创新的高管薪酬结构动态调整策略

结合企业生命周期不同阶段高管薪酬结构非对称调整特征及其对公司研发创新作用的表现,提出促进战略性新兴产业公司研发创新的公司高管薪酬结构动态调整策略。

从高管薪酬额调整来看,公司高管薪酬额在成长阶段由"过度薪酬"向目标高管薪酬额的调整幅度越大越能促进公司研发创新意愿、创新—发明专利及创新—总专利;但由"不足薪酬"向目标高管薪酬额的调整幅度越大越有可能抑制公司创新—发明专利及创新—总专利。公司高管薪酬额在成熟阶段由"不足薪酬"向目标高管薪酬额的调整将抑制公司研发创新投入、创新—发明专利及创新—总专利。公司高管薪酬额在衰退阶段由"不足薪酬"向目标高管薪酬额的调整将抑制公司研发创新意愿,但是由"过度薪酬"向目标高管薪酬额的调整能够促进研发创新投入、创新—发明专利及创新—总专利。因此,企业成长及衰退阶段降低高管的过高薪酬将有助于促进公司研发创新,而在成长、成熟及衰退阶段调高过低的高管薪酬则将抑制部分公司研发创新,这表明适当降薪是促进公司研发创新的策略之一。

从高管薪酬差距调整来看,在成长阶段,公司高管薪酬差距由"过度薪酬"向目标高管薪酬差距的调整幅度越大越有可能抑制公司研发创新投入,高管薪酬差距向目标高管薪酬差距的调整幅度越大也越有可能抑制公司创新—发明专利及创新—总专利。在成熟阶段,公司高管薪酬差距向目标高管薪酬差距的调整不能促进公司研发创新意愿、研发创新投入、创新—发明专利及创新—总专利。在衰退阶段,公司高管薪酬差距向目标高管薪酬差距的调整不能促进公司研发创新意愿及投入,但是由"不足薪酬"向目标高管薪酬差距的调整幅度越大越能促进公司创新—发明专利与创新—总专利。因此,企业成长阶段缩小公司高管之间过大的薪酬差距有助于促进公司研发创新投入,保持高管之间合理的薪酬差距有助于改善公司创新—发明专利。衰退阶段加大过小的高管薪酬差距有助于促进公司创新—发明专利。成熟阶段不能依靠调整高管薪酬差距来有效影响公司研发创新,衰退阶段也不能依靠调整高管薪酬差距影响公司研发投入。

参考文献

［1］ 曹裕,陈晓红,万光羽.控制权、现金流权与公司价值——基于企业生命周期的视角［J］.中国管理科学,2010,18(3):185－192.

［2］ 陈冬华,陈信元,万华林.国有企业中的薪酬管制与在职消费［J］.经济研究,2005(2):92－101.

［3］ 陈修德,梁彤缨,雷鹏,秦全德.高管薪酬激励对企业研发效率的影响效应研究［J］.科研管理,2015,36(9):26－35.

［4］ 陈莹,武志伟.上市公司董事会规模与构成的影响因素［J］.证券市场导报,2008(4):70－77.

［5］ 储一昀,谢香兵.业务复杂度、股权特征与董事会结构［J］.财经研究,2008,34(3):132－143.

［6］ 杜胜利,翟艳玲.总经理年度报酬决定因素的实证分析——以我国上市公司为例［J］.管理世界,2005(8):114－120.

［7］ 杜兴强,王丽华.高层管理当局薪酬与上市公司业绩的相关性实证研究［J］.会计研究,2007(1):58－65,93.

［8］ 樊纲,王小鲁,朱恒鹏.中国市场化指数:各地区市场化相对进程2011年报告［M］.北京:经济科学出版社,2011.

［9］ 方军雄.我国上市公司高管的薪酬存在粘性吗?［J］.经济研究,2009,44(3):110－124.

［10］ 冯根福,韩冰,闫冰.中国上市公司股权集中度变动的实证分析［J］.经济研究,2002(8):12－18,93.

［11］ 冯根福,温军.中国上市公司治理与企业技术创新关系的实证分析［J］.中国工业经济,2008(7):91－101.

［12］ 郭晓丹,何文韬,肖兴志.战略性新兴产业的政府补贴、额外行为与研发活动变动［J］.宏观经济研究,2011(11):63－269

［13］ 郝云宏,周翼翔.董事会结构、公司治理与绩效——基于动态内生性视角的经验证据［J］.中国工业经济,2010(5):110－120.

［14］ 贺俊,吕铁.战略性新兴产业:从政策概念到理论问题［J］.财贸经济,2012(5):106－113.

［15］ 黄张凯,徐信忠,岳云霞.中国上市公司董事会结构分析［J］.管理世界,2006

(11):28-34.

[16] 江伟,姚文韬.企业创新与高管薪酬-业绩敏感性——基于国有上市公司的经验研究[J].经济管理,2015,37(5):63-73.

[17] 敬志勇,孙培源,吴志雄,等.最优股权结构设计的博弈分析[J].中国工业经济,2003(9):60-65.

[18] 李春涛,宋敏.中国制造业企业的创新活动:所有制和CEO激励的作用[J].经济研究,2010(5):55-67.

[19] 黎文靖,胡玉明.国企内部薪酬差距激励了谁?[J].经济研究,2012,47(12):125-136.

[20] 李增泉.激励机制与企业绩效——一项基于上市公司的实证研究[J].会计研究,2000(1):24-30.

[21] 刘胜强,刘星.董事会规模对企业R&D投资行为的门槛效应分析——基于制造业和信息业面板数据的经验证据[J].预测,2010,29(6):32-37.

[22] 刘志远,毛淑珍.我国上市公司股权集中度影响因素分析[J].证券市场导报,2007(10):42-48.

[23] 陆国庆,王舟,张春宇.中国战略性新兴产业政府创新补贴的绩效研究[J].经济研究,2014(7):44-55.

[24] 鲁桐,党印.公司治理与技术创新:分行业比较[J].经济研究,2014(6):115-128.

[25] 吕铁,余剑.金融支持战略性新兴产业发展的实践创新、存在问题及政策建议[J].宏观经济研究,2012(5):18-26.

[26] 任海云.股权结构与企业R&D投入关系的实证研究——基于A股制造业上市公司的数据分析[J].中国软科学,2010(5):126-135.

[27] 孙永祥,黄祖辉.上市公司的股权结构与绩效[J].经济研究,1999(12):23-30,39.

[28] 孙铮,刘浩.中国上市公司费用"粘性"行为研究[J].经济研究,2004(12):26-34,84.

[29] 唐清泉,夏芸,徐欣.我国企业高管股权激励与研发投资——基于内生性视角的研究[J].中国会计评论,2011(3):21-42.

[30] 唐松,孙铮.政治关联、高管薪酬与企业未来经营绩效[J].管理世界,2014(5):93-105,187-188.

[31] 王克敏,王志超.高管控制权、报酬与盈余管理——基于中国上市公司的实证研究[J].管理世界,2007(7):111-119.

[32] 魏刚.高级管理层激励与上市公司经营绩效[J].经济研究,2000(3):32-39,64-80.

[33] 魏熙晔,张前程.最优股权结构与公司价值——理论模型与来自中国的经验证据[J].当代经济科学,2014,36(3):92-103,127.

[34] 吴延兵.市场结构,产权结构与R&D——中国制造业的实证分析[J].统计研究,2007(5):67-75.

[35] 肖兴志,姜晓婧. 战略性新兴产业政府创新基金投向:传统转型企业还是新生企业[J]. 中国工业经济,2013(1):128-140.

[36] 夏冬. 所有权结构与企业创新效率[J]. 南开管理评论,2003(3):32-36.

[37] 辛清泉,林斌,王彦超. 政府控制、经理薪酬与资本投资[J]. 经济研究,2007(8):110-122.

[38] 徐二明,张晗. 中国上市公司国有股权对技术创新方式的影响[J]. 经济管理,2008(15):42-46.

[39] 徐宁,徐向艺. 控制权激励双重性与技术创新动态能力——基于高科技上市公司面板数据的实证分析[J]. 中国工业经济,2012(10):109-121.

[40] 薛云奎,白云霞. 国家所有权、冗余雇员与公司业绩[J]. 管理世界,2008(10):96-105.

[41] 杨青,等. 公司复杂性、最有董事会及其独立性选择[J]. 金融研究,2012(8):125-138.

[42] 杨慧军,杨建君. 股权集中度、经理人激励与技术创新选择[J]. 科研管理,2015(4):48-55.

[43] 杨建君,盛锁. 股权结构对企业技术创新投入影响的实证研究[J]. 科学学研究,2007(4):787-792.

[44] 俞鸿琳. 政府控制和治理机制的有效性——基于中国 A 股市场的经验证据[J]. 南开管理评论,2006(1):98-102.

[45] 张洪辉,夏天,王宗军. 公司治理对我国企业创新效率影响实证研究[J]. 研究与发展管理,2010,22(3):44-50.

[46] 张俊瑞,赵进文,张建. 高级管理层激励与上市公司经营绩效相关性的实证分析[J]. 会计研究,2003(9):29-34.

[47] 张良,毛道维,闫磊. 上市公司股权激励强度及分布结构的影响因素研究[J]. 社会科学研究,2011(4):46-49.

[48] 张宗益,张湄. 关于高新技术企业公司治理与 R&D 投资行为的实证研究[J]. 科学学与科学技术管理,2007(5):23-26.

[49] 赵洪江,陈学华,夏晖. 公司自主创新投入与治理结构特征实证研究[J]. 中国软科学,2008(7):145-149.

[50] 赵兴庐,刘衡,张建琦. 市场化程度的感知、产权制度与企业创新精神:国有和民营企业的比较研究[J]. 南方经济,2014(5):25-41.

[51] 赵旭峰,温军. 董事会治理与企业技术创新:理论与实证[J]. 当代经济科学,2011,33(3):110-116,128.

[52] 郑君君,汤芃,范文涛. 基于现代公司治理理论的最优股权结构研究[J]. 管理科学学报,2007,(6):24-29,64.

[53] 周杰,薛有志. 公司内部治理机制对 R&D 投入的影响——基于总经理持股与董事会结构的研究[J]. 研究与发展管理,2008,20(3):1-9.

[54] ADAMS, RENÉE B, DANIEL F. A theory of friendly boards [J]. Journal of Finance,2007,62(1):217-250.

［55］ ADIZES I. Organizational passages: diagnosing and treating life cycle problems in organizations ［J］. Organizational Dynamics, 1979,9(1):3 - 24.

［56］ ADIZES I. How and why corporation grow and die and what to do about it: corporate life cycle ［M］. Englewood Cliffs: Prentice Hall, 1989.

［57］ ADMATI A R, PFLEIDERER P, ZECHNER J. Large shareholder activism, risk sharing, and financial market equilibrium ［J］. Journal of Political Economy, 1994,102(6):1097 - 1130.

［58］ AGHION P, REENEN J V, ZINGALES L. Innovation and institutional ownership ［J］. American Economic Review, 2013,103(1):277 - 304.

［59］ AGRAWAL A, KNOEBER C. Do some outside directors play a political role? ［J］. Journal of Law and Economics, 2001,44(1):179 - 198.

［60］ ANTHONY J, RAMESH K. Association between accounting performance measures and stock prices ［J］. Journal of Accounting and Economics, 1992,15 (2 - 3):203 - 227.

［61］ BAIXAULI-SOLER J S, SANCHEZ-MARIN G. Organizational governance and TMT pay level adjustment ［J］. Journal of Business Research, 2011,64(8):862 - 870.

［62］ BAIXAULI-SOLER J S, SANCHEZ-MARIN G, LUCAS-PEREZ M E. Ownership tructure and board effectiveness as determinants of TMT compensation in Spanish listed firms ［J］. Journal of Business Economics and Management, 2011(1):92 - 109.

［63］ BARCLAY M J, HOLDERNESS J C, SHEEHAN D P. Private placements and managerial entrenchment ［J］. Journal of Corporate Finance, 2007, 13 (4): 461 - 484.

［64］ BATTAGGION M R, TAJOLI L. Ownership structure, innovation process and competitive performance: the case of Italy ［R］. Milan: CESPRI Working Paper 120, 2001.

［65］ BAYSINGER B, HOSKISSON R E. The composition of boards of directors and strategic control: effects on corporate strategy ［J］. Academy of Management Review, 1990,15(1):72 - 87.

［66］ BAYSINGER, BARRY D, KOSNIK, RITA D, et al. Effects of board and ownership structure on corporate R&D strategy ［J］. The Academy of Management Journal, 1991,34(1):205 - 214.

［67］ BEBCHUK L, FRIED J. Pay without performance: the unfulfilled promise of executive compensation ［M］. Cambridge: Harvard University Press, 2004.

［68］ BENZ M, KUCHER M, STUTZER A. Are stock options the managers' blessing? stock option compensation and institutional controls ［R］. Zurich: Institute for Empirical Research in Economics-University of Zurich, 2001.

［69］ BERGSTRESSER D, PHILIPPON T. CEO incentives and earnings management

［J］. Journal of Financial Economics，2006，80（3）：511－529.

［70］ BERLE A，MEANS G. The Modern Corporation and Private Property［R］. New York：World Inc. ，1932.

［71］ BERRONE P，GOMEZ-MEJIA L R. Environmental performance and executive compensation：An integrated agency-institutional perspective［J］. Academy of Management Journal，2009，52（1）：103－126.

［72］ BOLTON P，THADDEN E V. Blocks，liquidity，and corporate control［J］. Journal of Finance，1998，53（1）：1－25.

［73］ BOONE L A，FIELD L C，KARPOFF J M，et al. The determinants of corporate board size and composition：An empirical analysis［J］. Journal of Financial Economics，2007，85（1）：66－101.

［74］ BOYD，BRIAN K. Board control and CEO compensation［J］. Strategic Management Journal，1994，15（5）：335－344.

［75］ CAO M，WANG R. Optimal CEO compensation with search：theory and empirical evidence［J］. Journal of Finance，2013，68（5）：2001－2058.

［76］ CARPENTER M A，SANDERS G. Top management team compensation：the missing link between CEO pay and firm performance［J］. Strategic Management Journal，2002，23（4）：367－375.

［77］ CASPER S，MATRAVES C. Institutional frameworks and innovation in the German and UK pharmaceutical industry［J］. Research Policy，2003，32（10）：1865－1879.

［78］ CHEN M Y. Adjustments in managerial ownership and changes in firm value［J］. International Review of Economics and Finance，2013，25（1）：1－12.

［79］ CHENG S. R&D expenditures and CEO compensation［J］. The Accounting Review，2004，79（2）：305－328.

［80］ CHEUNG W K A，WEI K C J. Insider ownership and corporate performance：evidence from the adjustment cost appROAch［J］. Journal of Corporate Finance，2006，12（5），906－925.

［81］ CHUNG K，WRIGHT P，KEDIA B. Corporate governance and market valuation of capital and R&D investments［J］. Review of Financial Economics，2003，12（1）：161－172.

［82］ CICERO D，WINTOKI M B，YANG T. How do public companies adjust their board structures?［J］. Journal of corporate finance，2013，23（3）：108－127.

［83］ CLAUSEN T. Do subsidies have positive impacts on R&D innovation activities at the firm level［J］. Structural Change & Economic Dynamics. 2009，20（4）：239－253.

［84］ COASE R H. The nature of the firm［J］. Economica，1937，4（16）：386－405.

［85］ COLES J L，DANIEL N D，NAVEEN L. Managerial incentives and risk-taking［J］. Journal of Financial Economics，2006，79（2）：431－468.

［86］COLES J L, DANIEL N D, NAVEEN L. Boards: does one size fit all? ［J］. Journal of Financial Economics, 2008,87(2):329 - 356.

［87］CORE J E, LARCKER D F. Performance consequences of mandatory increases in executive stock ownership ［J］. Journal of Financial Economics, 2002,64(3): 317 - 340.

［88］CORE J, HOLTHAUSEN R, LARCKER D. Corporate governance, chief executive officer compensation, and firm performance ［J］. Journal of Financial Economics, 1999,51(3):371 - 406.

［89］CORDEIRO J J, VELIYAH R. Beyond pay for performance: a panel study of the determinants of CEO compensation ［J］. American Business Review, 2003, 21(1):56 - 66.

［90］DAVID P, HITT M A, GIMENO J. The role of institutional investors in influencing R&D ［J］. Academy of Management Journal, 2001, 44(1):144 - 157.

［91］DEANGELO H, STULZ R. Dividend policy and the earned/contributed capital mix: a test of the life-cycle theory ［J］. Journal of Financial Economics, 2006,81 (2):227 - 254.

［92］DEMSETZ H, LEHN K. The structure of corporate ownership: causes and consequences ［J］. Journal of Political Economy, 1985,93(6):1155 - 1177.

［93］DRAZIN R, KAZANJIAN R K. A reanalysis of miller and friesen's life cycle data ［J］. Strategic Management Journal, 1990,11(4):319 - 325.

［94］EDERER F, MANSO G. Is pay for performance detrimental to innovation ［J］. Management Science, 2013,59(7):1496 - 1513.

［95］EDMANS A, GABAIX X, SADZIK T, et al. Dynamic CEO compensation ［J］. Journal of Finance, 2012,67(5):1603 - 1647.

［96］FAGERBERG J, MOWERY D C, NELSON R R. The Oxford handbook of innovation ［M］. New Jersey: Oxford University Press, 2005.

［97］FAHLENBRACH R, STULZ R M. Managerial ownership dynamics and firm value ［J］. Journal of Financial Economics, 2009,92(3):342 - 361.

［98］FAMA E F, JENSEN M C. Separation of ownership and control ［J］. Journal of Law and Economics, 1983,26(2):301 - 325.

［99］FAULKENDER M, FLANNERY M J, HANKINS K W, et al. Cash flows and Leverage adjustments ［J］. Journal of Financial Economics, 2012,103(3):632 - 646.

［100］FILATOTCHEV I, WRIGHT M. Corporate governance life-cycle ［M］. New York: Edward Elgar, 2005.

［101］FINKELSTEIN S, HAMBRICK D C. Chief executive compensation: a study of the intersection of markets and political processes ［J］. Strategic Management Journal, 1989,10(2):121 - 134.

［102］ FIRTH M，FUNG P，RUI O．Corporate performance and CEO compensation in China［J］．Journal of Corporate Finance，2006，12(3)：693 - 714．

［103］ FLANNERY M J，RANGAN K P．Partial adjustment toward target capital structures［J］．Journal of Financial Economics，2006，79(3)：469 - 506．

［104］ FOLEY F C，GREENWOOD R．The evolution of corporate ownership after IPO：the impact of investor protection．review of financial studies，2010，23(3)：1231 - 1260．

［105］ FRANKS J，COLIN M，STEFANO R．Ownership：evolution and regulation ［J］．Review of Financial Studies，2009，22(1)：4009 - 4056．

［106］ FRANCIS J，SMITH A．Agency costs and innovation some empirical evidence ［J］．Journal of Accounting and Economics，1995，19(2 - 3)，383 - 409．

［107］ GABAIX X，LANDIER A．Why has CEO pay increased so much ［J］．Quarterly Journal of Economics，2008，123(1)：49 - 100．

［108］ GAO H S．Optimal compensation contracts when managers can hedge ［J］．Journal of Financial Economics，Elsevier，2010，97(2)：218 - 238．

［109］ GIBBONS R，MURPHY K．Relative performance evaluation for chief executive officers ［J］．Industrial and Labor Relations Review，1990，43(1)：30 - 51．

［110］ GILSON S C．Bankruptcy，boards，banks，and block holders：Evidence on changes in corporate ownership and control when firms default ［J］．Journal of Financial Economics，1990，27(2)：355 - 387．

［111］ GOLDMAN E，JÖRG R，JONGIL S．Do politically connected boards affect firm value ［J］．Review of Financial Studies，2009，22(6)：2331 - 2360．

［112］ GOMES A，NOVAES W．Sharing of control versus monitoring as corporate governance mechanisms ［R］．Philadelphia：University of Pennsylvania，2005．

［113］ GOMEZ-MEJIA，WISEMAN L R，et al．Reframing execufive compensation：an assessment and outlook ［J］．Journal of Management，1997，23(3)：291 - 374．

［114］ GRINER E H，Gordon L．Internal cash flow，insider ownership and capital expenditures：a test of the pecking order and managerial hypothesis ［J］．Journal of Business Finance & Accounting，1995，22(2)：179 - 199．

［115］ HARRIS M，HÖLMSTROM B．A theory of wage dynamics ［J］．Review of Economic Studies，1982(49)：315 - 333．

［116］ HARRIS M，RAVIV A．A theory of board control and size ［J］．Review of Financial Studies，2008. 21(4)：1797 - 1832．

［117］ HELLAND E，SYKUTA M E．Regulation and the evolution of corporate boards：monitoring，advising or window dressing? ［J］．Journal of Law and Economics，2004，47(1)：167 - 193．

［118］ HELWEGE J，PIRINSKY C，STULZ R．Why do firms become widely held? an analysis of the dynamics of corporate ownership ［J］．Journal of Finance，2007，

62(3):995 - 1028.

[119] HENDERSON B, JEGADEESH N, WEISBACH M S. World markets for raising new capital [J]. Journal of Financial Economics, 2006, 82 (1): 63 - 101.

[120] HERMALIN B E, MICHAEL S W. Endogenously chosen boards of directors and their monitoring of the CEO [J]. American Economic Review, 1998, 88 (1): 96 - 118.

[121] HERMALIN B E, WEISBACH M S. Boards of directors as an endogenously determined institution: a survey of the economic literature [J]. Federal Reserve Bank of New York Economic Policy Review, 2003, 9(1): 7 - 26.

[122] HILL C W L, SNELL S A. External control, corporate strategy, and firm performance in research intensive industries [J]. Strategic Management Journal, 1988, 9(6): 577 - 590.

[123] HITT M A, Hoskisson R E, Johnson R A, et al. The market for corporate control and firm innovation [J]. The Academy of Management Journal, 1996, 39(5): 1084 - 1119.

[124] HOSONO K, TOMIYAMA M, MIYAGAWA T. Corporate governance and research and development: evidence from Japan [J]. Economics of Innovation and New Technology, 2004, 13(2): 141 - 164.

[125] HRIBAR P, YEHUDA N. Life cycle, cost of capital, earnings persistence, and stock returns [EB/OL]. [2020 - 04 - 15]. http://aaahq. org/AM2007/ abstract. cfm? submissionID = 2059.

[126] HOSKISSON R E, HITT M A, JOHNSON R A, et al. Conflicting voices: the effects of ownership heterogeneity and internal governance on corporate strategy [J]. Academy of Management Journal, 2002, 45(5): 697 - 716.

[127] JACKSON S B, LOPEZ T J, REITENGA A L. Accounting fundamentals and CEO bonus compensation [J]. Journal of Accounting and Public Policy, 2008, 27(5): 374 - 393.

[128] JAMES B G. The theory of the corporate life cycle [J]. Long Range Planning, 1973, 6(2): 68 - 74.

[129] JENSEN M C. Organization theory and methodology [J]. Accounting Review, 1983, 58(2): 319 - 339.

[130] JENSEN M, MECKLING W. Theory of the firm: managerial behavior, agency costs, and capital structure [J]. Journal of Financial Economics, 1976, 3(4): 305 - 360.

[131] JENSEN M, MURPHY K. Performance pay and top management incentives [J]. Journal of Political Economy, 1990, 98(1): 225 - 264.

[132] JENSEN G R, SOLBERG D P, ZORN T S. Simultaneous determination of insider ownership, debt and dividend policies [J]. Journal of Financial and

Quantitative Analysis，1992,27(6):247 - 263.

[133] JOERN H B. R&D investments in family and founder firms: An agency perspective [J]. Journal of Business Venturing, 2012,27(2):248 - 265.

[134] KAPLAN S N, MINTON B A. How has CEO turnover changed? Increasingly performance sensitive boards and increasingly uneasy CEO [R]. Cambridge: National Bureau of Economic Research，2006.

[135] KOLE S, LEHN K. Deregulation and the Adaptation of Governance Structure: The Case of the U. S. Airline industry [J]. Journal of Financial Economics, 1999,52(1):79 - 119.

[136] KOR Y Y. Direct and interaction effects of top management team and board compositions on R&D investment strategy [J]. Strategic Management Journal. 2006,27(11):1081 - 1099.

[137] LA P R, LOPEZ-DE-SILANES F, SHLEIFER A. Corporate ownership around the world [J]. Journal of Finance, 2008,54(2):471 - 518.

[138] LA P R, LOPEZ-DE-SILANES F, SHLEIFER A, et al. Investor protection and corporate valuation [J]. Journal of Finance, 2002,57(3):1147 - 1170.

[139] LEE C. The determinants of innovation in the malaysian manufacturing sector: an econometric analysis at the firm level [J]. Journal of Southeast Asian Economies, 2004,21(3):319 - 340.

[140] LEE P M, O'NEILL H M. Ownership structures and R&D investments of U. S and Japanese firms: agency and stewardship perspectives [J]. Academy of Management Journal. 2003,46(2):85 - 92.

[141] LEHN K, PATRO S, ZHAO M. Determinants of size and structure of corporate boards:1935 - 2000 [J]. Financial Management, 2009,38(4):747 - 780.

[142] LERNER J, SORENSEN M, STROMBERG P. Private equity and long-run investment: the case of innovation [R]. Cambridge: National Bureau of Economic Research，2008.

[143] LIN C. et al. Managerial incentives, CEO characteristics & corporate innovation in China's private sector [J]. Journal of Comparative Economics. 2011,39(2): 176 - 190.

[144] LINCK J, NETTER J, YANG T. A large sample study on board changes and determinants of board structure [J]. Journal of Financial Economics, 2007,85 (1):66 - 101.

[145] LINCK J, NETTER J, YANG T. The determinants of board structure [J]. Journal of Financial Economics, 2008,87(2):308 - 328.

[146] MANSO G. Motivating innovation [J]. Journal of Finance, 2011, 66 (5): 1823 - 1860.

[147] MCCONNELL J J, SERVAES H. Additional evidence on equity ownership and

corporate value [J]. Journal of Financial Economics, 1990,27(2):595 - 612.

[148] MILLER D J. CEO salary increases may be rational after all: referents and contracts in CEO Pay [J]. Academy of Management Journal, 1995,38(5): 1361 - 1386.

[149] MILLER D, FRIESEN P. A longitudinal study of the corporate life cycle [J]. Management Science, 1984,30(10):1161 - 1183.

[150] MILLER T, TRIANA M C. Demographic diversity in the boardroom: mediators of the board diversity-firm performance relationship [J]. Journal of Management Studies, 2009,46(5):755 - 786.

[151] MORCK R, SHLEIFER A, VISHNY R. Management ownership and market valuation: an empirical analysis [J]. Journal of Financial Economics, 1988,20(2):293 - 315.

[152] MYERS S C. The Capital Structure Puzzle [J]. Journal of Finance, 1984,39(3):575 - 592.

[153] MYERS S, MAJLUF N S. Corporate financing and investment decisions when firms have information that investors do not have [J]. Journal of Financial Economics, 1984,13(2):187 - 221.

[154] NYONNA D Y. Simultaneous determination of insider ownership and Leverage: the case of small businesses [J]. Economics & Business Journal: Inquiries & Perspectives, 2012,4(1):9 - 20.

[155] PARRINO R, POTESHMAN A M, WEISBACH M S. Measuring investment distortions when risk-averse managers decide whether to undertake risky projects [J]. Financial Management, 2005,34(1):21 - 60.

[156] PARRINO R, SIAS R W, STARKS L T. Voting with their feet: Institutional ownership changes around forced CEO turnover [J]. Journal of Financial Economics, 2003,68(1):3 - 46.

[157] PATRO S. The evolution of ownership structure of corporate spin-offs [J]. Journal of Corporate Finance, 2008,14(5):596 - 613.

[158] PFEFFER J. Size and composition of corporate boards of directors: the organization and its environment [J]. Administrative Science Quarterly, 1972, 17(2):218 - 228.

[159] PFEFFER J, SALANCIK G. The external control of organizations: a resource dependence perspective [R]. New York: Harper & Row, 1978.

[160] RAHEJA C. Determinants of board size and composition: a theory of corporate boards [J]. Journal of Financial and Quantitative Analysis, 2005,40(2):283 - 306.

[161] RAJAGOPALAN N, PRESCOTT J E. Determinants of top management compensation: explaining the impact of economic, behavioral, and strategic constructs and the moderating effects of industry [J]. Journal of Management,

1990,16(3):515-538.

[162] RAQUEL O, ROSINA M, Caralt J. Ownership structure and innovation: is there a real link [J]. The Annals of Regional Science, 2005,39(4):637-662.

[163] ROCHE O P. Corporate governance and organization life cycle: the changing role and composition of the board of directors [M]. New York: Cambria Press, 2009.

[164] ROSENKRANZ S, SCHMITZ P W. Optimal allocation of ownership rights in dynamic R&D alliances [J]. Games and Economic Behavior, 2003,43(1):153-173.

[165] RYAN H E, WIGGINS R A. The interaction between R&D investment decisions and compensation policy [J]. Financial Management, 2002,31(1):5-29.

[166] SANDERS W G. Incentive alignment, CEO pay level, and firm performance: a case of "heads I win, tails you lose" [J]. Human Resource Management, 2011, 40(2):159-170.

[167] SCHUMPETER J. Depressions in economics of the recovery program [M]. New York: McGraw-Hill, 1934.

[168] SCHUMPETER J. Capitalism, socialism, and democracy [M]. New York: Harper & Bros, 1942.

[169] SHIPTON H, FAY D, WEST M A, et al. Managing people to promote innovation [J]. Creativity and Innovation Management, 2005, 14(2): 118-128.

[170] SHLEIFER A, VISHNY R W. Large shareholders and corporate control [J]. The Journal of Political Economy, 1986,94(3):461-488.

[171] SIAN, O, ALFRED Y. Corporate life cycle and M&A activity [J]. Journal of Banking & Finance, 2010,34(2):427-440.

[172] SUR S, LVINA E, MAGNAN M. Why do boards differ? because owners do: assessing ownership impact on board composition [J]. Corporate Governance: An International Review, 2013,21(4):373-389.

[173] TAKALO T, TANAYAMA T. Adverse selection & financing of innovation: Is there a need for R&D subsidies [J]. The Journal o f Technology Transfer. 2010,35(1):16-41.

[174] TAYLOR L A. CEO wage dynamics: estimates from a learning model [J]. Journal of Financial Economics, 2013,108(1):79-98.

[175] TIAN X, WANG T Y. Tolerance for failure and corporate innovation [J]. Review of Financial Studies, 2014,27(1):211-255.

[176] TONG Z. Deviations from optimal CEO ownership and firm value [J]. Journal of Banking & Finance, 2008,32(11):2462-2470.

[177] TORCHIA M, CALABRÒ A, HUSE M. Women directors on corporate

boards: from tokenism to critical mass [J]. Journal of Business Ethics, 2011, 102(2):299 - 317.

[178] TOSI H L, GOMEZ-MEJIA L R. CEO compensation monitoring and firm performance [J]. Academy of Management Journal, 1994, 37 (4): 1002 - 1016.

[179] TOSI H L, GRECKHAMER T. Culture and CEO compensation [J]. Managment Science, 2004, 15(6):657 - 670.

[180] UGHETTO E. Assessing the contribution to innovation of private equity investors: a study on European buyouts [J]. Research Policy, 2010, 39(1): 126 - 140.

[181] VELIYATH R, FERRIS S P, RAMASWAMY K. Business strategy and top management compensation: The mediating effects of employment risks, firm performance and size [J]. Journal of Business Research, 1994, 30(1):149 - 159.

[182] WILLIAMSON O E. Corporate finance and corporate governance [J]. uThe Journal of Finance, 1988, 43(3):567 - 591.

[183] WU J F, TU R. CEO stock option pay and R&D spending: a behavioral agency explanation [J]. Journal of Business Research, 2007, 60(5):482 - 492.

[184] YERMACK D. Higher market valuation of companies with smaller board of directors [J]. Journal of Financial Economics, 1996, 40(2):185 - 211.

[185] ZAHRA S A. Governance, ownership, and corporate entrepreneurship: the moderating impact of industry technological opportunities [J]. Academy of Management Journal, 1996, 39(6):1713 - 1735.

[186] ZAHRA S A, IRELAND R D, HITT M A. International expansion by new venture firms: international diversity, mode of market entry, technological learning, and performance [J]. Academy of Management Journal, 2000, 43(5): 925 - 950.

索　引